卓越之光·学前教育专业国（省）培项目辅修丛书

幼儿园园长胜任能力十五讲

主 编◎熊 伟 张更立

清华大学出版社
北京

内 容 简 介

本书主要依据教育部制定的《幼儿园园长专业标准》和《幼儿园园长培训课程标准》编写，旨在帮助幼儿园园长在夯实职业综合素质的基础上，进一步提升其规划事业发展、改进文化育人、领导科学保教、引领教师发展、推进信息化建设和处理危机管理等岗位胜任能力。

本书是陕西学前师范学院高校—学园课研协作战略合作项目"园本美育特色课程体系建设与教科研能力提升"（陕师院研〔2021〕25号）阶段性研究成果。

本书可作为幼儿园园长任职资格培训、骨干园长研修培训和相关专业人员自学提高参考书。

本书封面贴有清华大学出版社防伪标签，无标签者不得销售。

版权所有，侵权必究。举报：010-62782989，beiqinquan@tup.tsinghua.edu.cn。

图书在版编目（CIP）数据

幼儿园园长胜任能力十五讲 / 熊伟，张更立主编. —北京：清华大学出版社，2023.9
（卓越之光·学前教育专业国（省）培项目辅修丛书）
ISBN 978-7-302-64644-0

Ⅰ.①幼… Ⅱ.①熊… ②张… Ⅲ.①幼教人员—岗位培训—教材 Ⅳ.①G615

中国国家版本馆CIP数据核字（2023）第168807号

责任编辑：杜春杰
封面设计：刘　超
版式设计：文森时代
责任校对：马军令
责任印制：丛怀宇

出版发行：清华大学出版社
网　　址：http://www.tup.com.cn，http://www.wqbook.com
地　　址：北京清华大学学研大厦A座　　邮　编：100084
社 总 机：010-83470000　　邮　购：010-62786544
投稿与读者服务：010-62776969，c-service@tup.tsinghua.edu.cn
质量反馈：010-62772015，zhiliang@tup.tsinghua.edu.cn

印 装 者：三河市龙大印装有限公司
经　　销：全国新华书店
开　　本：185mm×260mm　　印　张：15　　字　数：360千字
版　　次：2023年9月第1版　　印　次：2023年9月第1次印刷
定　　价：59.80元

产品编号：083184-01

本书编委会

主　编　熊　伟　张更立

副主编　郭文霞　李丽华　王晓云　王亚婷

编　委（以姓氏笔画为序）：

　　　　方　昭　付　蓉　冯大红　刘　亮　刘　婷　杨廷树
　　　　吴金桃　肖立红　张劲萌　张淑华　岳素萍　郝萍瑞
　　　　南　钢　徐玲琴　殷　洁　魏旭朝

前　言

改革开放四十多年来，特别是近十年以来，在党和国家的高度重视与部署推进下，我国学前教育事业快速发展，取得了举世瞩目的重大成就。为了积极响应学前教育事业高质量发展趋势，我国教育主管部门一方面稳步扩大学前教育相关专业人才的职前培养供给，另一方面继续加强幼儿园教育相关从业人员的在职培训。从长远来看，为了切实提高在职培训质量，在大力加强各类培训资源建设的同时，我们必须更加重视加强适用于幼儿园教育各类从业人员的专业培训教材及相关参考资料的开发。为了向我国学前教育事业，特别是幼儿园在职人员继续教育工作贡献绵薄之力，我们在全国学前教育专业学术协作联盟有关成员单位的鼎力支持下，特别是在联盟牵头单位陕西学前师范学院领导的关怀指导下，策划并主持编写了"卓越之光·学前教育专业国（省）培项目辅修丛书"。

在多年从事幼儿园园长专题培训和研修辅导的工作过程中，我们日益深切地认识到培养卓越园长的重要性和困难性。其重要性，在于强调园长是办好一所幼儿园的关键少数和灵魂力量，需要按照更高更严的规范标准促进其精进提升；其困难性，在于强调园长的综合素质与能力构成具有高度复杂性和实践情境性，需要按照更宽更实的规范标准促进其拓展活用。令人欣喜的是，教育部自 2015 年以来先后颁布《幼儿园园长专业标准》和《幼儿园园长培训课程标准》等重要专业法规，为我们组织全国高校学前教育相关专业院系、知名幼儿园和有关单位的同行编写这本《幼儿园园长胜任能力十五讲》提供了权威依据和工作指引。

本书由全国学前教育专业学术协作联盟领导小组办公室主任、陕西学前师范学院学报编辑部主任兼执行副主编熊伟主持设计内容框架、组织协调编写和最后统修定稿。安徽师范大学学前教育学院副院长张更立参加了本书的内容框架设计和修改统稿工作。上海市嘉定区教育学院科研室幼教科研员郭文霞、北京市东城区新中街幼儿园园长李丽华、石家庄幼儿师范高等专科学校培训中心副主任王晓云、陕西学前师范学院学报编辑王亚婷协助主编完成了部分组织协调工作和稿件修改工作。支持业务骨干参加本书编写的单位还有：铜仁幼儿师范高等专科学校及附属幼儿园、上海市教育科学研究院、深圳新东方幼儿园、浙江省级机关北山幼儿园、安阳幼儿师范高等专科学校、宁夏幼儿师范高等专科学校及第二附属幼儿园、成都温江海科幼儿园、东莞易学堂幼儿园、陕西省教育信息化管理中心、陕西学前师范学院经济与管理学院等。

本书各讲分工撰写的情况如下：

第一讲　《幼儿园园长专业标准》条文解析　　　　　肖立红、冯大红、熊伟
第二讲　我国学前教育政策与法规概述　　　　　　　郭文霞、南钢
第三讲　国内外学前教育改革与发展动态概述　　　　郭文霞、南钢、熊伟

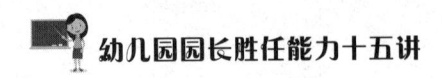

第四讲	幼儿园园长综合素质提升策略	郭文霞、王晓云、熊伟
第五讲	幼儿园发展规划制订与实施	刘亮、熊伟
第六讲	幼儿园文化建设概论	熊伟、徐玲琴
第七讲	幼儿园文化建设基本路径与方法（上）	熊伟
第八讲	幼儿园文化建设基本路径与方法（下）	熊伟、王亚婷
第九讲	幼儿园科学保教专业法规解读	付蓉、刘婷、杨廷树、岳素萍
第十讲	幼儿园科学保教管理概论	熊伟、郝萍瑞
第十一讲	幼儿园课程领导力建设	熊伟、李丽华、王亚婷
第十二讲	幼儿园环境创设与一日活动管理	郝萍瑞、熊伟、张淑华
第十三讲	幼儿园教师专业发展管理	岳素萍、殷洁、陈琳、吴金桃
第十四讲	幼儿园信息化建设与管理	熊伟、张劲萌
第十五讲	幼儿园危机管理	魏旭朝、熊伟、方昭

感谢陕西学前师范学院党委书记、校长邵必林教授、副校长文明教授和副校长李强教授等领导，感谢全国学前教育专业学术协作联盟、泉州台商投资区教育局、湖东实验幼儿园等有关单位领导，感谢清华大学出版社有关领导，他们对"卓越之光·学前教育专业国（省）培项目辅修丛书"的立项和编写工作给予了热心支持。感谢为本书的编写提供引用文献以及具名或佚名编写案例的所有专家学者们的智慧启迪。感谢陕西学前师范学院学报编辑部李亚卓编辑协助修改及草拟了部分初稿。

本书虽然经过多个轮次修改后定稿，但由于编写人员学术能力和业务水平有限，书中一定还有许多不足之处，敬请广大读者批评指正，以便再版修订。

熊 伟

2023 年 6 月

目 录

- 第一讲 《幼儿园园长专业标准》条文解析 1
  - 第一节 幼儿园"办学理念"解读 2
  - 第二节 幼儿园园长"专业要求"解读 4
  - 参考文献 19
- 第二讲 我国学前教育政策与法规概述 20
  - 第一节 近四十年来党和国家学前教育方针与政策概述 21
  - 第二节 近四十年来我国学前教育法规概述 24
  - 参考文献 29
- 第三讲 国内外学前教育改革与发展动态概述 30
  - 第一节 国外学前教育改革与发展动态概述 31
  - 第二节 我国学前教育改革与发展动态概述 35
  - 参考文献 38
- 第四讲 幼儿园园长综合素质提升策略 39
  - 第一节 幼儿园园长职业道德素质与身体素质提升策略 40
  - 第二节 幼儿园园长心理与社交素质提升策略 42
  - 第三节 幼儿园园长人文与科学素质提升策略 43
  - 参考文献 46
- 第五讲 幼儿园发展规划制订与实施 48
  - 第一节 幼儿园发展规划制订与实施要点概述 49
  - 第二节 幼儿园发展规划制订与实施典型分析 53
  - 参考文献 60
- 第六讲 幼儿园文化建设概论 61
  - 第一节 文化与幼儿园文化建设 62
  - 第二节 幼儿园总体文化系统构成 63
  - 第三节 幼儿园主体文化系统构成 67
  - 第四节 幼儿园特色内涵文化系统构成 70
  - 参考文献 74
- 第七讲 幼儿园文化建设基本路径与方法（上） 76
  - 第一节 营建连接幼儿人地关系的教育空间 77
  - 第二节 承续连接幼儿古今关系的历史传统 81
  - 第三节 规范连接幼儿群己关系的社会交往 86
  - 参考文献 93
- 第八讲 幼儿园文化建设基本路径与方法（下） 95
  - 第一节 内化连接幼儿知行关系的活动体验 96

第二节　引导连接幼儿性天关系的精神追求 101
　　参考文献 110

第九讲　幼儿园科学保教专业法规解读 111
　　第一节　《纲要》要点解读 112
　　第二节　《指南》要点解读 118
　　第三节　《规程》要点解读 129
　　参考文献 133

第十讲　幼儿园科学保教管理概论 134
　　第一节　西方和中国科学保教思想的形成与发展 135
　　第二节　幼儿园科学保教管理常识 141
　　第三节　幼儿园科学保教管理策略优化 147
　　参考文献 152

第十一讲　幼儿园课程领导力建设 153
　　第一节　幼儿园课程领导力概论 154
　　第二节　幼儿园课程的核心领导能力建设 157
　　第三节　幼儿园特色课程资源开发 163
　　参考文献 166

第十二讲　幼儿园环境创设与一日活动管理 167
　　第一节　幼儿园环境创设管理 168
　　第二节　幼儿园一日活动管理 174
　　参考文献 179

第十三讲　幼儿园教师专业发展管理 181
　　第一节　幼儿园人力资源管理 182
　　第二节　幼儿园教师队伍建设管理 185
　　第三节　幼儿园教师园本研修管理 188
　　参考文献 200

第十四讲　幼儿园信息化建设与管理 201
　　第一节　幼儿园信息化建设与管理概述 202
　　第二节　幼儿园信息资源应用常用路径与方法 208
　　参考文献 211

第十五讲　幼儿园危机管理 213
　　第一节　幼儿园安全危机管理 214
　　第二节　幼儿园活动危机管理 218
　　第三节　幼儿园舆情危机管理 221
　　第四节　幼儿园发展危机管理 224
　　参考文献 228

第一讲 《幼儿园园长专业标准》条文解析

本讲要点

> 1. 《幼儿园园长专业标准》是对一名合格的幼儿园园长专业素养的基本要求，是引领幼儿园园长专业发展的基本准则，是制定幼儿园园长任职资格标准、培训课程标准、考核评价标准的重要依据。
> 2. 幼儿园园长应充分履行规划幼儿园发展、营造育人文化、领导保育教育、引领教师成长、优化内部管理、调适外部环境六项核心专业职责。

关键词

幼儿园园长办学理念　专业理解与认识　专业知识与方法　专业能力与行为

第一节 幼儿园"办学理念"解读

《幼儿园园长专业标准》(以下简称《专业标准》)是教育部为贯彻党的十八届三中、四中全会精神,落实教育规划纲要和《国务院关于加强教师队伍建设的意见》,构建教师队伍建设标准体系,根据《中华人民共和国教育法》(以下简称《教育法》)等有关法律法规,为促进幼儿园园长专业发展,建设高素质幼儿园园长队伍,深入推进学前教育改革与发展,专门制定的园长从事幼儿园管理职业的专业标准,于2015年1月10日颁布实施。《专业标准》是对一名合格的幼儿园园长专业素养的基本要求,是引领幼儿园园长专业发展的基本准则,是制定幼儿园园长任职资格标准、培训课程标准、考核评价标准的重要依据。

【知识链接1-1】1840年6月28日,"幼儿教育之父"福禄贝尔创办了世界上第一所幼儿园。他在德国勃兰根堡开办的"发展幼儿活动本能和自我活动"的机构基础上创制了一套玩具"恩物"及其使用说明。福禄贝尔在构思这个机构的名称时,徘徊于"婴儿职业所"和"育婴院"之间,在树林中散步时的见闻成为他忽有所悟的灵感:林子中的花草树木欣欣向荣,宛如幼儿园的景象。他把幼儿园的场所比作花园,把幼儿比作花草树木,把幼儿教师比作园丁,把幼儿的发展比作培植花草树木的过程。于是,代表福禄贝尔办园思想的幼儿园诞生了,并在学前教育史上画上了浓墨重彩的一笔,对儿童教育产生了极其深远的影响。

点评:苏联教育学家苏霍姆林斯基曾指出:"一个好校长就是一所好学校。"对于幼儿园来讲,即:"一个好园长就是一所好幼儿园。"园长的办学思想与价值引领,特别是其专业知识与专业能力对幼儿园的发展具有非常关键的影响。

【知识链接1-2】1923年,被誉为"中国幼儿教育之父"的陈鹤琴先生亲自创办了中国第一所幼儿园——南京鼓楼幼稚园,抗日战争时期他又历经艰辛创建了我国第一所公立幼稚师范学校——江西实验幼稚师范学校。他结合中国国情创造性地提出了一套幼儿教育理论和方法——"活教育":其教育思想是"做人,做中国人,做现代中国人";其课程理念是"大自然、大社会都是活教材";其方法是"做中教,做中学,做中求进步"。"活教育"理论在历史上产生了重要影响,并在我国幼教界形成共识,使我国幼儿教育朝着中国化、现代化、科学化的方向前进。

点评:幼儿园园长在确定办学理念时,一方面应有开放的国际视野和"古为今用"的历史眼光,另一方面必须有务实的本土立场和"开拓创新"的发展眼光,以时间、地点和条件为出发点,努力做到从实际出发,针对具体问题具体分析,择宜实践。

【知识链接1-3】惩罚与体罚不同,惩罚的形式多种多样,在教育实践中,人们常用的惩罚形式往往包括语言责备、隔离、剥夺某种权利、没收、留校、警告、处分、停学和开除等。就其结果而言,可以把惩戒划分为教育性惩罚和非教育性、反教育性惩罚(如体罚)等。[1]体罚违背了教育性,而教育性是教师惩罚成立的基础。由于体罚会对儿童身心造成伤

---

[1] 檀传宝. 论惩罚的教育意义及其实现[J]. 中国教育学刊, 2004(2): 20-23.

害，所以《中华人民共和国未成年人保护法》（以下简称《未成年人保护法》）中明确规定："学校、幼儿园的教职员工应当尊重未成年人的人格尊严，不得对未成年人实施体罚、变相体罚或者其他侮辱人格尊严的行为。"

点评：迄今为止，为什么惩罚与如何惩罚一直是困扰教育理论与实践的难题？教育惩罚的争议性问题主要涉及惩罚的教育性、必要性、正当性和适用性等。在幼儿园保教活动中，个别教师会在不高兴或愤怒时，仅仅因为幼儿的行为方式不合乎自己的喜好就对幼儿严厉惩罚，长此以往会导致幼儿缺乏安全感，并养成看老师脸色行事的行为习惯，不利于其人格健康发展。幼儿园园长应高度关注教师对幼儿惩罚的现象，务必加强对教师的教育管理，明确要求教师慎用教育惩罚手段，积极预防和严禁体罚行为。

一、以德为先

《专业标准》指出，幼儿园园长要"坚持社会主义办园方向和党对教育的领导，贯彻党和国家的教育方针政策，将社会主义核心价值观融入幼儿园工作，履行法律赋予园长的权利和义务，主动维护儿童合法权益；热爱学前教育事业和幼儿园管理工作，具有服务国家、服务人民的社会责任感和使命感；践行职业道德规范，立德树人，关爱幼儿，尊重教职工，为人师表，勤勉敬业，公正廉洁"。

《专业标准》中的"德"是广义的德行，既包含政治品德和职业道德，也包含社会公德、家庭美德和个人品德。人无德不立，作为一名基层教育管理者，应当坚持正确的政治立场，遵纪守法，廉洁奉公；坚持科学的学前教育理念，恪尽职守，做好先锋模范；积极维护社会公序良俗，齐家睦园，促进和谐。

二、幼儿为本

《专业标准》指出，幼儿园园长要"坚持幼儿为本的办园理念，把促进幼儿快乐健康成长作为幼儿园工作的出发点和落脚点，让幼儿度过快乐而有意义的童年；面向全体幼儿，平等对待不同民族、种族、性别、身体状况及家庭状况的幼儿；尊重个体差异，提供适宜教育，促进幼儿富有个性地全面发展；树立科学的儿童观与教育观，使每个幼儿都能接受有质量的教育"。

作为幼儿园园长，应牢固树立正确的办学价值观，深刻认识幼儿是国家和民族的未来与希望，自觉认同"快乐而有意义的童年"的独特教育价值，切实维护幼儿童年福利与合法权益，使全体幼儿有平等入园接受教育的机会，在教育过程中尊重幼儿的差异性，坚持促进其个性化的全面发展，在教育结果上确保科学有效，具体落实和充分体现"幼儿为本"。

三、引领发展

《专业标准》指出，"园长作为幼儿园改革与发展的带头人，担负引领幼儿园和教师发展的重任。把握正确办园方向，坚持依法办园，建立健全幼儿园各项规章制度，实施科学管理、民主管理，推动幼儿园可持续发展；尊重教师专业发展规律，激发教师自主成长的内在动力。"

发展是一所幼儿园的第一要务。园长作为幼儿园的第一责任人，必须承担引领幼儿园发展的这个第一要务。从发展战略上看，要明确发展态势，确定发展方向，厘清发展思路，制订发展规划，落实发展措施，努力实现幼儿园可持续发展。从发展动力上看，要全心全意依靠教职工办学，充分发挥教师的主体能动性。为此，必须加强教师队伍建设并有效激发教师自主成长和专业发展。

四、能力为重

《专业标准》指出，幼儿园园长要"秉承先进教育理念和管理理念，突出园长的领导力和执行力。不断提高规划幼儿园发展，营造育人文化，领导保育教育，引领教师成长，优化内部管理和调适外部环境等方面的能力；坚持在不断的实践与反思过程中，提升自身的专业能力"。

幼儿园园长区别于幼儿园教师的根本的专业能力是推进幼儿园整体发展的领导和管理能力，主要体现在思想领导、价值领导、组织领导和实施管理等方面。从理论上看，园长领导和管理行为具有复杂的科学依据；从实践上看，园长领导和管理行为需要权变性的艺术呈现。因此，园长在努力培育自身综合素质的基础上，必须不断提升专业化的领导和管理能力。

五、终身学习

《专业标准》指出，幼儿园园长要"牢固树立终身学习的观念，将学习作为园长专业发展、改进工作的重要途径；优化专业知识结构，提高科学文化艺术素养；与时俱进，及时了解国内外学前教育改革与发展的趋势；注重学习型组织建设，使幼儿园成为园长、教师、家长与幼儿共同成长的家园"。

近现代以来，人类社会科技进步迅速，知识结构更新速度显著加快。只有牢固树立终身学习的观念，坚持与时俱进地学习，才能适应形势变化与经济社会发展的迫切需要。幼儿园园长不仅应带头学习，还应高度重视把幼儿园建设成为学习型与创新型组织，进而有力支持幼儿深度学习与能力发展。在新时代条件下，幼儿园园长还应充分认识人类科学体系整合化的新趋势，充分考虑实施通识教育，推进跨学科或学科交叉学习，进一步完善自身和幼儿园教师的专业知识结构。

第二节 幼儿园园长"专业要求"解读

一、规划幼儿园发展

幼儿园园长是幼儿园发展的第一责任人，应正确把握幼儿园的办园方向，准确理解国家的教育方针和相关法律法规，了解国内外学前教育改革发展的基本趋势，继承优良的办园传统，凝聚园内外各方智慧，将共同的发展愿景作为引领，科学合理地制订幼儿园的发展规划，并采取有效措施保障规划的有效落实。

（一）专业理解与认识

（1）坚持学前教育的公益性、普惠性，充分认识学前教育对幼儿身心健康、习惯养成、智力发展具有的重要意义。

《国务院关于当前发展学前教育的若干意见》（以下简称《意见》）中指出："学前教育是终身学习的开端，是国民教育体系的重要组成部分，是重要的社会公益事业。""发展学前教育，必须坚持公益性、普惠性，努力构建覆盖城乡、布局合理的学前教育公共服务体系，保障适龄儿童接受基本的、有质量的学前教育"。教育部 2016 年 3 月 1 日颁布实施的《幼儿园工作规程（修订）》（以下简称《规程》）总则中第三条指出，幼儿园要"贯彻国家的教育方针，按照保育与教育相结合的原则，遵循幼儿身心发展特点和规律，实施德、智、体、美等方面全面发展的教育，促进幼儿身心和谐发展"。应当坚持以人民为中心发展教育，加快建设高质量教育体系，发展素质教育，促进教育公平；加快义务教育优质均衡发展和城乡一体化，优化区域教育资源配置，强化学前教育、特殊教育普惠发展。幼儿园园长应深刻认识学前教育的基本属性和重大价值，强化办好公平而有质量的幼儿园教育事业的责任感和使命感。

（2）重视幼儿园发展规划的制订和实施，凝聚教职工智慧，建立共同发展愿景，明确发展目标，形成办园合力。

科学制订和有效实施幼儿园发展规划是一项系统工程。在科学制订规划方面，首先，幼儿园园长必须从本单位幼儿园所处发展阶段与生态环境出发，确定幼儿园本身具有的优势与存在的劣势，以及外部环境变化给本园发展带来的机遇与挑战，从而准确定位幼儿园的发展方向。其次，幼儿园园长应明确发展指导思想与目标，主要包括办园理念、总体目标和实施步骤等。再次，幼儿园园长应明确发展任务，主要包括文化构建、保育教育、队伍建设、内部管理、外部调适等方面的具体任务。最后，幼儿园园长应认真研究并落实保障措施，主要包括人力保障、组织保障、制度保障和条件保障等。在有效实施规划方面，关键是加强幼儿园教师队伍建设，建立健全园所、家庭和社区合作教育的长效机制，切实形成全社会学前教育治理能力。

（3）尊重幼儿教育规律，继承优良办园传统，立足幼儿园实际，因地制宜办好幼儿园。

幼儿学习总体处于感知运动发展阶段和具体形象思维发展阶段，他们主要通过与外部世界的相互作用获得新经验，他们易于关注周围环境中生动有趣的事物，关注同伴，关注自己感兴趣的一切事物。幼儿园园长应切实尊重幼儿身心发展规律和学习特点，组织开展科学保教活动，积极预防"小学化"倾向、片面超前和超重教育现象。[①]此外，应认真贯彻《意见》和《幼儿园教育指导纲要（试行）》（以下简称《纲要》）等文件精神，"为幼儿和家长提供方便就近、灵活多样、多种层次的学前教育服务，"努力做到"因地制宜地实施素质

[①] 管旅华，崔利玲. 幼儿园园长专业标准案例式解读[M]. 上海：华东师范大学出版社，2016.

教育，为幼儿一生的发展打好基础"。

（二）专业知识与方法

（1）掌握国家的教育方针和相关的法律法规，熟悉《规程》《纲要》《3～6岁儿童学习与发展指南》（以下简称《指南》）等学前教育的相关政策。

幼儿园园长履行领导和管理专业职责时必须具有合法性与合理性。为了依法办园，必须认真学习和规范执行国家教育方针和相关法律法规，特别是《规程》《纲要》《指南》等学前教育政策。更为重要的是，应着力研究符合本园实际的措施，强化规范控制、流程控制和质量控制，努力提升办园品质。

（2）了解国内外学前教育改革发展的基本趋势，学习优质幼儿园的成功经验。

所谓"领导"，从科学意义上看，应包含"提纲挈领、因势利导"之意。所谓"管理"，其核心职能是决策。幼儿园园长要有效履行领导和管理的专业职责，一个基本前提条件就是应做到"心中有数"，即了解国内外学前教育改革发展的基本趋势和本园所面临的发展环境与具体形势。"他山之石，可以攻玉"，充分借鉴国内外优秀幼儿园"守正出新"的成功经验，也是加快提升幼儿园园长领导和管理水平的有效途径。

（3）掌握幼儿园发展规划制订、实施与测评的理论、方法与技术。

一般来说，幼儿园发展规划的基本内容包括办园基础、办园理念、目标定位与保障措施四个部分。其中，办园基础应包括幼儿园的发展历史与概况、幼儿园的发展成就与优势、幼儿园的发展劣势与主要问题、幼儿园面临的机遇与挑战等内容；办园理念应包括指导思想、办园宗旨、教育理念、培养目标、园风园训等内容；目标定位包括文化构建、保育教育、队伍建设、内部管理、外部调适等内容；保障措施包括组织保障、制度保障、条件保障、政策保障等。

（三）专业能力与行为

（1）把握幼儿园发展现状，分析幼儿园发展面临的问题和挑战，形成幼儿园科学发展思路。

为了科学制订幼儿园发展规划，园长需要做好以下两方面工作：第一，了解国家教育方针、政策和法律法规，明确幼儿园的发展方向；第二，确定幼儿园的发展现状，准确把握幼儿园的发展定位。通常可以运用SWOT分析法确定本园的竞争优势、劣势、机会和威胁，从而将组织战略与组织内部资源、外部环境有机结合起来。

（2）组织专家、教职工、家长、社区人士等多方力量参与制订幼儿园发展规划。

"横看成岭侧成峰，远近高低各不同。"幼儿园园长除了充分依靠本园教职工力量，还应善于借助园外专家力量，特别是优秀前辈与骨干成功的经验，从"旁观者"的角度助力谋划幼儿园发展问题。

（3）依据发展规划指导教职工制订并落实学年、学期工作计划，提供人、财、物等条件支持。

为了确保本园发展规划落到实处，幼儿园园长通常需要组织制订配套性的实施纲要，特别是要通过年度和学期工作计划甚至专项计划明确完成各项目标的具体进程，责任到人到岗，确保人、财、物等条件保障到位。

（4）监测幼儿园发展规划实施过程与成效，根据实施情况修正幼儿园发展规划，调整工作计划，完善行动方案。

为了科学评价本园发展规划实施情况，幼儿园园长通常需要借助一定的监测工具或统计方法，特别是关键发展指标体系来及时评估发展目标的达成状况，然后根据所处环境与所具备的资源条件适当调整规划以及相应的年度、学期或专项计划。

二、营造育人文化

从本质上看，教育是培养人的系统性活动。所有的育人活动，不仅在一定文化传统基础之上，在一定文化环境中展开，而且会形成自己的独特文化传统与文化氛围。优秀的育人文化传统与文化氛围将正向促进幼儿园教育事业的发展，反之则会在一定程度上阻碍幼儿园教育事业的发展。

（一）专业理解与认识

（1）把文化育人作为办园的重要内容与途径，促进幼儿德、智、体、美各方面的协调发展。

广义的文化是指人类全部精神活动及其产品，具体包括能够被传承的特定国家或民族的历史地理认知、风土人情、传统习俗、生活方式、文学艺术、行为规范、思维方式、价值观念等。与幼儿园机构教育内容相比较，文化育人内容更为全面、广泛和系统。因此，在实际幼儿园科学保教过程中，特别是园本课程体系建设过程中，一般要高度重视文化适宜性问题，应适当开发传统和地方文化课程资源。

（2）重视幼儿园文化潜移默化的教育功能，将中华优秀传统文化融入幼儿园文化建设。

幼儿园环境可看作一种隐性课程，特别是幼儿园文化环境更应该被看作一种具有较强影响性的隐性课程。鉴于任何传统文化中既有有待继承的精华部分也有有待摒弃的糟粕部分，幼儿园的文化建设，特别是文化环境建设，应高度重视教育反思，特别是课程审议工作，要努力把中华优秀传统文化融入本园文化建设。

（3）将尊重和关爱师幼、体现人格尊严、感受和谐快乐作为幼儿园育人文化建设的核心。

所谓文化，归根结底是人的文化，即以人为本，应尊重人、关爱人和服务人。具体到幼儿园教育活动，即应以师幼为本作为幼儿园育人文化建设的核心原则。其中，幼儿园园长应深刻认识到，幼儿园教师是幼儿园育人的主体力量，只有尊重和关爱教师，才能引导教师真正地尊重和关爱幼儿。

（二）专业知识与方法

（1）具备一定的自然科学、人文社会科学知识，具有良好的品德和艺术修养。

相对完整的幼儿园园长素质由专业素质和综合素质构成。其中，文化素质主要包括良好的思想品德，一定的自然和人文社会科学知识和艺术修养等。作为幼儿园的领导和管理者，客观要求园长必须具有较高的文化素质。

7

(2) 了解幼儿园文化建设的基本理论，掌握促进优秀文化融入幼儿园教育的方法和途径。

幼儿园文化是一所幼儿园在长期教育实践中形成的一种特有的价值观念及承载这些价值观念的活动形式和物质形态，主要包括物质文化、制度文化、行为文化和精神文化四个层级。幼儿园园长应高度重视和推进幼儿园文化建设，并充分发挥文化育人功能，特别是应深入钻研如何把中华优秀传统文化和地方文化有机融合到幼儿园科学保教活动中。

(3) 掌握幼儿身心发展特点，理解和欣赏幼儿的特有表达方式。

《指南》指出："幼儿对事物的感受和理解不同于成人，他们表达自己认识和情感的方式也有别于成人。幼儿独特的笔触、动作和语言往往蕴含着丰富的想象和情感，成人应对幼儿的独特艺术表现给予充分的理解和尊重，不能用自己的审美标准去评判幼儿，更不能追求结果的'完美'而对幼儿进行千篇一律的训练，以免扼杀其想象与创造的萌芽。"幼儿园园长应率先了解幼儿生理与心理发展的基本规律，熟悉幼儿身体发育、动作发展、情绪情感、个性、社会学发展的特点；了解幼儿发展中的个体差异及其形成原因，能运用相关知识分析幼儿教育中的有关问题；了解研究幼儿的基本方法，幼儿的发展状况和教育需求，了解幼儿在发展中易出现的问题或障碍并及时干预。[①]

（三）专业能力与行为

(1) 营造体现办园理念的自然环境和人文环境，形成积极向上、宽容友善、充满爱心、健康活泼的园风园貌。

一名优秀的幼儿园园长应善于把无形的文化呈现在有形或可以感知的多元载体之上。总体来说，应坚持以人为本，在园所自然环境和人文环境的营造方面下功夫。其中，自然环境营造方面应统筹规划好幼儿园的户外环境、建筑形态、廊道布局、室内结构和设备配置等，人文环境营造方面应统筹规划幼儿园的扁平组织架构、配套制度体系、师幼文明礼仪、社团建设、园长文化、教师文化和儿童文化等。

(2) 营造陶冶教师和幼儿情操的育人氛围，向教师推荐优秀的精神文化作品和幼儿经典读物，防范不良文化的负面影响。

幼儿园办园涉及"培育什么样的人和怎样培育人"等基本问题，具有一定意识形态属性。幼儿园园长作为领导和管理者，在幼儿园教师和幼儿实际上受国内外多样化文化影响的复杂态势下，必须采取合适的方式，以一定价值导向来积极影响幼儿园教师和幼儿的价值取向，总体要求是：应以科学的理论武装人，以正确的舆论引导人，以高尚的精神塑造人，以优秀的作品鼓舞人，坚决防范不良文化对师、幼的负面影响。

(3) 根据幼儿身心发展特点和接受能力，将爱学习、爱劳动、爱祖国教育融入幼儿园一日生活和游戏活动。

《纲要》指出："充分利用社会资源，引导幼儿实际感受祖国文化的丰富与优秀，感受家乡的变化和发展，激发幼儿爱家乡、爱祖国的情感。"园长应牢固树立"大自然、大社会都是活教材"的课程观，要积极组织幼儿参观科技馆、实验室、图书馆、家乡的名胜古迹、公园等，要邀请行业专家为幼儿讲科普，更要大力支持幼儿在一日生活和游戏活动中进行

[①] 雷妍. 上海公办幼儿园园长胜任力模型研究[D]. 上海：华东师范大学，2014.

亲近感知和实操体验，帮助幼儿从小树立爱学习、爱劳动、爱祖国的情感。

（4）凝聚幼儿园文化建设力量，鼓励幼儿积极参与，发挥教师的主导作用，鼓励社会（社区）和家庭参与幼儿园文化建设。

幼儿园、家庭、社区都是幼儿园文化建设的主体力量。幼儿园园长、教师要主动与家长密切联系，搭建家园合作的平台，共同做好幼儿保教工作；幼儿园与社区更要密切合作，充分挖掘社区资源，共同做好幼小衔接，共同努力促进幼儿身心健康发展。

三、领导保育教育

领导保育教育是幼儿园园长的中心领导和管理职责，要求园长必须树立正确的保教方向，坚持正确的保教原则，建立科学的保教制度，制订科学的保教计划，组织科学的保教活动，实施科学的保教评价。

（一）专业理解与认识

（1）坚持保教结合的基本原则，把幼儿的安全与健康放在首位，对幼儿发展有合理期望。

保育为先是幼儿园教育的本质属性，保教结合是幼儿园教育的基本原则。为此，幼儿园园长应做到《纲要》中强调的"幼儿园必须把保护幼儿的生命和促进幼儿的健康放在工作的首位。树立正确的健康观念，在重视幼儿身体健康的同时，要高度重视幼儿的心理健康"。此外，务必按照《意见》中强调的"各地要高度重视幼儿园安全保障工作，加强安全设施建设，配备保安人员，健全各项安全管理制度和安全责任制，落实各项措施，严防事故发生"。幼儿园园长在办园实际过程中，应充分理解和尊重幼儿发展过程中的个别差异，支持和引导他们从原有水平向更高水平发展，按照自身的速度和方式到达《指南》中所呈现的发展"阶梯"，切忌用一把"尺子"衡量所有幼儿。

（2）珍视游戏和生活的独特价值，尊重和保护幼儿的好奇心和学习兴趣，重视幼儿良好的学习品质培养。将人际交往和社会适应作为幼儿良好社会性发展的重要内容。不得以任何形式提前教授小学课程内容，防止和克服幼儿园教育"小学化"倾向。

每个人的生命都只有一次，每个人的童年时光也只有一次。所谓珍视童年生命价值，就是珍视游戏和生活对于幼儿成长的独特价值，尊重和保护具有幼儿特质的好奇心和学习兴趣，重视奠基幼儿未来生活的良好学习品质培养，支持幼儿开展人际交往和社会适应训练，促进幼儿良好的社会性发展。幼儿园园长务必尊重幼儿教育规律，保持必要的教育定力，坚决防止"小学化"倾向和其他"超前教育"或"超重教育"倾向，特别是要谨慎评估某些"专项超强训练"的负面影响，切实维护幼儿身心健康发展。

（3）尊重教师的保育教育经验和智慧，积极推进保育教育改革。

幼儿园教师是幼儿园科学保教活动的设计者、组织者、指导者和评价者。在领导保育教育过程中，幼儿园园长应尊重和依靠教师群体的集体经验和智慧，着力破除制约学前教育科学发展的体制机制障碍，以提高师德素养和业务能力为核心，探索建立促进教师专业水平不断提高的体制机制，鼓励教师立足教育实践，开展日常教研活动，不断提高教师综合素质和专业能力。

（二）专业知识与方法

（1）掌握国家关于幼儿不同年龄阶段的发展目标和幼儿园保育教育目标。

幼儿园园长应认真学习并掌握《纲要》《规程》《指南》等政策性文件精神与规范性要求，并依据幼儿不同年龄阶段的发展目标确定幼儿园保育教育目标，进而组织制订科学的学段和学期教育计划。

（2）熟悉幼儿园环境创设，幼儿园一日生活、游戏活动等教育活动中组织与实施的知识和方法。

幼儿园环境创设是实施科学保教的基本保障，幼儿园一日生活是科学保教的基本载体和主线，游戏活动是幼儿园教育的基本活动方式。优秀的园长首先应是优秀的教师，做专业成长的先行者才能成为教师信服的研究者，成为课程改革的领航者。幼儿园园长必须熟悉和掌握这三个基本工作方面的总体要求，并组织教师有效实施，应在具体的教育实践前给予科学指导，在教育实践中引导教师反思调整，在不断改善的行动中促进教师专业成长。

（3）了解国内外幼儿园保育教育的发展动态和改革经验，了解教育信息技术在幼儿园管理和保育教育活动中应用的一般原理和方法。

幼儿园园长应始终坚持做到开门办园、开放办园和开拓办园。为此，必须密切关注国内外幼儿园保育教育的发展动态和改革经验，并积极吸纳应用。为了更好地采集、组织和利用各类教育信息资源，还应认真学习和充分利用必要的教育信息技术以支持组织和管理科学保教活动，特别是要大力推动信息技术与科学保教活动的深度融合，建设教师网络研修社区和终身学习支持服务体系，促进教师自主学习，更好地推动幼儿园教育方式变革和质量提升。

（三）专业能力与行为

（1）落实国家关于保育教育的相关规定，立足本园实际，组织制订并科学实施保育教育活动方案。

国家关于幼儿园保育教育的相关规定只是一般性原则规范，需要幼儿园园长领导教师根据所在区域特别是本园实际情况进行具体研究并落实。一般来说，在组织制订并科学实施保育教育活动方案时，需要正确处理一般发展标准和幼儿区域或群体性差异、整体教育目标和领域教育目标、纵向时间累积和横向领域交织、游戏活动和集体教学活动等工作之间的有机统一关系，努力促进幼儿身心全面协调发展。

（2）具备较强的课程领导和管理能力，指导幼儿园教师根据每个幼儿的发展需要，制订个性化的教育方案，组织开展灵活多样的教育活动。

幼儿园课程是具体落实幼儿园科学保教目标的基本载体单元和教育活动总和。幼儿园园长应秉持科学的幼儿园课程观，积极领导课程规划、课标制定、课程审议、课程开发、课程保障、课程实施和课程评价等一系列相互衔接的课程建设工作，还应指导教师坚持"因材施教"的原则，支持幼儿差异化发展，制订个性化教育活动方案，并根据幼儿实际发展水平和需要，组织开展适宜的集体、小组和个人形式的教育活动。

（3）建立园长深入班级指导保育教育活动制度，利用日常观察、观摩活动等方式，及时了解、评价保育教育状况并给予建设性反馈。

《纲要》指出："教育评价是幼儿园教育工作的重要组成部分，是了解教育的适宜性、有效性，调整和改进工作，促进每一个幼儿发展，提高教育质量的必要手段。"幼儿园教育工作评价应实行以教师自评为主，园长以及有关管理人员和家长等参与的评价制度。为了全面、客观、准确地反映幼儿园科学保教实施情况，幼儿园园长应坚持定期或随机深入各学段班级检查指导各方面教育活动情况，予以及时评价、反馈建设性意见和建议，或根据综合研判和专项课题研究情况，在适当范围和场合予以反馈建设性意见和建议。在新的历史时期，为了真正落实《幼儿园保育教育质量评估指南》，建立常态化自我评价机制，应当扩展对"评价"的认识，牢固树立"大评价"思维，探索建构自己的"园本质量评价标准"，并坚持从评价的视角出发，审视和优化现有保教管理工作，加快推进从目前外驱式自我评价经周期式自我评价向渗入式自我评价的迭代升级。

（4）领导和保障保育教育研究活动的开展，提升保育教育水平。

保育教育研究活动是发现幼儿园教育事业发展和保教活动规律、创新教育技术与方法及诊断改进实际教育活动问题的重要途径和关键手段。幼儿园园长必须高度重视、加强领导和切实保证本园保育教育研究活动的系统有效开展。首先，园长应积极参加上级教育主管部门组织的保育教育研究能力提升研修培训活动，努力提升保育教育研究活动的领导和管理能力。其次，园长应建立健全"教育—研究—培训"一体化工作体制机制，积极组织和切实保障园本保育教育研究活动的有效推进。最后，园长应秉持开放研究的理念，组织本园教师积极参加和深入融入区域教研训工作体系，强化合作互鉴关系，显著提升区域整体性研究水平。

四、引领教师成长

为了积极顺应幼儿园教育事业的发展，幼儿园园长和教师都面临持续成长的挑战。幼儿园园长不仅自身要率先成长，还肩负引领教师成长的领导和管理职责。

（一）专业理解与认识

（1）尊重、信任、团结和欣赏每一位保教人员，促进保教人员的团结合作。

全体保教人员是办好幼儿园的主体力量。办好幼儿园必须坚持以人为本的基本原则。对幼儿园园长来说，应秉持尊重、信任、团结和欣赏每一位保教人员的基本态度，凭借过硬的专业能力和优秀的人格魅力开展领导和管理活动。此外，还需要通过确立愿景、加强教育、建章立制、开放互动、营造环境和团队建设等具体措施，预防和纠正保教人员之间的工作冲突，大力促进保教人员之间团结合作，努力实现保教人员之间教学与研究、传道与授业的平衡，实现教师与幼儿之间教与育、教与学的协同以及社群多元文化的协同。

（2）重视园长在教师专业发展过程中的引领作用，积极创设条件，激励教师的专业发展。

幼儿园教师专业发展是一项系统的促进提升工程，一方面需要教师内因驱动，另一方面需要幼儿园外因驱动。幼儿园园长应代表幼儿园在思想上高度重视，在举措上扎实有力。

首先，要严格执行幼儿园教师资格准入制度，招聘德才兼备的合格教师入职上岗，并依据《幼儿园教师专业标准（试行）》帮助教师制订和实施专业发展规划。其次，建立健全阶梯式教师培训体系，满足幼儿园教师多样化学习和发展需求。再次，积极组织教师开展园本教研和参与区域教研，推进并提升保育教育研究水平。最后，建立健全幼儿园绩效管理机制，持续完善教师岗位考核、职称晋升和表彰奖励等激励制度。

（3）具有明确的建立教师专业发展共同体的意识。

幼儿园教师专业发展共同体是指幼儿园教师、教育理论研究者和教育行政人员等借助网络、会议、访学等手段，通过反思、对话、交流、协作等方式，自愿组合形成的助力教师自我评估、自我完善和自我提升的组织平台[①]。幼儿园教师专业发展共同体通常具有学术性和服务性双重属性，强调发挥教学培训、教学研究、教学咨询、教学评价、教学资源平台建设以及辐射和引领区域教师教学发展中心建设六大职能。幼儿园园长应深刻认识建立幼儿园教师专业发展共同体对于幼儿园保教质量提高、教师专业发展、教育改革顺利推行的重要意义，采取组织共读共写共听共享共研[②]、教学咨询、教学午餐会、沙龙教学、课程研讨会、学术交流活动等措施推进该共同体建设。

（二）专业知识与方法

（1）把握保教人员的职业素养要求，明确幼儿园教师的权利和义务。

幼儿园园长应依据《教育法》《中华人民共和国教师法》（以下简称《教师法》）《未成年人保护法》《意见》《幼儿园教师专业标准（试行）》等法律法规的规定，特别是"加快建设一支师德高尚、热爱儿童、业务精良、结构合理的幼儿园教师队伍"的总体要求，具体把握保教人员必备的职业素养要求，明确幼儿园教师应有的权利和应该承担的义务，做到依法办园，科学、民主地领导和管理保教人员。

（2）熟悉幼儿园教师专业发展各阶段的规律和特点，掌握指导教师开展保育教育实践与研究的方法。

一般来说，幼儿园教师专业发展会依次经历生手教师、熟手教师、骨干教师和专家教师等基本阶段，各阶段发展规律与基本需求各有不同。幼儿园园长应区分教师的发展阶段，有针对性地指导或促进教师开展保育教育实践与研究：针对3年教龄以下的新手教师，应主要通过理论学习、实操研训、跟岗锻炼和师徒结对等方式，提升其专业知识、专业技能与专业规范；针对3～15年教龄的熟手教师，应主要通过教学指导、师徒帮扶、专家讲坛、名师工作室等方式，提高其专业自觉、专业反思与专业判断；针对15～20年教龄的骨干教师，应主要通过名师工作室、专家讲坛和专项课题等方式，提升其专业文化、专业品质与专业精神；针对20年以上教龄的专家教师，应主要通过访问学者、学术交流、课题研究等方式，提升其专业自信、专业风格和专业智慧。

（3）掌握园本教研、合作学习等学习型组织建设的方法以及激励教师主动发展的策略。

所谓园本研修，是指以幼儿园发展过程中所遇到的实际问题为研究对象，以幼儿园教师为主体，运用一定方法开展的旨在促进幼儿园发展和教师专业发展的研究活动的总称。

[①] 张竹云，蔡琼. 以共同体促教师专业发展[N]. 中国教师报，2018-03-14（13）.
[②] 赵国强. "五共"：共同体式的教师专业发展校本行动[J]. 江苏教育，2018（4）：33-36.

园本研修的主要内容包括：学前教育政策法规、学前教育理论、幼儿园活动设计与组织、儿童发展问题、五大领域教育和通识性知识等。园本研修组织主要环节包括营造研修氛围、组建专家团队、确定研修目标、制订研修计划、教师研修实施、园本研修评价。园本研修实施策略主要包括整合园本研修资源、优化分层研修方式、自我反思、同伴互助、专家引领、常态化实施运行和实施课题引领[①]。教师合作学习，是指教师为了完成共同的专业发展任务，有明确的责任分工的互助性学习。教师合作学习通常采取学习小组的方式进行，采用结构化系统学习策略，有利于建立教师学习共同体，促进教师知识共享和团体教学反思[②]。需要指出的是，合作学习无论在理论严密性和实践条件方面都存在一定的局限性与挑战性。幼儿园园长应合理运用团体培训式、诊断式、课题式等多元互补的具体教研方法，积极推进幼儿园学习型组织建设，并有效激励教师自主实施专业发展。

（三）专业能力与行为

（1）了解教师专业发展的需求，鼓励并支持教师积极参加在职能力提升培训，为教师提供并创造专业发展的条件和环境。

专业发展是幼儿园教师的第一要务，在职培训是促进幼儿园教师专业发展的有效途径。目前，全球公认的教师在职培训模式主要有：高校本位模式（以高等院校为基地，利用高等院校的教育资源，对在职教师实施的以系统理论教学与研究为主的教育模式）；以学校为基地的教师培训模式（以中小学为基地，把教育教学实践作为主渠道，辅之以理论课程教学，是大学和中小学合作的培训模式）；教师中心模式（设立专门的教师继续教育学习基地，旨在提高教师教学技能）；远程教育模式。

幼儿园园长应全面、深入、准确地了解教师专业发展的阶段水平与需求，高度重视教师培训工作，建立健全教师培训制度，大力鼓励并支持教师积极参加各级各类适宜的在职能力提升培训活动。此外，幼儿园园长还应从本园实际情况出发，为教师学历提升、职称评审、保教课题研究、专家引领、合作学习和表彰奖励等专业发展途径提供条件和环境支持。

（2）建立健全教师专业发展激励和评价制度，构建教研训一体的机制，落实每位教师五年一周期不少于360学时的培训要求。

有效激励是促进幼儿园教师专业发展的直接动力，科学评价是促进幼儿园教师专业发展的反馈动力。因此，幼儿园园长应重视建立健全教师专业发展激励和评价制度。国内外理论和实践研究表明，教研训一体是显著提升幼儿园教师专业发展水平的科学工作机制。幼儿园园长应积极构建符合本园发展阶段和实际条件的教研训一体的机制，精心统筹和分步落实每位教师五年一周期不少于360学时的培训要求。

（3）培养优良的师德师风，落实教师职业道德规范要求和违反职业道德行为的处理办法，引导支持教师坚定理想信念、提高道德情操、掌握扎实学识、秉持仁爱之心，不断提升教师的精神境界。增强保教人员的法治意识，严禁歧视、虐待、体罚和变相体罚等损害幼儿身心健康的行为。

[①] 王越群. 园本研修理论与实践问题研究[M]. 西安：西安交通大学出版社，2016.
[②] 张敏. 教师合作学习[M]. 杭州：浙江大学出版社，2013.

道德是法律制定的渊源，法律是强制执行的道德。因此，幼儿园园长不仅必须坚持依法办园，还必须坚持以德办园。为此，需要大力加强教师师德师风建设，系统落实教师职业道德规范要求，积极预防和坚决惩处教师违反职业道德的行为，不断提升教师的精神境界，增强保教人员法治意识，特别是预防其歧视、虐待、体罚和变相体罚等损害幼儿身心健康的行为，扎紧"不想为和不敢为"的思想篱笆。

（4）维护和保障教职工合法权益和待遇，关爱教职工身心健康，建立优教优酬的激励制度。

由于复杂的历史与现实原因，我国幼儿园教师的社会地位不够高，工资和相关福利待遇偏低，同时劳动强度较大，导致其流动性问题突出。幼儿园园长应认真学习和深入贯彻《中共中央 国务院关于学前教育深化改革规范发展的若干意见》（以下简称《若干意见》），严肃执行本区域的意见实施细则，全面维护并统筹保障教职工，特别是民办幼儿园教师的合法权益和待遇，关爱保教人员身心健康，并依法建立优教优酬的相关激励制度，切实调动幼儿教师的工作责任感和积极性。

五、优化内部管理

建立科学的内部管理体制机制是实现幼儿园健康有序运转和提高幼儿园保教质量的基本保障。幼儿园园长必须高度重视和不断优化内部管理工作。

（一）专业理解与认识

（1）坚持依法办园，自觉接受教职工、家长和社会的监督。

幼儿园目前实行园长负责制，园长是主要负责人。概言之，园长应当承担相应的政治责任、法律责任、道德责任和专业责任。这些重大责任决定了园长必须牢固树立政治红线、法律边线、道德底线和质量生命线意识，始终坚持依法办园，照章办事，加强党风廉政建设，自觉接受教职工、家长和社会的监督，全面维护幼儿园的社会声誉，合力推进幼儿园事业持续健康发展。

（2）崇尚以德治园，注重园长榜样示范、人格魅力、专业引领在管理中的积极作用。

为了顺利、有效地履行领导和管理职责，幼儿园园长必须在幼儿园中有一定的权威性。园长的权威性主要来自两个方面：一是法定职权，二是个体影响，主要包括榜样示范、人格魅力和专业引领能力等方面。一般来说，新任职或异地新调任的园长在特定幼儿园履职主要依靠的是法定职权，随着各项工作逐步理顺，将会充分发挥个体影响力。依法办园是硬规定，以德办园是软约束，二者殊途同归，百虑而一致。幼儿园园长必须"两手都要抓"且"两手都要硬"。

（3）尊重幼儿园管理规律，实行科学管理与民主管理。

幼儿身心发展规律、幼儿教育规律和幼儿园管理规律的共同本质是不以任何主体意志为转移的客观性法则。我们艰苦探索以上规律的目的在于尊重和运用以上规律，杜绝任性和折腾。幼儿园园长尊重和运用幼儿园管理规律主要体现在实行主要强调效率和质量的科学管理与主要强调公平和正义的民主管理。幼儿园民主管理主要包括以下内容：一是坚持民主集中制原则，实行园所领导班子的集体领导和分工负责；二是建立健全教职工代表大会制度，保障教职工参与园所决策的合法权利；三是实行园务公开，畅通信访渠道，自觉接受教职工和社会的监督。

（二）专业知识与方法

（1）掌握国家对幼儿园管理的法律法规、政策要求和园长的职责。

近年来，我国逐步建立健全了幼儿园管理的法律法规与政策体系。幼儿园园长必须认真学习和熟练掌握《教育法》《中华人民共和国民办教育促进法》（以下简称《民办教育促进法》）《若干意见》《规程》《纲要》《幼儿园管理条例》《指南》《幼儿园教师专业标准（试行）》等法规政策内容。

（2）熟悉幼儿园管理的基本知识，了解国内外幼儿园管理的先进经验。

幼儿园管理是一项充满复杂性和挑战性的社会系统工程。为此，幼儿园园长必须认真学习和熟练掌握幼儿园管理的基本知识，如组织与管理基础知识、幼儿园管理基本理论、学前教育行政管理体制、幼儿园管理体制、幼儿园工作管理、公关关系管理和幼儿园工作评价等[①]，并在管理实践中进一步转化提升为基本能力。此外，园长还应密切关注和及时了解国内外幼儿园管理的先进经验，积极予以吸收借鉴。

（3）掌握幼儿园园舍规划、卫生保健、安全保卫、教职工、财务资产等管理方法与实务。

幼儿园园长应认真学习和熟练掌握《托儿所、幼儿园建筑设计规范》（JGJ 39—2016）《中小学幼儿园安全管理办法》《托儿所幼儿园卫生保健管理办法》《中华人民共和国价格法》《幼儿园收费管理暂行办法》等法规政策与国家标准，同时熟练掌握上述专项管理工作方法与实操业务。

（三）专业能力与行为

（1）增强幼儿园领导班子的凝聚力，认真听取党组织对幼儿园重大决策的意见，充分发挥党组织的政治核心作用。

幼儿园园长在履职过程中，必须牢固确立鲜明的政治意识，正确处理幼儿园行政业务领导与党组织政治核心作用的关系、个人负责与集体领导以及教职工民主管理的关系。园长应认真贯彻民主集中制原则，大力加强幼儿园领导班子建设，不断增强领导班子的凝聚力；应认真听取党组织对幼儿园重大决策的意见，充分发挥党组织的政治核心作用；应发挥共青团、工会等其他组织在幼儿园工作中的重要作用；应充分发挥教职工的主人翁作用，保障教职工参与民主管理，自觉接受教职工监督。

（2）建立健全幼儿园管理的各项规章制度，严格落实教师、保育员、保健医生、保安、厨师等岗位职责，提高幼儿园管理规范化、科学化水平。

幼儿园园长应结合本地经济社会发展基本情况，从本园实际出发，依据国家相关法律法规政策，有计划、分步骤地建立健全幼儿园管理的各项规章制度，科学制订、动态调整和严格落实教师、保育员、保健医生、保安、厨师等岗位职责，努力提高幼儿园管理规范化、科学化水平。

[①] 王瑜，贺燕丽. 幼儿园组织与管理[M]. 北京：高等教育出版社，2015.

（3）建立教职工大会或教职工代表大会制度，推行园务公开，尊重和保障教职工参与幼儿园管理的民主权利，有条件的幼儿园可根据需要建立园务委员会。

根据《国务院关于加强教师队伍建设的意见》，幼儿园应建立健全教职工代表大会制度，保障教职工参与学校决策的合法权利。根据《规程》，幼儿园可以建立园务委员会，园务委员会由保教、卫生保健、财会等人员的代表以及家长的代表组成，园长任园务委员会主任。园长应定期召开园务会议，对规章制度的建立、修改、废除，全园工作计划、工作总结，人员奖惩，财务预算和决算方案，以及其他涉及全园工作的重要问题进行审议。会议遇重大问题可临时召开。

（4）建立和完善幼儿园应急机制，制订相应预案，定期实施安全演练，指导教职工正确应对和妥善处置各类自然灾害、公共卫生、意外伤害等突发事件。

安全保卫工作是幼儿园的第一位重要工作。幼儿园园长应本着对师幼生命安全高度负责的态度，切实加强幼儿园应急管理工作；应成立专门工作机构，着力建立和完善幼儿园安全管理制度与应急管理机制，及时制订和调整相应预案，落实安全教育培训计划，狠抓检查预防工作，定期实施安全演练，指导教职工正确应对和妥善处置各类自然灾害、公共卫生、意外伤害等突发事件。

六、调适外部环境

家庭是幼儿的第一所学校，家长是幼儿的第一任教师。社区是幼儿成长的重要环境，蕴含着丰富的教育资源，是幼儿接触生活的源泉，不但可以扩展教育空间，更能引发幼儿参与生活的积极性和学习愿望。积极调试办园外部环境，大力推进幼儿园、家庭、社区合作教育是幼儿园事业今后持续健康发展的重要趋势。

（一）专业理解与认识

（1）充分认识家庭是幼儿园重要的合作伙伴，积极争取家长的理解、支持和主动参与，促进家园共育。

传统意义上的幼儿教育主要在家庭以及家族范围内实施，而现代意义上的幼儿园是幼儿教育社会化和专业化的产物。因此，家庭天然是幼儿园可以信赖和依靠的重要合作伙伴，应本着尊重、平等、合作的原则，积极争取家长的理解、支持和主动参与，以有力促进家园共育。目前，制约家园共育水平提升的深层次原因之一是幼儿家长热情较高但专业能力不足，迫切需要幼儿园联合有关社会和社区组织有计划地开展专业性的幼儿家长教育，积极提升其幼儿教育能力，促进幼儿园教育和家庭教育紧密结合，共同为幼儿的健康成长创造良好环境，从而与幼儿园形成良性互助关系。

（2）重视利用自然环境和社会（社区）的教育资源，扩展幼儿生活和学习的空间。

从开放办园视角看，幼儿园、自然环境和社会（社区）都是支持幼儿学习与发展的教育空间。《教育法》规定："图书馆、博物馆、科技馆、文化馆、美术馆、体育馆（场）等社会公共文化体育设施，以及历史文化古迹和革命纪念馆（地）应当对教师、学生实行优待，为受教育者接受教育提供便利。"因此，幼儿园园长应高度重视开发利用自然环境和社会（社区）的教育资源，积极扩展幼儿生活和学习的空间，特别是可以规划建设具有鲜明地域特色的园本自然教育、综合社会实践、博物馆教育等类型的课程，通过建立健全幼儿园课程体系稳步提升幼儿教育质量。

(3) 注重引导幼儿适当参与社会生活，丰富生活经验，发展社会性。

奠基未来社会生活是幼儿教育的基本任务之一，这就需要幼儿适当参与社会生活，丰富生活经验，在良好的社会环境及文化的熏陶中学会遵守规则，形成基本的认同感和归属感，促进其社会性发展。《纲要》指出："幼儿园应与家庭、社区合作，引导幼儿了解自己的亲人以及与自己生活有关的各行各业人们的劳动，培养其对劳动者的热爱和对劳动成果的尊重。"幼儿园园长应深刻认识到，幼儿园社会领域教育活动是普遍存在的突出短板，而各类教育活动的深度有序开展都需要幼儿在家庭、社区或自然界积累一定的前期经验，因此，一定要大力推动幼儿园与家庭、社区和自然环境的密切连接，重点引导幼儿参加家庭劳务和社区种养采摘等生产劳务和兴趣探究，条件成熟时可以考虑开发建设具有鲜明地域特色的园本劳育课程。

（二）专业知识与方法

(1) 掌握幼儿园与家长、相关社会机构和部门有效沟通的策略与方法。

沟通是指社会个体之间或个体与群体之间双向互动分享信息、知识、思想和情感的过程，其核心目标是达成某种认知共识。沟通过程一般包括表达、倾听、渠道和环境四个基本要素。按具体结构划分，沟通可分为非正式沟通与正式沟通两种类型；按语言载体划分，沟通可以分为语言沟通（含口语沟通和书面沟通）和非语言沟通类型；按照具体渠道不同，沟通可以分为人际沟通、组织沟通、公众场合沟通、跨文化沟通和大众媒体沟通等类型。幼儿园园长应在新时代背景下，特别是新媒体传播时代的背景下，针对不同的沟通对象，在尽可能了解对象基本情况的基础上，选择合适的沟通结构、载体、渠道和环境，切实提升沟通效果。

(2) 熟悉社会（社区）教育资源的功能与特点。

幼儿园积极开发特定社会（社区）教育资源的前提条件是充分了解特定社会（社区）教育资源的功能与特点。特定社会（社区）教育资源主要是指具有专门功能的特定社会组织与具有综合或专门功能的特定社区所能适当支持特定幼儿教育活动项目开展的人力、物力、财力和场所等单一要素或若干要素的集合。总体来说，特定社会组织可以大致区分为政治组织、经济组织（企业）、文化组织、军事组织、宗教组织等。特定社区可以大致分为地方行政区、自然社区、专能社区（如大学、军营、矿区等）、城市社区、农村社区、小城镇社区、城乡联合体等。幼儿园园长应有目的、有计划、分步骤地对可以作为开发对象的特定社会组织或特定社区进行必要程度的调查研究，从而为实施特定教育项目的沟通与协调奠定坚实的决策基础。

(3) 指导教师了解幼儿家庭教育的基本情况，掌握家园共育的知识与方法。

家园共育是实施科学保教的有效途径。幼儿园园长应把家园共育明确为办好幼儿园的一项基本制度，认真学习和熟练掌握家园共育的基本知识与方法，如生态系统理论、社会资本理论和交叠影响阈理论等基础理论知识，可以采用面谈或约谈、节日汇报演出、家长会、家长开放日、亲子活动、家访等基本方法。园长应加强对教师开展家园共育工作的专题培训，指导教师定期或不定期了解幼儿家庭教育的基本情况，与家长相互配合，共同培养幼儿良好的生活习惯和生活自理能力,并根据幼儿园教育活动实施的需要,请家长在家庭或社区中帮助幼儿获得有关前期学习经验或社会体验。此外,应特别关注特殊儿童,与家长和有关方面密切配合进行教育或医学康复干预。

(三)专业能力与行为

(1)建立幼儿园对外合作与交流机制,开放办园,形成幼儿园与家庭、社会(社区)及园际的良性互动。

为了在一定程度上解决本园教育资源局限性和综合实力有限性问题,任何一所幼儿园在坚持独立自主发展方向的同时,都应该高度重视建立健全对外合作与交流机制,逐步形成大开放办园格局,致力于推动建立幼儿园与家庭、社会(社区)及园际良性互动关系。目前,可以参考应用的国内外已经探索实行的双边或多边互动模式主要有:家园沟通互动平台模式(如节日汇报演出、家长会、家访等)、互动式家教模式(父母课程、亲子活动、家教案例辨析等)、互动式园所参与模式(家长委员会、家长志愿活动等)、参与社区互动模式(社区生活、社区文体、创意体验、科学教育等)、家庭与社区教育服务机构模式(联合托儿中心、家庭保育机构、社区游戏小组、邻里互助小组、家庭或社区学前教育联盟等)。

(2)面向家庭和社会(社区)开展公益性科学育儿的指导和宣传,利用家长学校、家长会、家长开放日等形式,帮助家长了解幼儿园保教情况。开展家庭教育指导,通过多种途径,转变家长教育观念,提高家长科学育儿能力。

在幼儿园、家庭、社区合作教育框架中,幼儿园是专业教育机构,应充分发挥专业引领核心作用,重点是通过多样化的方式面向家庭和社会(社区)开展幼儿专业社会教育,大力转变家长的育儿观念和提升家长的育儿能力,为合作教育系统注入专业生命力。在新时代背景下,除了继续发挥家长学校的阵地作用,还可以探索联合已有社区大学或依托幼儿园设立社区大学[①],创新学前教育与成人教育连接新途径、新方式与新内容。

(3)加强幼儿园与社会(社区)的联系,利用文化、交通、消防等部门的社会教育资源,丰富幼儿园的教育活动。

幼儿园是小社会,社会是大学校。幼儿园归根结底是社会网络中的重要节点,迫切需要与其他社会组织和附近社区建立密切的沟通联系和业务协调关系,并获得必要的教育资源支持。其中,附近社区的生产、消费和服务等本土资源,区域社会组织中的文化、交通、消防等部门资源,都有待幼儿园在积极培育"社会教育力"的新视野下,根据园本课程建设的需要较好地予以开发利用,切实拓展幼儿学习和教育空间,丰富幼儿园教育活动类型与内容。

(4)引导家长委员会及社会有关人士参与幼儿园教育、管理工作,吸纳合理建议。

为了提升新时代办园科学化与民主化水平,幼儿园园长应高度重视社会化引导工作,通过创设多样化的工作平台或渠道积极引导家长、社区和相关社会人士参与幼儿园教育、管理工作,并吸纳其合理建议。主要工作思路或关键举措有:设立园务委员会、家长委员会、教师家长联谊会等并充分发挥其作用;建立健全家长助教、家长义工、亲子平行小组等教育管理制度,吸纳家长参与幼儿园教育活动;建立健全家长和有关社会人士参与幼儿

[①] 郭文艳. 幼儿园里"诞生"的社区大学[N]. 人民政协报, 2017-08-02(10).

园教育综合评价工作制度，自觉接受社区和家长参与幼儿园管理和监督。

热点讨论

1．辨析幼儿园园长领导职责与管理职责的根本区别与密切联系，指出园长在专业要求方面有哪些具体规定。

2．对照《专业标准》中的 60 条专业要求进行自评，判断自己是否合格，明确自己今后努力的方向。

拓展阅读

1．管旅华，崔利玲．幼儿园园长专业标准案例式解读[M]．上海：华东师范大学出版社，2016．

2．王瑜，贺燕丽．幼儿园组织与管理[M]．北京：高等教育出版社，2015．

3．易凌云．幼儿园园长专业标准的构建原则与基本内容[J]．学前教育研究，2014（5）：30-36．

4．王小英，缴润凯．基于《幼儿园园长专业标准》的园长培训课程构建[J]．学前教育研究，2015（4）：35-39．

研修建议

1．对照《专业标准》及解读意见，反思本园目前办学理念、发展规划、营造育人文化等方面存在的突出问题并提出改进思路。

2．对照《专业标准》及解读意见，反思本人领导保育教育、引领教师成长、优化内部管理、调适外部环境存在的突出问题并提出改进思路。

参 考 文 献

[1] 傅建明，虞伟庚．学前教育原理[M]．上海：复旦大学出版社，2016．

[2] 陈思佳．幼儿园园长上岗培训方案的研究[D]．上海：华东师范大学，2012．

[3] 邓正容．基于胜任特征的幼儿园园长培训需求研究：以上海市部分园长为例[D]．上海：华东师范大学，2012．

[4] 雷妍．上海公办幼儿园园长胜任力模型研究[D]．上海：华东师范大学，2014．

[5] 刘静．园长专业发展背景下的园长反思能力的研究[D]．呼和浩特：内蒙古师范大学，2014．

[6] 张瑞兰．一位优秀园长专业发展的个案研究[D]．鞍山：鞍山师范学院，2014．

[7] 邓雷．基于专业标准的幼儿园园长培训研究：以山东省济宁市为例[D]．曲阜：曲阜师范大学，2016．

[8] 李瑞雪．论如何做一名合格的幼儿园园长[J]．边疆经济与文化，2012（6）：166-167．

[9] 张文．论创新型园长的基本素质及其培训[J]．湖南第一师范学报，2009（2）：14-16．

第二讲　我国学前教育政策与法规概述

本讲要点

> 1. 园长应自觉运用习近平新时代中国特色社会主义思想，把学前教育改革与发展置于新时期中国特色社会主义的宏大事业之中，积极主动开辟学前教育事业发展的新局面。
> 2. 园长应深刻理解中国特色社会主义理论的产生、发展与内涵；深刻领会习近平总书记关于教育的系列讲话精神；掌握近年来我国制定的学前教育方针和政策，特别是学前教育法律法规，做到依法办园、依法治园、有法必依、执法必严，加快建设法制校园与和谐校园。

关键词

学前教育　教育政策　教育法规

第二讲 我国学前教育政策与法规概述

第一节 近四十年来党和国家学前教育方针与政策概述

一、改革开放以来至21世纪初期党和国家学前教育方针与政策回顾

我们党和国家高度重视学前教育管理工作。早在新中国成立之初，就在中央教育部设立了幼儿教育处，专门负责全国的学前教育管理工作，领导全国的学前教育改革与发展。

改革开放以来，我国学前教育政策变迁的总体特征呈现为学前教育政策发展目标上的普惠性，内容上的系统化，形式上的多样化，立法上的空白性四个方面。在联合国《儿童权利公约》的指导下，随着《关于发展农村幼儿教育的几点意见》《关于加强幼儿教育工作的意见》《幼儿园管理条例》《规程》《九十年代中国儿童发展规划纲要》《全国幼儿教育事业"九五"发展目标实施意见》等文件的颁布，我国学前教育的管理体制、办学体制、经费投入、教师队伍建设等都有了重要发展，当然也存在一些问题，特别是学前教育发展总体滞后，具体表现为：我国公办园数量过低且比例逐年降低；学前教育管理机构和人员配置不健全，管理混乱，管理责权过度分散；学前教育投入总量微小且分配结构不合理；幼儿园收费比较混乱且差异大；师资队伍稳定性差，专业素养不佳；等等。进入21世纪以来，随着我国基础教育改革的不断深化，特别是九年义务教育普及的初步完成，我国学前教育发展的短板问题日渐凸显。1999年6月13日发布的《中共中央 国务院关于深化教育改革全面推进素质教育的决定》强调："进一步解放思想、转变观念，积极鼓励和支持社会力量以多种形式办学，满足人民群众日益增长的教育需求，形成以政府办学为主体、公办学校和民办学校共同发展的格局。"

进入21世纪以来，我国颁布了一系列促进学前教育发展的政策，推进了一系列改革措施，来解决上述问题，如《纲要》《中国儿童发展纲要（2001—2010）》《关于幼儿教育改革与发展的指导意见》（以下简称《指导意见》）、《国家中长期教育改革和发展规划纲要（2010—2020）》、"国十条""国五条"等，还有各地的学前教育发展计划等，无不体现了党中央对学前教育的高度重视。其中，2001年5月29日《国务院关于基础教育改革与发展的决定》（以下简称《决定》）指出："学前教育以政府办园为骨干，积极鼓励社会力量举办幼儿园""积极鼓励企业、社会团体和公民个人对基础教育捐赠""大力发展以社区为依托，公办与民办相结合的多种形式的学前教育和儿童早期教育服务"。同年出台的《纲要》，更是进一步明确了我国学前教育的性质、功能、任务、地位以及五大领域的目标、内容、要求与指导要点等，成为我国规范幼儿园教育教学工作的指导性文件。2003年3月4日出台了《指导意见》。国务院办公厅转发教育部等部门（单位）《指导意见》的通知中指出："地方各级人民政府要加强公办幼儿园建设""积极鼓励和提倡社会各方面力量采取多种形式举办幼儿园""今后5年（2003—2007年）幼儿教育改革的总目标是：形成以公办幼儿园为骨干和示范，以社会力量兴办幼儿园为主体，公办与民办、正规与非正规教育相结合的发展格局。根据城乡的不同特点，逐步建立以社区为基础，以示范性幼儿园为中心，灵

活多样的幼儿教育形式相结合的幼儿教育服务网络"。2006 年，我国修订《中华人民共和国义务教育法》（以下简称《义务教育法》），标志着我国义务教育的发展开始从以往的低位普及走向高位均衡，公平而有质量地发展开始成为我国基础教育发展的基本价值取向。在这一政策话语背景下，"入园难""入园贵"等问题开始受到社会的广泛关注，追求"公平与质量"逐步成为 21 世纪以来我国学前教育改革与发展的主旋律。

　　从改革开放以来历届党代会报告关于学前教育精神的表述来看，在党的十七大之前，我国学前教育发展总体上是滞后的。此后，历届党代会的报告中才有了关于学前教育的论述。党的十七大明确提出"重视学前教育"，十七届三中全会进一步提出"发展农村学前教育"，十七届五中全会又继续提出坚持促进教育公平，在改善民生、解决人民群众关心的实际问题上下功夫，加快学前教育发展，切实解决"入园难"问题。同样，从教育部各年度工作要点和主要领导讲话来看，对学前教育的关注也主要集中在 2005 年以后，如 2005 年提出"重视幼儿教育和特殊教育，不断完善和加强国民教育体系"；2006 年陈至立在教育部年度教育工作会议上的讲话中提出"坚持教育的公益性，不能搞教育产业化，在现阶段，学前教育、高中教育、职业教育、高等教育是非义务教育，其办学成本应由政府和公民合理分担"，在这次会议上，周济指出，"幼儿教育和特殊教育得到进一步发展，仍应继续发展学前教育和特殊教育"；2007 年教育部年度工作要点指出"继续加强幼儿教育和特殊教育"；2008 年周济在教育部年度教育工作会议上的讲话中指出："学前教育、特殊教育都在改革创新中不断前进""要重视学前教育"，同年的年度工作要点也指出要"重视学前教育，努力发展农村学前教育"。这些都说明，我国学前教育的政策导向从此时开始发生重大转变。

二、近十年以来党和国家学前教育方针与政策简介

　　学前教育政策是学前教育事业发展的纲领性文件，引导和规定着学前教育的发展方向与进程。2010 年 2 月 28 日，《教育规划纲要（2010—2020 年）》文本开始第二轮意见征集活动，据教育部官方网站数据统计，短短一个月内，征集到近 1.8 万条意见和建议，其中，有关学前教育的意见和建议有近 4 千条，高居榜首，占全部意见和建议总数的 21.8%。2010 年 6 月 21—28 日，《人民日报》连发 5 篇相关报道及分析文章剖析"上幼儿园难"问题，引起了社会各界的强烈反响，并引起了中央高层领导的高度重视。2010 年 7 月 13—14 日，党中央、国务院召开 21 世纪以来第一次全国教育工作会议。时任国家主席胡锦涛发表重要讲话，时任国务院总理温家宝在讲话中对组织实施"教育规划纲要"做了全面部署。2010 年 7 月 29 日，党中央、国务院正式发布《教育规划纲要（2010—2020 年）》，其中的第三章专章部署学前教育工作。这在我国国家级的中长期教育规划纲要中是第一次，凸显了国家对大力发展学前教育的高度重视和坚强决心。《教育规划纲要（2010—2020 年）》第一次提出了普及学前教育的目标，它是 2020 年之前教育发展的总的纲领，也是学前教育领域有史以来的第一次。李天顺将《教育规划纲要（2010—2020 年）》有关学前教育条款高度概括成"1+3+1+8+N"，就是"一章，三条，一个项目，八个直接规定，众多基本精神"。2010 年 11 月 3 日。时任国务院总理温家宝主持召开国务院常务会议，专题研究部

署当前发展学前教育的政策措施。会议要求，各地区、各有关部门要加强协调配合和督促检查，严格落实责任，确保各项政策措施落到实处，取得实效。2010年11月24日，为贯彻落实党的十七届五中全会、全国教育工作会议精神和《教育规划纲要（2010—2020年）》，积极发展学前教育，着力解决当前存在的"入园难"问题，满足适龄儿童入园需求，促进学前教育事业科学发展，国务院颁布了《意见》（"国十条"），全面阐述了当前大力发展学前教育的具体政策，这是国务院下发的第一个学前教育文件。2010年12月1日，国务院召开全国学前教育电视电话会议。这是我国政府迄今召开的有关学前教育工作的最高规格的会议。2010年12月5日，国务院办公厅印发《关于开展国家教育体制改革试点的通知》（以下简称《通知》），《通知》确定了改革试点的十大任务，其中第一大任务就是"建立健全体制机制，加快学前教育发展"；12月6日，随即公布一批加快学前教育发展的试点地区名单。2010年12月10日，教育部基础教育二司时任司长郑富芝接受中国政府网专访，就"国十条"的根本精神"采取切实措施，大力发展学前教育"进行现场解读，并回答网民提问。2010年12月10—12日，中央经济工作会议在北京举行，会议确定了2011年经济工作的主要任务，其中在第四个主要任务"完善基本公共服务，创新社会管理机制"一开头就指出，"十二五"开局之年，在改善民生上要扎扎实实办几件实事，要加强教育重点领域建设，重视发展学前教育。

自2010年以来，伴随落实《教育规划纲要（2010—2020年）》，加快我国学前教育的发展，我国连续启动了三期学前教育三年行动计划，总体来看，近年来我国学前教育方针与政策的发展体现出以下四个基本特点。

（1）普及化。进入21世纪以来，随着我国免费义务教育的普及，高等教育迅速发展，学前教育发展相对滞后的问题凸显，主要体现在"入园难"上。2007年10月，十七大报告中提出要"重视学前教育"。特别是2010年以后，各地纷纷出台了三年行动计划，以迅速扩大学前教育资源为目标。统计显示，截至2013年年底，全国学前三年毛入园率已经达到67.5%，提前三年超额完成了《教育规划纲要（2010—2020年）》在2015年学前三年毛入园率达到60%的目标。到2020年年底，全国学前三年毛入园率进一步提高到85%，学前教育毛入园率超过中高收入国家平均水平。这说明，我国学前教育在普及方面已经实现了历史性的跨越，从而为教育强国建设奠定了重要基础。

（2）普惠性。2000年时，民办园占我国办园总数的比例是25%，伴随2004年我国《民办教育促进法》的颁布与实施，民办园获得了突飞猛进的发展。到2007年，民办园的占比已经达到60.1%，而同期公办园的占比仅为39.9%。在民办园快速发展的同时，"入园贵"的问题也开始进一步凸显，并成为人民群众广为诟病的一个教育痼疾。为此，我国在2010年以后开始启动普惠园建设计划，大力倡导发展普惠园，2017年学前教育第三期行动计划更明确提出，2020年全国学前三年毛入园率要达到85%，同时普惠性幼儿园占比达到80%。2019年1月22日，国务院办公厅正式印发《关于开展城镇小区配套幼儿园治理工作的通知》，小区需配套足够学位幼儿园，而且需办成公办园或普惠园，不得办成营利性幼儿园。党的二十大报告指出，"强化学前教育、特殊教育普惠发展"。推进幼儿园普惠发展是我国当前学前教育政策发展的一个基本特点。

（3）保公平。2007年，党的十七大报告首次明确提出"促进教育公平"。此后，推进教育公平、促进教育均衡发展成为十年来我国教育改革与发展的基本价值取向。学前教育作为我国普及九年义务教育后的一片"洼地"，公平问题尤其突出，如何在实现教育公平的过程中，为公众提供最为基本的学前教育公共服务，也成为近年来我国学前教育方针和政策的一个重要基点。为此，我国提出了构建广覆盖、保基本、有质量的公共学前教育服务体系，从需求者的角度看就是实现可获得、付得起、民众满意的学前教育供给体系。2021年4月通过的《教育法（修正案）》新增加的第18条明确提出："加快普及学前教育，构建覆盖城乡，特别是农村的学前教育公共服务体系。各级人民政府应当采取措施，为适龄儿童接受学前教育提供条件和支持。"这表明，保公平已经成为我国学前教育发展的核心价值取向和追求。

（4）有质量。党的十七大提出"重视学前教育"，体现的是一种政策的倾向性，是目标，是准备，是理念，是一个个凝结着智慧但尚未全面实施的工作规划。党的十八大提出"办好学前教育"，则是落点，是现实，是结果，可让人民群众确实享受到既经济又优质的学前教育的结果。党的十九大开始关注和提升学前教育质量。2021年4月30日施行的《教育法（第三次修正案）》第18条明确提出，"国家制定学前教育标准，加快普及学前教育，构建覆盖城乡，特别是农村的学前教育公共服务体系。各级人民政府应当采取措施，为适龄儿童接受学前教育提供条件和支持。"此外，通过对最近几年的学前教育研究的文献检索和统计发现，"普及""普惠""公共""质量""安全"等相关词汇已经成为学前教育政策和研究中的高频和核心词汇，这预示着学前教育的普及正在从一种理论和理念逐步走向现实，正在从一种规模普及向质量提升转变。

概言之，新时期我国学前教育政策发展还需进一步回答高质量发展总体趋势之下多元参与权力如何保障、立法难题如何破解、普惠性目标如何实现以及实践性与前瞻性如何落实这四个困境。未来我国学前教育政策发展迫切需要解决以下核心问题：一是激发多元主体参与治理，实现学前教育发展的民主化与科学化；二是加快立法步伐，强化儿童受教育权利平等与保护，为学前教育的发展提供法治保障；三是加大投入和资源分配，切实解决学前教育发展的现实矛盾，促进我国教育改革发展与社会安全稳定；四是加强理论学习与实践指导，保障学前教育政策发展的实践性与前瞻性。

第二节 近四十年来我国学前教育法规概述

一、改革开放以来至21世纪初期我国学前教育法规回顾

我国非常重视通过立法保障教育事业的发展。早在1982年，《宪法》中就明确指出，国家鼓励集体经济组织、国家企事业组织和其他社会力量，依据法律法规举办各种教育事业。之后，我国又相继颁布了《义务教育法》《教育法》《教师法》《中华人民共和国高等教育法》（以下简称《高等教育法》）《民办教育促进法》等相关法律，极大地推动了我国教育事业的健康发展。伴随着我国教育法律体系的日趋健全，学前教育法律法规的完善问题及其立法问题也日益成为人们关注的焦点，并受到中央的高度重视。

自20世纪中叶以来，国际社会就十分关注儿童权利问题。1989年，第44届联合国大会通过了《儿童权利公约》（以下简称《公约》），共54条。《公约》将"儿童"界定为"18岁以下的任何人"。《公约》强调，各国应确保其管辖范围内的每一儿童均享受《公约》所载的权利，不因儿童或其父母或法定监护人的种族、肤色、性别、语言、宗教、政治或其他见解、国籍或社会出身、财产、伤残、出生或其他身份等而有任何差别。《公约》提出了儿童权益保障的无歧视原则，儿童最大利益原则，尊重儿童基本权利原则，保障儿童生存、生命和发展原则，尊者儿童观点原则，成为国际社会处理儿童问题的普遍规则和行动纲领。之后，在联合国的倡议下，我国就制定了相关法律保护儿童权利。如1991年9月4日第七届全国人大常委会第21次会议通过了《未成年人保护法》，共分总则、家庭保护、学校保护、社会保护、司法保护、法律责任、附则7章72条，自1992年1月1日起施行。2012年10月26日，十一届全国人大常委会第29次会议通过第2次修正。此后，又于2020年10月17日，经第十三届全国人民代表大会常务委员会第二十二次会议第二次修订。修订后共9章132条。《未成年人保护法》指出，未成年人享有生存权、发展权、受保护权、参与权、受教育权等权利。要做好未成年人保护工作，应尊重未成年人的人格尊严；适应未成年人身心发展的规律和特点；实现教育与保护相结合。《未成年人保护法》的颁布，标志着我国在儿童保护问题上迈出了一大步，是我国儿童保护的首部法律。1992年4月3日，第七届全国人民代表大会第五次会议又通过了《中华人民共和国妇女权益保障法》，自1992年10月1日起施行。该法部分条款涉及女性儿童受教育权的保障问题，从而为保障妇女儿童的合法权益、促进男女平等起到了重要作用。

1999年6月28日，第九届全国人民代表大会常务委员会第十次会议通过了《中华人民共和国预防未成年人犯罪法》，自1999年11月1日起施行。2012年10月26日，第十一届全国人民代表大会常务委员会第二十九次会议进行了第一次修正。2020年12月26日，第十三届全国人民代表大会常务委员会第二十四次会议进行了第二次修正。第二次修正后，该法共有7章68条，分为总则、预防犯罪的教育、对不良行为的预防、对严重不良行为的矫治、对重新犯罪的预防、法律责任和附则。其中指出了预防未成年人犯罪的原则，即"立足于教育和保护"，要求"从小抓起，对未成年人的不良行为及时进行预防和矫治"。在路径和方式上，要求"在各级人民政府组织领导下，实行综合治理"。该法是为了保障未成年人身心健康，培养未成年人良好品行，有效地预防未成年人犯罪而制定的法律。

尽管上述法律都涉及儿童权益保护问题，但并未触及学前教育的管理体制、办学机制、经费筹措、教育教学等核心内容。基于此，教育部也在不断完善学前教育的相关法规和部门规章制度，如1989年颁布的《幼儿园管理条例》对幼儿园的审批程序、教育职责、行政事务、奖惩等都做了规定。

二、近十年来我国学前教育法规简介

2001年7月2日颁布的《纲要》中指出，推进幼儿园实施素质教育。这是指导广大幼儿教师将《规程》的教育思想和观念转化为教育行为的指导性文件。1996年3月9日实行的《规程》要求加强幼儿园的科学管理，提高保育和教育质量，成为幼儿园教学工作的基础性规定。2015年12月14日第48次教育部部长办公会议审议通过修订稿，自2016年3月1日起施行。新版的《规程》进一步明确了幼儿入园与编班，幼儿园的安全，幼儿园的卫生保健，幼儿园的教育，幼儿园的园舍、设备，幼儿园的教职工，幼儿园的经费，幼儿园、家庭和社区，幼儿园的管理等相关事宜。它具有以下特点：一是坚持立德树人。进一步强调幼儿园要坚持国家的教育方针，遵循幼儿身心发展特点和规律，实施德、智、体、美、劳全面发展的教育，促进其身心和谐发展。二是强化安全管理。明确要求幼儿园要建立健全设备设施、食品药品以及与幼儿活动相关的各项安全防护和检查制度，建立安全责任制和应急预案。三是规范办园行为。修订以后的《规程》对幼儿园的学制、办园规模、经费、资产、信息等都提出了明确要求。四是注重与法律法规和有关政策的衔接。如《纲要》《指南》对幼儿园的教育目标、内容、教育活动组织等都提出清晰而具体的要求，在修订《规程》时将这些要求改为一些原则性的规定，还有与《托儿所幼儿园卫生保健管理办法》《中华人民共和国反家庭暴力法》（以下简称《反家庭暴力法》）的衔接等。五是完善幼儿园内部管理机制。要求进一步加强科学民主管理，强化家长委员会的职能。《幼儿园管理条例》和《规程》是政府加强对幼儿教育管理和指导的两个重要行政法规和部门规章。两个法规的施行将使我国幼儿教育逐步走上依法治教的轨道，有力推进了幼教事业的健康发展和管理工作科学化。

除了上述几个关于学前教育发展的部门法规，还有很多相关的法律法规和部门规章也都涉及学前教育的发展，主要体现在以下几个方面。

（1）聚焦学前教育发展方向问题。2001年5月29日的《决定》指出，义务教育坚持以政府办学为主，社会力量办学为补充，学前教育以政府办园为骨干，积极鼓励社会力量举办幼儿园。2003年3月4日的《指导意见》指出，形成以公办幼儿园为骨干和示范，以社会力量兴办幼儿园为主体，公办与民办、正规与非正规教育相结合的发展格局。根据城乡的不同特点，逐步建立以社区为基础、以示范性幼儿园为中心、灵活多样的幼儿教育形式相结合的幼儿教育服务网络，为0~6岁儿童和家长提供早期保育和教育服务。2010年的《意见》指出，着力解决当前存在的"入园难"问题，满足适龄儿童入园需求，促进学前教育事业科学发展。鼓励优质公办幼儿园举办分园或合作办园，鼓励社会力量以多种形式举办幼儿园，通过保证合理用地、减免税费等方式，支持社会力量办园。同时，要求以县为单位编制三年行动计划，三年内要有效缓解"入园难"问题。从2011年起，学前教育三年行动计划实施，国家实施8个学前教育重大项目，学前教育改革发展取得历史性成就。2012年的《国家教育事业发展第十二个五年规划》指出，省级政府制订本区域学前教育发展规划，完善发展学前教育政策，加强学前教育师资队伍建设，建立学前教育的经费保障制度，探索营利性和非营利性民办幼儿园分类，扶持和资助企事业单位办园、街道办园和农村集体办园。2014—2016年，第二期学前教育三年行动计划实施，确立扩大总量、调整结构、健全机制和提升办园质量四项重点任务。2017年4月，教育部等四部门印发《关于实施第三期学前教育行动计划的意见》，明确扩大普惠性资源，理顺办园体制、教师编制补充和工资待遇保障机制，提升保育教育质量三项重点任务。

（2）聚焦办学主体与民办园发展问题。1992年的《全国教育事业十年规划》指出，学前教育以社会各界共同办学为主。1997年的《社会力量办学条例》规定，社会力量应当以举办职业教育、成人教育、高级中学和学前教育为重点。2001年5月29日的《决定》指出，义务教育坚持以政府办学为主，社会力量办学为补充；学前教育以政府办园为骨干，积极鼓励社会力量举办幼儿园。2003年9月1日的《民办教育促进法》规定，国家对民办教育实行积极鼓励、大力支持、正确引导、依法管理的方针。2004年的《民办教育促进法实施条例》规定，国家对民办教育实行"积极鼓励、大力支持、正确引导、依法管理"的方针，并规定学前教育的民办学校可以自主开展教育活动。2007年9月20日的《关于加强民办学前教育机构管理工作的通知》要求对现有民办学前教育机构进行校车的安全管理，加强引导，落实责任。2012年的《教育部关于鼓励和引导民间资金进入教育领域促进民办教育健康发展的实施意见》指出，鼓励和引导民间资金进入学前教育，积极扶持民办幼儿园，特别是面向大众、收费较低的普惠性幼儿园。2015年1月7日，李克强总理主持国务院常务会议，按照深化教育领域综合改革的部署，会议通过对《教育法》《高等教育法》《民办教育促进法》进行一揽子修改的修正类草案，决定提请全国人大常委会审议，针对民办教育，草案"明确对民办学校实行分类管理，允许兴办营利性民办学校"。2016年11月7日，新修订的《民办教育促进法》经第十二届全国人民代表大会常务委员会第24次会议审议通过，其核心是推进民办教育的分类管理改革。新政明确规定："民办学校的举办者可以自主设立非营利性或营利性民办学校。但是，不得设立实施义务教育的营利性民办学校。"学前教育属于非义务教育阶段，民办园举办者可以自主选择营利性或非营利性。但由于税收政策、地方细则等都没有出台，新《民办教育促进法》的实施在实践层面被客观延迟。

（3）聚焦园长和教师队伍建设问题。1996年1月26日的《全国幼儿园园长任职资格、职责和岗位要求（试行）》指出了幼儿园园长的任职资格、职责和岗位要求，要求发挥教职工代表大会在幼儿园民主管理中的作用，调动和发挥教职工的主动性、积极性和创造性。2012—2013年，教育部相继出台《幼儿园教师专业标准（试行）》《关于加强幼儿园教师队伍建设的意见》《幼儿园教职工配备标准（暂行）》等相关文件，对幼儿园教师专业能力、配备标准和加强教师队伍建设的目标、措施提出了明确要求。2018年1月20日，中共中央、国务院发布的《关于全面深化新时代教师队伍建设改革的意见》指出，"全面提高幼儿园教师质量，建设一支高素质善保教的教师队伍""建立幼儿园教师全员培训制度，切实提升幼儿园教师科学保教能力"。

（4）聚焦办园质量与监管问题。2011—2016年，教育部修订并印发了《关于规范幼儿园保育教育工作，防治和纠正"小学化"现象的通知》《指南》《规程》等系列文件，指导各地加强幼儿园保教质量的监管和指导，治理"小学化"现象。2016年4月20日，住房城乡建设部发布行业标准——《托儿所、幼儿园建筑设计规范》（JGJ 39—2016），用于加强托儿所、幼儿园建筑设计质量监管。2017年4月，教育部又发布《幼儿园办园行为督导评估办法》，指出此次评估的周期为3~5年，要求实现幼儿园、附设幼儿班、幼教点的全覆盖，并把无证园首次纳入评估范围。

2021年，为了贯彻落实党中央、国务院《若干意见》和《关于深化教育教学改革全面提高义务教育质量的意见》，教育部印发了《关于大力推进幼儿园与小学科学衔接的指导意见》，强调全面推进幼儿园和小学实施入学准备和入学适应教育，减缓衔接坡度，帮助儿童顺利实现从幼儿园到小学的过渡。幼儿园和小学教师及家长的教育观念与教育行为明显转变，幼小协同的有效机制基本建立，科学衔接的教育生态基本形成。2022年，为了加快建立健全教育评价制度，促进学前教育高质量发展，教育部印发了《幼儿园保育教育质量评估指南》，坚持以促进幼儿身心健康发展为导向，聚焦幼儿园保育教育过程质量，主要包括办园方向、保育与安全、教育过程、环境创设、教师队伍五个方面的评估，共有15项关键指标和48个考查要点。

可以看出，进入21世纪以来，尽管我国为促进学前教育发展出台了许多部门规章，但总的来说，尚未出现针对学前教育的专门立法。事实上，自2010年以来，我国就有不少学者和专家呼吁出台《学前教育法》，从近年来的全国两会可见一斑。如在2018年全国两会上，民盟中央就提出了"加快学前教育立法，推进教育公平"的议案，其中指出："当前我国各类教育中，只有学前教育阶段尚未立法，导致发展中问题的解决无据可依，已成为国民教育体系中的'短板'。'入园难，入园贵'愈演愈烈，办园体制与管理机制发生变化，学前教育经费严重缺乏，幼儿教师待遇无保障、培训体系不健全，社会力量办园缺乏法律规范等，这些都亟待通过立法解决。"因此，呼吁加快"学前教育法"立法的进程，并明确立法重点：一是确立公益性、普惠性的发展方针，制定免费学前教育路线图；二是建立"以公共财政支撑为主，多渠道投入相结合"的学前教育投入体制；三是明确办园标准，严格执行资格准入制度；四是健全学前教育管理体制，建立督导评估与问责机制；五是完善服务体系，建立量足质优的保教队伍。全国政协委员、著名学前教育专家、北京师范大学庞丽娟教授也提出了"加快推进'学前教育法'立法进程"的议案，她指出，"近年来，我国学前教育取得了明显发展，但仍然是教育体系中最薄弱的环节，发展不平衡不充分，因而'入园难''入园贵'的问题在城乡仍然突出。而问题的直接原因是对学前教育性质、定位缺乏真正认识，一些地方政府对发展学前教育责任落实不到位，学前教育管理体制、投入体制、办园体制、教师政策等严重滞后，与新时代国家经济社会发展需求、人民群众的迫切期望不相适应；而最根本的原因在于我国没有'学前教育法'，缺乏对上述这些学前教育改革发展中的深层次、关键性问题和体制机制等做出明确规范的法律规定。"由此可见，学前教育的立法问题已经受到社会的广泛关注。

近年来，全国人大已将学前教育立法纳入我国十四五期间立法规划。2020年9月初，教育部已经正式发布了《学前教育法（草案）》，启动了向社会公开征求意见工作。2021年4月12日，教育部形成了《中华人民共和国学前教育法草案（送审稿）》报送国务院审议。《送审稿》共分为总则、学前儿童、幼儿园的规划与举办、保育与教育、教师和其他工作人员、管理与监督、投入与保障、法律责任、附则9章75条，主要从"健全举办体制，增加资源供给，着力解决入园难问题""完善投入体制，增强经费保障，着力解决入园贵问题""明确管理体制，促进规范办园，着力解决入园安全问题""强化质量意识，提高教师素质，着力解决教得好问题""强化法律责任，加强监管力量，着力解决管得住问题"五个方面对学前教育做了全面规范。

热点讨论

如何深入学习贯彻习近平新时代中国特色社会主义思想，不断开辟区域学前教育事业发展的新局面。

拓展阅读

1．中共中央宣传部．习近平新时代中国特色社会主义思想三十讲[M]．北京：学习出版社，2018．

2．张利洪．改革开放40年我国学前教育政策法规的历程、成就与反思[J]．陕西师范大学学报（哲学社会科学版），2019，48（1）：54-60．

研修建议

1．认真学习中国共产党党史，坚定党性修养和道路自信。

2．认真学习中国特色社会主义理论，把握其发展脉络和时代特点。

3．认真学习党的十八大以来历次党的代表大会关于教育改革与发展的基本精神。

4．认真学习习近平总书记关于教育改革与发展的系列讲话精神，指导办园实践。

5．自觉把中华优秀传统文化与办园实践结合起来，坚定文化自信。

6．关注未来我国关于学前教育改革发展的方针政策。

7．关注未来我国在学前教育法律法规体系建设上的进展及内容。

8．以社会主义核心价值观统领园所发展，渗透园所治理的方方面面。

9．运用现代治理理论推进法制园所、文明园所、和谐园所的建设。

参 考 文 献

[1] 中国学前教育发展战略研究组．中国学前教育发展战略研究[M]．北京：教育科学出版社，2010．

[2] 杨莉君．学前教育政策法规概论[M]．长沙：湖南师范大学出版社，2008．

[3] 杨莉君，李洋．学前教育政策法规[M]．长沙：湖南大学出版社，2015．

[4] 郝清杰．教育事业改革发展的新理念新思想新战略：学习习近平总书记关于教育改革和发展的重要论述[J]．东岳论丛，2017（8）：12-18．

[5] 王辉．论习近平教育战略思想的当代特征[J]．教育探索，2017（3）：1-4．

[6] 薛二勇，刘爱玲．习近平教育思想：中国教育改革的旗帜与方向[J]．中国教育学刊，2017（5）：9-16．

[7] 梁玉春．习近平教育思想研究[J]．东岳论丛，2017（11）：11-13．

[8] 顾明远．习近平教育思想指引中国教育改革和发展前进方向：深入学习习近平总书记教育思想（一）[J]．民办教育新观察，2017（8）：7-11．

[9] 张森年．习近平师德思想研究[J]．中国德育，2017（22）：11-16．

[10] 王磊，肖安宝．新形势下我国教育事业改革发展的科学指南：习近平教育思想管窥[J]．广西社会科学，2016（3）：216-220．

[11] 杨志成．中国特色社会主义教育学理论体系发展的新境界：习近平教育思想研究[J]．中国教育学刊，2017（5）：1-8．

第三讲　国内外学前教育改革与发展动态概述

本讲要点

> 1. 幼儿园园长既要站在世界舞台审视中国国情，又要站在中国立场把握世界潮流，既要从世界学前教育改革的宏观场景中审视中国学前教育改革，又要立足中国学前教育改革审视世界学前教育改革动态。
> 2. 幼儿园园长应了解当代世界社会发展的基本形势，把握和平与发展仍是当今世界的时代主题；应把握当代中国社会发展的基本形势，深刻认识进入中国特色社会主义新时代的社会特征；应了解国外学前教育改革与发展的基本动态，深刻认识中国学前教育改革与发展的基本动态和未来趋势。

关键词

学前教育　教育改革　发展动态

第一节 国外学前教育改革与发展动态概述

学前教育的发展既要坚守民族和本土特色，又要放眼世界，兼收并蓄，唯有如此，才能顺利进行我国的学前教育改革。从世界范围来看，学前教育的改革与发展呈现出以下动态与趋势。

一、全面普及学前教育

学前教育是一个教育体系的基础部分，其普及程度直接关系到全体儿童的身心健康、学前教育的公平与质量、国家教育目标的实现程度和民族素质的整体提升，因而具有重要的战略意义。

1. 制定教育发展战略

纵观世界各国，在推动学前教育改革与发展的过程中，都将促进学前教育的普及作为其改革的基本方向，并通过制定教育发展战略加快普及步伐。以经济合作与发展组织（OECD）为例，为 3~4 岁的儿童提供普及教育一直是其诸多成员国，包括美国、日本、英国、法国、澳大利亚等的核心追求。如美国在《2000 年教育战略》开篇就指出："应保证所有儿童都能接受高质量的适合个体发展需要的学前教育"，明确将全面普及作为教育改革目标之首。又如日本先后制定了三个《幼稚园教育振兴计划》，而"要有计划地发展幼稚园，以促进幼稚园教育的普及与充实"是其始终不变的战略诉求。再如印度在《国家儿童行动计划》中明确把"普及学前教育，使所有儿童获得高质量教育"作为儿童教育的重要目标之一。可见，世界上主要国家和地区均将全面普及作为学前教育发展的重要战略，以推动本国学前教育的改革与发展。

2. 推进法律法规建设

世界各国不仅把普及作为重要战略，而且也通过法律法规建设来保障普及的推进和有效实施。如美国、英国、法国、巴西、墨西哥、瑞典、匈牙利等国或是制定了专门的学前教育法，或是在相关法律中对学前教育普及做出较有针对性的规定，并根据普及的需要，及时出台各种学前教育政策，不仅为普及提供了高位阶、强制性与权威性的基本规范，也有效解决了普及中遇到的现实问题。

3. 深化办园体制改革

深化办园体制改革，逐渐建立起以公立学前教育机构为主体的普及模式，是世界各国推进学前教育普及和发展的主要方法，如 OECD 组织有一半以上国家的公立机构比例达到 50%以上，有 1/5 左右的国家的公立机构比例高达 80%以上，其中，卢森堡、法国、匈牙利等国甚至接近 100%。墨西哥、俄罗斯、古巴、巴西、朝鲜等国同样以公立机构为学前教育供给主体，前三个国家的公立机构比例均高于 90%。

4. 通过减免费用激励

为促进学前教育的普及，世界许多国家和地区都将学前教育纳入免费教育范畴，既有瑞典、比利时、法国、英国、荷兰、新西兰等发达国家，也有墨西哥、巴西、古巴等发展中国家。与此同时，还有许多国家对符合条件的儿童进入收费学前教育机构实施学费减免政策，美国、日本、加拿大、新西兰等国家还对儿童或其家庭提供多种形式的财政资助，包括现金补助、税费返还和教育券等，支持适龄儿童选择较正规或质量较好的托幼教育。这些举措有力地保障了全体幼儿接受平等而有质量的学前教育的权利，极大地促进了学前教育的普及。

二、推进学前教育公平

学前教育公平是一个国家教育公平的前提和基础。因此，世界各国高度重视作为起点公平的学前教育公平问题，特别是关注因为城乡与地域差异、经济条件落后、少数民族等各类原因所导致的机会与公平问题。同时，全民教育运动在普及学前教育时，也明确将工作重点放在促进学前教育的机会公平和质量公平上。总之，推进学前教育公平已成为世界学前教育改革与发展的基本价值取向。

1. 立法保障弱势儿童合法权益

弱势儿童由于种种原因，在社会上处于不利地位，成为处境不利儿童，因而如何让其享有平等的学前教育权利，就成为一个重要问题。为此，许多国家都试图通过促进弱势群体幼儿平等地接受学前教育减少儿童贫困，打破代际循环，维护并促进社会的和谐和稳定。如美国将"保障每个美国儿童都能够获得学前教育"作为全美教育目标之首，法国明确规定弱势幼儿群体具有优先受教育权，即"优先照顾那些处于不利文化、社会地位的儿童，他们的教育可自 2 岁起"。英国也在学前教育发展战略中提出要"帮助弱势群体家庭的 2 岁儿童接受每周 15 小时的免费学前教育"。与此同时，一些国家的学前教育战略也对儿童受教育权的平等原则做了明确规定，如巴西的《宪法》和《教育指导方针和基础法》均对学前教育的基本原则做出规定，即"入学与受教育机会人人平等"。印度制定的《第十一个五年教育》规划，更明确提出"全纳性增长"的发展理念，即"缩小区域群体和性别间的差距"。切实保障学前儿童平等的受教育权和发展权已经成为世界学前教育发展的核心目标与重要方向。

2. 优先扶持弱势儿童发展

在推进学前教育公平的背景下，许多国家和地区都坚持优先发展原则，对弱势儿童进行倾斜性扶持。这主要表现在四个方面：一是不断加大力度，将财政优先投向弱势儿童群体，如美国、英国和印度等。二是兴办公立机构并优先向弱势儿童开放，如韩国、印度等在弱势地区普设公办园，确保有需要的弱势儿童获得学前教育。三是优先为弱势儿童提供免费、减费和有资助的学前教育，如韩国弱势儿童可优先获得一年免费教育。四是依托国家或地区专项行动计划优先发展弱势儿童学前教育，如美国的佩里计划与开端计划、英国的确保开端计划、印度的儿童发展综合服务计划等均属于以弱势儿童为主要受益群体的扶助计划。这些倾斜性政策的实施充分保障了弱势儿童的平等受教育权，有效推动了学前教育的公平均衡发展。

三、确保学前教育质量

近年来，世界各国不仅重视学前教育的普及和发展，而且把学前教育质量置于整个学前教育发展的中心，保障学前儿童接受公平而有质量的学前教育，从而确保学前教育发展的战略目标。

1. 质量政策和框架

如何把学前教育的发展政策统一到质量的高度已经成为各国制定教育政策的出发点。如德国《日托扩展法》《儿童及青少年福利法》等学前教育法律中规定"保证并提高学前教育质量是学前教育机构的法定义务"，以刚性的形式对学前教育机构的教育质量和教育主管部门的督导职责进行规定。美国的《2001—2005 战略规划》也明确指出，"所有儿童通过接受高质量的和恰当的学前教育为进入学校学习做准备"，奥巴马政府曾提出要为儿童提供所需的"高质量的早期教育经验"。印度在《国家儿童行动计划》中明确提出在普及学前教育的同时应"使所有儿童获得高质量教育"。巴西的《国家教育计划》和《国家学前教育政策》也明确提出，"应在保证质量的前提下使所有孩子都受益，要进一步完善所提供的学前教育服务的质量""制定长期的普及学前教育服务质量标准，以此作为学前教育监督、控制和评价的参照，同时也作为提高学前教育的重要手段"。

2. 教师队伍质量建设

提升学前教育质量，关键在教师。世界各国都把加强学前教师队伍建设作为质量提升的关键环节。在具体措施上，有定位身份、改善待遇、提高地位、加强培训等。如在定位身份上，相当一部分国家对幼儿教师的身份做出了较为明确的和高位的规定，主要有国家公务员（法国）、国家或地方教育公务员（日本）、公务雇员（英美）三类，这种明确的身份定位为保障幼儿教师社会地位、教师合法权益和改善工资待遇提供了重要依据。在改善待遇上，许多国家和地区都努力保障并提高幼儿教师的工资待遇，这对保证幼儿教师安心工作起到了重要作用。有的国家由政府保障公立幼儿园教师享有较高水平的工资待遇，譬如日本、法国、古巴等。有的注重规范幼儿教师的工资标准，努力提高其工资水平，如美国、德国、巴西、印度等。还有的采取多种措施保障幼儿教师的福利、退休、保险等各项基本待遇，以维护其合法权益，如英国、德国、巴西等。在提高地位上，韩国、日本、法国的幼儿教师不仅具有较高的工资待遇水平，且其社会地位与中小学教师一样普遍较高，如韩国的幼教岗位就很具有竞争性，日本则鼓励优秀人才从事学前教育工作，对志愿任教的学生实行奖励。在加强培训上，许多国家都对教师的在职培训做出规范，建立了幼儿教师培训与专业发展的相关制度。如日本规定，教师既有在职培训的义务，也有接受在职培训的权利，并对教师的在职进修事宜做了细致规定，从而提升了幼儿教师的专业素养和水平，保障了学前教师质量。

3. 质量标准建设

面对教育改革与发展的质量转型，世界各国都十分重视学前教育的国家质量标准体系建设。如 OECD 于 2012 年在挪威奥斯陆发布《强势开端 III：早期保教质量工具箱》，对 OECD 成员国在师幼比、学前教育课程与教学、生均室内外活动面积、班级规模、教师资质与专业培训、教师工资与福利待遇、家园沟通与师幼交流的频次等方面都设置了最低质量标准。其中，在 OECD 国家中，又以澳大利亚颁布的全国性学前教育质量国家标准最为典型和系统。澳大利亚于 1993 年正式成立国家幼儿教育认证委员会（NCAC），直接负责对日托儿童教育机构、家庭日托机构、校外钟点照顾机构三大系统的质量管理。2012 年，澳大利亚颁布了一套新的适用于国内所有学前教育机构的《国家质量标准》，内容涵盖幼儿园课程与教学、幼儿的安全与健康、幼儿园物理环境、师幼关系、幼儿园与家庭及社区的合作关系、人员编制安排、领导与机构管理七个关键质量领域，并用来对澳大利亚所有学前教育机构的服务质量进行评估。显然，学前教育质量国家标准的制定有利于规范学前教育机构的办园行为，缩小幼教机构之间的质量差距，从而保障适龄幼儿接受基本的、有质量的学前教育。

4. 质量评估体系建设

质量建设是一个系统工程，既需要政策引领，也需要监督评估。学前教育质量评估指标体系通常以学前教育质量标准为前提和基础进行建构，是对学前教育质量标准的深化和具体化，一般分为结构性质量指标、过程性质量指标和结果性质量指标三个方面。如尽管美国各州建立的学前教育质量评估标准不同，但都对学前教育质量各领域的评估指标做了全面和详细的规定，具有很强的可操作性。英国政府为确保所有学前教育机构都能以同样方式进行评估，于 2008 年颁布了《早期奠基阶段》，为所有不同性质、规模、类型和资金来源的早期教育机构督导提供统一标准，并使用统一的早期评估表进行督导。OECD 国家于 2015 年发布了最新的研究报告《强势开端 IV：学前教育质量监测》，分别从学前教育机构质量、教师队伍质量、幼儿发展结果三方面对其成员国的学前教育质量进行全面监测与评估，构建了较为全面的学前教育质量评估指标体系。此外，大型国际组织机构开发的质量评估指标也发挥着重要作用，如国际儿童教育协会与世界学前教育组织于 2011 年修订的《全球指导性评估量表》（第三版），已经被很多国家引入用于对幼儿园教育质量的测量与评价。

在质量监管上，很多国家都建立了以政府为主导的学前教育质量监管体系，以督促各类早期教育机构为幼儿提供优质的早期教育服务。如澳大利亚从 2012 年开始实施新的学前教育质量管理体系，成立了澳大利亚儿童教育与保育质量管理局（ACECQA），并正式颁布了《国家质量框架》，对所有学前教育机构实施统一管理。其他发达国家也通过颁布学前教育法、出台学前教育质量国家标准、成立专门的学前教育质量督导机构等多种途径，加强政府对学前教育质量的监管职责，如德国制定的《日托机构的教育质量标准》、墨西哥颁布的《学前教育义务法》、韩国设立的专门学前教育署等。尽管各国的学前教育质量监管体系在内容、形式和标准上存在一定的差异，但建立以政府为主导的学前教育质量监管体系的目的是一致的，即都以促进和提高学前教育质量为最终目的。

四、充分发挥政府职能

学前教育是社会的一项基本公共服务,其公益性的本质要求作为供给主体的政府必须承担起发展学前教育、促进学前教育公平优质发展的责任。所以,世界各国普遍将发挥政府职能、实现政府职能转变作为重要核心。

1. 明确政府职责

为学前儿童提供普及、公平而有质量的学前教育是政府必须承担的重要职责。为此,许多国家和地区都在相关政策法律中明确政府是学前教育服务的首要责任主体。法国规定"学前教育是国家公共事业,其组织和执行由国家予以保障"。印度规定要"确保向所有 3 岁以下的儿童提供保育、保护和发展机会,确保向所有 3~6 岁儿童提供整合的保育与发展以及幼儿园学习的机会"。

2. 发挥政府职能

为了推动学前教育的普及,实现学前教育公平而有质量的发展,政府必须充分发挥其相关职能,如通过制订规划、财政投入、加强教师队伍建设等措施保障学前教育事业的良性健康发展。首先,将学前教育发展纳入教育事业规划予以统筹部署,如日本、俄罗斯、美国、巴西等国家的做法,还有一些国家如澳大利亚、印度等还制定有专项规划。其次,强化政府的财政投入职责,以保障学前教育的投入。再次,高度重视幼儿教师队伍建设,不断提升幼儿教师的社会地位和专业素养,以实现高质量的学前教育普及和发展。最后,注重健全学前教育管理体制,充分发挥其在学前教育事业发展中的主导责任。

第二节 我国学前教育改革与发展动态概述

21 世纪以来,我国教育改革不断深化,教育事业持续发展并取得举世瞩目的成就。伴随着我国进入中国特色社会主义新时代,我国教育的主要矛盾也开始发生重大变化,即由人民群众对教育的需求与现有教育资源不能满足广大人民群众的需求之间的矛盾,转变为广大人民群众对优质教育的需求与优质教育资源不均衡不充分之间的矛盾,这一矛盾变化对教育改革提出了新的要求。学前教育是我国教育事业的基石,也是当前教育改革的重点,面向未来,我国学前教育的改革与发展呈现出以下态势。

一、坚持学前教育公益性

我国是社会主义国家,公益性始终是我国学前教育的基本特性,普及学前教育始终是我国的战略目标,将学前教育纳入社会公共事业服务体系,不仅是社会民生事业、民心工程,更是公益事业,它要求普及普惠、公益公平。因此,在性质定位上,应坚持"三个原则",即学前教育是终生学习的开端,是国民教育体系的重要组成部分,是重要的社会公益事业。要认识到其重大意义，即学前教育关系亿万名儿童的健康成长，关系千家万户的切身利益，关系国家和民族的未来。在发展路径和策略上，要做到五个"必须坚持"，即必须坚持公益性和普惠性，努力构建覆盖城乡、布局合理的学前教育公共服务体系，保障适龄儿童接受基本的、有质量的学前教育；必须坚持政府主导，社会参与，公办民办并举，落实各级政府责任，充分调动各方面积极性；必须坚持改革创新，着力破解制约学前教育科学发展的体制机制障碍；必须坚持因地制宜，从实际出发，为幼儿和家长提供方便就近、灵活多样、多种层次的学前教育服务；必须坚持科学育儿，遵循幼儿身心发展规律，促进幼儿健康快乐成长。

二、加大普惠园建设力度

进入21世纪以来，我国的学前教育取得了巨大进展，特别是民办园发展极为迅速，远远超过了公办园的数量。与此同时，幼儿园乱收费等现象也日益突显。为了解决这一问题，我国开启了普惠园建设的步伐。当前，我国普惠性民办幼儿园已经开始逐步走向学前教育前沿，同时也面临着诸多困境。近年来，全国两会许多代表和委员都对这个问题进行了调研，指出收费标准不能适应实际的物价指数、无政府兜底加大了运营者的投资风险、生存空间挤压导致师资的力量薄弱等是当前普惠园建设中面临的最大问题。

要破解以上这些突出问题，可以考虑采取以下措施：第一，大力引导、积极扶持并奖励有条件的社会团体、民营机构和企业开办普惠性民办幼儿园。第二，积极鼓励学前教育集团化发展，不断扩大学前教育资源总量。第三，建立社会支持基金制度和社会办园参与制度，调动社会各界力量共同支持学前教育发展。第四，以《民办教育促进法》的实施为契机，共同研究制定普惠性民办园的生均经费补贴、租金补贴、教师社保补贴和税收优惠等扶持奖励政策和实施办法。第五，建立以政府投入为主的学前教育成本分担机制，可由主管单位适当给予补贴，在一定范围内兼顾成本与收益，并由物价部门弹性定价，确保普惠性幼儿园能根据市场调整供需机制。第六，整合家庭和社会资源，减少教育运营成本和人力成本，进一步提升办园能力。第七，以多种形式和措施强化师资队伍建设。

三、关注弱势儿童群体

教育公平是最基本的社会公平，学前教育是教育公平的起点，能否保障学前教育的公平直接影响我国教育公平的质量与水平。近年来，我国十分重视弱势群体的教育获得问题，并取得了很大成就，但直到目前，贫困地区的普惠性学前教育资源总量仍然不足，特别是在一些地方对学前教育的管理体制基本实现"以县为主"的背景下，由于县级财政困难，难以充分保障学前教育的发展经费，导致弱势群体的教育问题不断突显。为了破解这一问题，促进教育公平，可以考虑从以下方面着手：一是加大学前教育投入，特别是向农村地区、贫困地区、中西部农村地区等弱势地区和家庭经济困难儿童、孤儿、残疾儿童、留守儿童、流动儿童等弱势群体实行政策倾斜。二是构建省级政府统筹的农村学前教育经费保障机制。由省级财政增设学前教育发展资金，加大对农村幼儿教师专项经费投入，并实施省内贫困地区差异化的财政转移支付制度。

四、重视教师专业成长

幼儿园不仅要重视硬件建设，更要重视师资建设。幼儿园迫切需要从以下几个方面发力：第一，加强幼教师资队伍建设，提高教育质量。教师队伍素质是保教质量的保障，应让幼儿园教师具备学习能力、引导能力、创新能力，关键要建设一支高素质善保教的教师队伍，要尊重和认同幼儿教师工作的专业性，切实提高幼儿教师待遇。第二，健全幼儿教师资格准入制度，严把入口关，完善学前教育师资培养培训体系。第三，完善落实幼儿园教职工工资保障政策，切实维护幼儿教师权益。在没有编制的情况下，政府应当以同工同酬为原则，按照在编教师的待遇，采取购买岗位的办法来补充教师；同时，要把民办幼儿园教师的待遇纳入政府监管范围。第四，尽快制定公办幼儿园教职工编制标准，建立省级统筹的学前教育在编教师招录制度，以应对公办幼儿园数量和在园就读幼儿数量显著增长和目前编制数量严重不足的现状。

五、发展普惠托育体系

早期儿童发展具有连续性与阶段性特征。为了加强学前教育深化改革规范发展，在大力推进幼儿园与小学科学衔接的同时，我国还需要加强0～3岁婴幼儿托育体系建设，继续推进托育机构与幼儿园的科学衔接。2019年，国务院办公厅印发了《关于促进3岁以下婴幼儿照护服务发展的指导意见》，强调建立完善促进婴幼儿照护服务发展的政策法规体系、标准规范体系和服务供给体系，充分调动社会力量的积极性，以多种形式开展婴幼儿照护服务，逐步满足人民群众对婴幼儿照护服务的需求，促进婴幼儿健康成长、广大家庭和谐幸福、经济社会持续发展。2021年，《中共中央 国务院关于优化生育政策促进人口长期均衡发展的决定》提出"发展普惠托育服务体系"，要求建立健全支持政策和标准规范体系，大力发展多种形式的普惠服务，加强综合监管。

热点讨论

当代世界社会发展形势如何具体影响学前教育事业发展？作为园长，应当如何顺应与有效应对？

拓展阅读

1．纽曼．学前教育改革与国家反贫困战略：美国的经验[M]．李敏谊，霍力岩，译．北京：教育科学出版社，2011．

2．庞丽娟．政府主导，创新体制：我国地方学前教育改革探索与政策启示[M]．北京：北京师范大学出版社，2012．

3．王小英．国内外学前教育改革与发展趋势[M]．长春：东北师范大学出版社，2017．

研修建议

1．深刻领会当代中国社会发展的新阶段、新成就、新特点与新动向。
2．切实掌握国际学前教育改革与发展的基本动向。
3．把握我国学前教育在世界学前教育改革与发展中的地位与作用。
4．深刻领会我国学前教育改革与发展的现实问题与发展方向。
5．深刻认识我国学前教育改革与民生建设、社会发展之间的关系。
6．勇于开拓创新，自觉承担起学前教育改革与发展的使命与责任。

参 考 文 献

[1] 唐笑虹. 2015年世界形势评估[M]. 北京：时事出版社，2016.
[2] 徐万胜. 2014年世界形势评估[M]. 北京：时事出版社，2015.
[3] 李洪波. 2013年世界形势评估[M]. 北京：时事出版社，2014.
[4] 曹能秀. 美英日三国学前教育改革的比较研究：2001—2015[M]. 北京：人民出版社，2016.
[5] 庞丽娟，夏婧. 国际学前教育发展战略：普及、公平与高质量[J]. 教育学报，2013（3）：49-55.
[6] 习近平. 决胜全面建成小康社会，夺取新时代中国特色社会主义伟大胜利[M]. 北京：人民出版社，2017.
[7] 李培林. 2017年中国社会形势分析与预测[M]. 北京：社会科学文献出版社，2016.
[8] 文明. 学前教育质量评价理论与实践[M]. 成都：四川大学出版社，2018.

第四讲 幼儿园园长综合素质提升策略

本讲要点

> 1. 作为履行幼儿园领导与管理工作职责的专业人员，幼儿园园长应具有较高的综合素质才能较好胜任本职工作。
> 2. 幼儿园园长应积极提升由身体素质、心理素质、职业道德素质、社会交往素质、人文素质、科技素质等方面构成的综合素质。

关键词

综合素质　职业道德素质　身体素质　心理素质　社会交往素质　人文素质　科技素质

第一节 幼儿园园长职业道德素质与身体素质提升策略

一、园长职业道德素质提升策略

道德是由一定的社会经济关系决定的特殊意识形态，是调整人们之间以及人与社会之间关系的行为规范的综合。职业道德就是从事一定职业的人们在其特定的工作或劳动中所形成的行为规范的综合，是所有从业人员在职业活动中应该遵循的行为准则，它不仅是一种行为要求，而且包括本行业对社会所承担的道德责任和道德义务，维护的是社会秩序或职业秩序。所谓幼儿园园长职业道德，是指园长遵循幼儿教育基本规律和根据国家法规与政策，在履行幼儿园领导与管理职责过程中应遵循的道德行为规范，是评价园长职业行为真假、是非、善恶的具体标准。

幼儿园园长职业身份具有二重性，即园长既是幼儿园教师，又是幼儿园事业发展领导者和教育管理工作者。因此，其职业道德既具有幼儿教师职业道德崇高性、自觉性、示范性、时代性、启蒙性等一般道德规范属性，又具有作为幼儿园事业发展领导者和教育管理工作者的特殊道德属性，主要体现在以下几个方面。

（1）责任性。幼儿园园长是幼儿园第一负责人，是幼儿园事业发展核心，是幼儿园管理的灵魂。因此，以"责任为命令"，努力做到自觉、科学、策略性地履行岗位职责是幼儿园园长的首要职业道德。其基本内容就是《专业标准》的规范表述，即"坚持社会主义办园方向和党对教育的领导，贯彻党和国家的教育方针政策，将社会主义核心价值观融入幼儿园工作，履行法律赋予园长的权利和义务，主动维护儿童合法权益；热爱学前教育事业和幼儿园管理工作，具有服务国家、服务人民的社会责任感和使命感；践行职业道德规范，立德树人，关爱幼儿，尊重教职工，为人师表，勤勉敬业，公正廉洁"。

【知识链接4-1】　　幼儿教师违反职业道德行为基本种类

2018年11月8日，教育部印发《幼儿园教师违反职业道德行为处理办法》。其中第四条明确了11种应予处理的教师违反职业道德行为：（1）在保教活动中及其他场合有损害党中央权威和违背党的路线方针政策的言行。（2）损害国家利益、社会公共利益，或违背社会公序良俗。（3）通过保教活动、论坛、讲座、信息网络及其他渠道发表、转发错误观点，或编造散布虚假信息、不良信息。（4）在工作期间玩忽职守、消极怠工，或空岗、未经批准找人替班，利用职务之便兼职兼薪。（5）在保教活动中遇突发事件、面临危险时，不顾幼儿安危，擅离职守，自行逃离。（6）体罚和变相体罚幼儿，歧视、侮辱幼儿，猥亵、虐待、伤害幼儿。（7）采用学校教育方式提前教授小学内容，组织有碍幼儿身心健康的活动。（8）在入园招生、绩效考核、岗位聘用、职称评聘、评优评奖等工作中徇私舞弊、弄虚作假。（9）索要、收受幼儿家长财物或参加由家长付费的宴请、旅游、娱乐休闲等活动，推销幼儿读物、社会保险或利用家长资源谋取私利。（10）组织幼儿参加以营利为目的的表演、竞赛活动，或泄露幼儿与家长的信息。（11）其他违反职业道德的行为。

点评：幼儿园园长作为幼儿园教师应防微杜渐，恪守幼儿园教师职业道德，作为幼儿园事业发展领导者和教育管理工作者，必须坚持"师德为先"的原则，切实加强对教师队伍的职业道德教育、日常管理和失范惩戒等，并为幼儿园教师失范现象特别是相关后果承担领导责任。

（2）美德性。幼儿园园长在履行岗位职责过程中，不仅需要以能服人，更需要以德服人。为此。较之幼儿园教师，幼儿园园长不仅需要善于学习以提升才能，更需要严于修身以提升境界，做到严于律己、严格要求、以身作则。应有坚定的教育理想信念和家国情怀，正确处理国家、集体与个体的利益关系，始终能够顾全和维护学前教育事业发展大局，切实增进幼儿园教职工的公正感、幸福感和安全感。应牢固树立正确的权力观和业绩观，充分把握"依法办园"和"以德治园"的统一性，努力做到"不缺位""不越位"，不做跋扈的"独裁者"、糊涂的"老好人"，不做改革发展的"激进者"，不做遇到困难的"退缩者"。

（3）情境性。幼儿园园长在履行岗位职责过程中应高度重视理论联系实际，充分把握基于理论的"普适原则智慧"与基于经验的"情境权变智慧"的统一性，坚持从实际情况出发，做到针对具体问题进行具体分析，努力避免死守理论原则的"教条主义"和狭隘依据局部实践的"经验主义"。在领导事业发展方面，应善于审时度势，做到提纲挈领和因势利导。在具体管理保教工作方面，应善于科学谋划，做到统筹兼顾和综合平衡，积极防范和有效化解目前幼儿园教师队伍中师德规范缺失、敬业精神缺乏和职业道德失范等现象。

二、园长身体素质提升策略

身体素质是人体在先天因素和后天因素共同作用下所形成的生理状况和综合的相对稳定的品质或能力，由身体健康情况、体力、体能、体态和精力五个方面组成，可从力量、速度、耐力、柔韧性、灵敏度等方面进行测评。影响一个人身体素质的先天因素主要是遗传因素，它为身体素质的形成和发展提供了前提条件；后天因素则包括营养状况、医疗条件、气候环境、生活习惯以及运动健身等因素。幼儿园园长具有较好的身体素质有助于其全身心投入本职工作，保证幼儿园工作的顺利开展，有助于树立良好榜样，在幼儿园形成崇尚健康的良好园风，以科学保教活动统领幼儿园各项工作的开展。

在身体素质提升策略方面，首先，幼儿园园长应充分认识生理功能异常、形态结构异常和精力体能异常对自己情绪的影响，坚持定期体检预防，如遇身体不适应及时检查诊治，重点针对身体亚健康状态进行综合调理与康复干预。其次，从本地气候、食材和自身体质特性等出发，积极平衡膳食营养，养成"早吃好、午吃饱、晚吃少"的良好饮食习惯，亦可根据医生建议进行有针对性的食疗。再次，幼儿园园长应统筹计划与实施适合自己的运动健身项目，考虑利用每天上班前、上班时和下班后及节假日等时间进行，应确保达到一定的运动量，但是务必预防过度运动损伤现象，此外还要确保每天有适宜的休息量。最后，幼儿园园长应积极参加教育行政部门、园长行业社会组织和相关社会团体等组织实施的文体活动、联谊活动和疗休养等活动，适当做强制性休息或放松。

第二节 幼儿园园长心理与社交素质提升策略

一、园长心理素质提升策略

心理素质是人以自然素质为基础,在后天环境、教育、实践活动等因素的影响下逐步发生、发展起来的品质或能力,主要包括动能心素、智能心素和复合心素三个方面。动能心素主要由需求、情感、动机、注意四种品质构成;智能心素主要由认识能力、运筹与决策能力、行为能力及其他能力构成;复合心素包括意志、气质、审美、社交、道德等诸种品质。幼儿园园长的心理素质状况不仅会影响园长自身的发展,而且会影响幼儿园管理工作的顺利开展,影响园长与教职员工之间关系的协调。

长期以来,我国学前教育事业发展不够充分也不够平衡,幼儿教育职业的社会地位与福利待遇还不够高,幼儿教师队伍稳定性不足,持续教育教学改革挑战,特别是幼儿园工作负荷较重、安全压力较大和社会角色冲突等综合因素,导致相当比例的幼儿园园长存在着不同程度的心理问题,如职业倦怠、人际关系敏感、抑郁、焦虑、偏执、强迫和躯体化等情绪困扰。

在提升幼儿园园长心理素质策略方面,首先,需要依靠全社会共同努力,进一步完善幼儿园管理体制,扩大幼儿园的办园自主权,真正实行园长负责制,扎实推进师资队伍建设与和谐健康园所文化营造,从根源上为园长排忧解难。其次,幼儿园园长应适当学习并掌握普通心理学特别是积极心理学基本理论,适当参加积极心理团体辅导,积极预防与消除人格障碍、性吸引干扰、性罪错等心理障碍及性心理错位,重视培育自我成功感、学习能力、创新能力等方面的积极自我价值感,通过强化自我意识、自我激励、情绪控制、人际沟通和承受挫折等途径提升自己的情商,逐步形成坚强意志品质。最后,应加快构建园长心理健康的社会互助支持体系,重点加强对幼儿园园长的以情绪管理为核心内容的心理健康教育与辅导,积极改善园长的心理适应能力、心理承受能力和心理抗挫能力。

二、园长社会交往素质提升策略

每个人都生活在一定的社会关系网络之中,每天都必然会与各类社会角色进行交往。对于幼儿园园长来说,对外要与政府部门和社会组织密切交往,对内要与教师和幼儿群体密切交往,迫切需要深刻把握职业性社会交往规律特征并努力提升自身职业性社会交往能力。应该说,幼儿园园长社会交往素质水平不仅关系到园长能否顺利履行领导和管理职责,还直接关系到园所和谐稳定发展,更影响着幼儿和教师社会性品质的养成。

幼儿园园长社会交往素质主要由人际交往水平、情绪管理水平和社会适应水平等方面构成。幼儿园园长的人际交往水平主要可以从交往意愿、交往习惯、交往技巧等维度进行考察、培养和评价,主要目标是善于把握职业交往中的原则性与灵活性、尊重性与斗争性、严格性与宽容性等具体尺度，努力营建和谐的人际关系。幼儿园园长的情绪管理水平主要可以从情绪状态、情绪表现、情绪感受力等维度进行考察、培养和评价，主要目标是反思自我意识、强化自我激励、适当控制情绪、关注他人感受和增强挫折承受能力，努力提升自身情绪智商。幼儿园园长的社会适应水平主要可以从对新事物的适应水平、沟通与协调水平、集体归属感等维度进行考察、培养和评价，主要目标是具有积极社会责任感与担当精神、以发展变化的眼光守正创新、重视加强团队建设、正确看待职场中竞争与合作的关系、灵活采用合作策略与非合作策略、切实增强不利形势或困难局面下的抗挫折能力，努力顺应职业环境变迁。

案例 4-2

第三节　幼儿园园长人文与科学素质提升策略

一、园长人文素质提升策略

从一般的意义上讲，所谓人文，是指人类社会的各种文化现象，更确切地说，是人类文化中的先进部分和核心部分，即先进的价值观及其社会规范。其集中体现是坚持以人为本，重视人、尊重人、关心人、爱护人。简言之，人文即重视人的文化。人文素质是一个人在学习、生活和工作实践过程中，通过吸收内化人类和民族文化传统进而体验认同所形成的精神境界和气质修养，主要回答的是"怎么认识人""怎么对待人""应怎样做人"等人生基本问题。人文素质主要包括人文知识和人文精神两个方面的内容[1]。人文知识主要包括文学、艺术、美学、历史、哲学等学科基础知识，集中表达了对人的存在、人生价值以及人生意义的关注及其认识。人文精神主要包括人本立场、人道情怀、人格尊重和人文关怀等理想价值取向[2]，集中体现了人类对自由的追求与民族文化自信，确保人能自由、幸福且有尊严地活着[3]。显然，习得人文知识是形成人文精神的基础和根本，而人文精神的形成是人文知识的内化和升华。

幼儿园园长人文素质水平的高低一定程度上决定着其领导幼儿园事业发展的方向以及在教育教学管理过程中对待幼儿、教师和家长等群体的态度，并最终影响着一所幼儿园的办园品质。目前，我们需要从历史原因和现实挑战两个方面审视大力提升幼儿园园长人文素质的迫切性和艰巨性。从学前教育发展历程上看，改革开放以来，我国幼儿园事业在快速发展过程中同时受到国际化、社会化、市场化和资本化等浪潮的冲击，使得部分幼儿园在办园目的"公益性"与"逐利性"、办园任务上的"公平性"与"质量性"、发展模式上的"外延性"与"内涵性"等基本问题上有认识方面的模糊性和摇摆性，一定程度上引发了"教师队伍流动性较大""科学保教层次不高""教育教学专业性不足"等问题。从幼儿园园长队伍知识结构上看，由于历史原因，部分园长缺乏大学阶段的系统、完整的学习经历，学科知识结构不够合理，其中就包括人文知识的缺乏，在应对新时代公平而有质量的

---

[1] 辛兴云. 提高教师人文素质的方法探讨[J]. 教学与管理，2009（18）：35-36.
[2] 陈国庆. 人道情怀：教师人文素质的精神核心[J]. 华夏教师，2013（12）：16-18.
[3] 郭术山. 人文精神内涵与设计价值观[J]. 天津美术学院学报，2018（10）：107-108.

学前教育事业发展需求上显得力不从心。

在提升幼儿园园长人文素质策略方面，首先，教育行政部门应认真考虑优先制订并实施园长人文教育专项计划，至少在各类型或各层次园长高级研修计划中加大园长人文教育模块的比重，大力引导园长高度重视并积极行动起来。其次，幼儿园园长应本着直面短板、追求卓越的态度，认真考虑采取人文阅读、人文写作和人文交流相结合的模式，以深刻领会与践行社会主义核心价值观为总纲，重点学习和融会贯通儿童文学、儿童艺术、儿童哲学和学前教育史等相关学科专业知识，进一步完善本身的知识结构。再次，幼儿园园长应紧密团结广大教职工来统筹规划和组织实施园所文化建设与人文管理，努力在积极创建具有本园特色的物质文化、制度文化、行为文化和精神文化以及园长文化、教师文化、儿童文化和家长文化等具体工作实践中，应用所学人文知识，着力培育具有鲜明学前教育专业特色的人文精神。最后，幼儿园园长应坚持以实际问题为导向，以幼儿园课程建设为依托，以幼儿园课程资源开发为切入点，在带领幼儿园教师继承和创新中华优秀文化特别是优秀地方文化的过程中，循序渐进地积淀必要的民族人文知识和培育更加深厚的人文精神。

【知识链接4-4】 人文之火温暖幸福家园——新人文教育的理论与实践[①]

新人文教育的使命是：在教育中，彰显个性，保护尊严，相信师生成长的可能性，为每一位学生提供激发其潜能的多样化课程，为每一位老师和父母提供适合其需求的个性化成长路径，通过幸福完整的教育生活，帮助学习共同体中的每一个人成为更好的自己。

新人文教育的基本特点：一是强调对人的价值与尊严的追求，主要体现在发展个性、激发潜能上，在平等与幸福的实现上，应以个性、潜能、平等、幸福为基石，打造出一个全员参与的教育小环境。二是强调课程融合与知识贯通，需要建立一个以大概念为核心的人文教育体系，按照学生身心发展规律，逐步拓宽、加深人文知识在社会情境中的灵活应用。三是强调阅读、对话、写作、践行的结合，应推广"专业阅读、专业写作和专业交往"的三专模式，坚持"做中学，读中思，写中悟"的基本路径，采取"阅读、对话、写作、践行"结合的基本方法。

有效实施新人文教育的基本方法与路径为：一是按照"职业认同+专业发展"的模式培养具有新人文素养的教师队伍。二是一个融语文、哲学、历史、地理等学科为一体、以经典阅读为主要内容的大人文教育课程。三是推进"独立思考，自主合作，探究创造"的新人文学习模式。四是以强化"营造书香校园"的行动推进新人文阅读。五是以演化"培养卓越口才"的行动推进新人文对话。六是以细化"师生共写随笔"的行动推进新人文写作。七是以深化"晨诵、午读、暮省"的新教育生活方式推进新人文行动。八是发展具有人文性的新人文教育评价。

点评：新教育实验是由著名教育家朱永新教授发起的一个民间教育改革行动，强调以教师发展为起点，以十大行动为途径，以帮助新教育共同体成员过一种幸福完整的教育生活为目的的教育实验。新教育实验所提出的新人文教育主张对于幼儿园园长提升人文素养很有启发意义与参考价值。

[①] 朱永新．新人文教育：让每个人都成为最好的自己[EB/OL]．http://edu.china.com.cn/2019-07/15/content_74993385.htm．

二、园长科学素质提升策略

如果说人文素质能为幼儿园园长指明前进方向，那么科学素质就能给予幼儿园园长前进动力。迄今为止，"科学"是一个明显的多义词。从词源角度看，"科学"本来是指分科而学，强调通过细化分类探究世界的真相和真理，以形成逐渐完整的知识体系。近现代以来，"科学"逐渐在广义上演变为在探究宇宙万事万物变化规律过程中所形成的分科知识体系总称，一般包括思维科学、社会科学和自然科学三大部分。"科学"在狭义上则演变为特指建立在可重复检验的解释以及对客观事物的形式或组织等进行预测基础之上的系统化、公理化、公式化的自然科学技术知识体系。科学探索可以让人类社会摆脱愚昧迷信，并在指导社会实践过程中走向发展壮大，对人类历史进步的影响作用日趋显著。在当代语境下，"科学"通常是自然科学的简称，连同技术被认为是第一生产力。

根据《全民科学素质行动计划纲要（2010—2020年）》的权威界定，所谓科学素质是公民素质的重要组成部分，而公民具备基本科学素质一般指了解必要的科学技术知识，掌握基本的科学方法，树立科学思想，崇尚科学精神，并具有一定的应用它们处理实际问题、参与公共事务的能力。从深层次看，科学素质是根植于个人而沉思于大众、内化于心而外显于形的人类特质，具有强烈的实践性和时效性，通常在实践中养成又在实践中发展。由于人均接受正规教育年限少、长期受应试教育影响，社会教育与成人教育的发展尚不全面和深入与科普长效运行机制尚未形成等各种原因，目前我国公民总体科学素质水平与发达国家相比差距较大，是制约我国经济发展和社会进步的瓶颈之一。因此，在科学技术突飞猛进的新时代，特别是人类科技革命与产业革命的交汇期，尽快提高我国公民科学素质以改进公民思维方式、思辨能力和精神风貌，对于促进公民全面发展、提高国家自主创新能力、推进经济社会全面协调可持续发展和构建社会主义和谐社会具有十分重要的意义。学前儿童是国家的未来与希望，也是提升公民科学素质的庞大潜在群体。为了更好地培育学前儿童的科学素质，要求幼儿园园长尽快优先提高本身的科学素质。

在提升幼儿园园长科学素质策略方面，首先，教育行政部门应以认真贯彻《全民科学素质行动计划纲要实施方案（2016—2020年）》为抓手，考虑制订并实施园长科学素质提升行动专项计划，以切实带动和推进学龄前儿童科学启蒙教育。其次，幼儿园园长应坚持面向未来，与时俱进，密切关注当代信息化、数字化、智能化、生态化等方面的科学技术发展动态，充分利用新媒体在线学习科学教育类网络课程，重点提升自身适应新时代信息化生存与发展需要的媒介素养和数据素养，以加快推进幼儿园教育信息化和深度学习化的历史进程。再次，幼儿园园长应在组织幼儿园教育科学研究与园本课程建设过程中，进一步牢固树立科学教育思想，崇尚科学教育精神，坚守科学教育伦理，推进科学教育创新，形成集仁爱、智慧和勇气为一体的优秀科学素质。最后，幼儿园园长应坚持实践—认识—新实践的科学素质提升行动路线，统筹规划智慧幼儿园建设，组织实施幼儿园教师信息素养提升专项培训，充分借鉴国际经验，启动幼儿园科学启蒙"种子计划"，大力发掘幼儿园科学领域教育资源，逐步完善自身科学知识结构，熟悉必需的科学研究方法，充分发挥科学技术推动新时代公平而有质量的学前教育事业发展的重大作用。

知识链接 4-5

热点讨论

1. 如何有效应对当代人工智能发展和生态文明建设对幼儿园园长综合素质提升的挑战？
2. 幼儿园园长如何深入学习贯彻《国务院关于实施健康中国行动的意见》（国发〔2019〕13号）？
3. 讨论幼儿园园长人文素质提升与幼儿园文化建设、教育品质提升之间的关系及其有效结合点。
4. 讨论幼儿园园长科学素质提升与幼儿园科学领域教育质量提升的关系及其有效结合点。

拓展阅读

1. 朱家雄. 给幼儿园园长的建议[M]. 上海：华东师范大学出版社，2010.
2. 伍香平. 幼儿园园长易犯的80个错误[M]. 北京：中国轻工业出版社，2013.
3. 托宾，薛烨，唐泽真弓. 重访三种文化中的幼儿园[M]. 朱家雄，薛烨，译. 上海：华东师范大学出版社，2014.
4. 楼宇烈. 人文精神与文化自信[J]. 清华管理评论，2018（Z2）：114-124.

研修建议

1. 深刻把握相关政策中关于幼儿园教师队伍建设的要求。
2. 深刻理解《中小学教师职业道德规范》，并结合时代，与时俱进。
3. 深刻把握园长职业道德的内涵与要求，坚持职业操守，端正职业行为。
4. 科学认识身体素质的内涵与结构，采取多种措施，自觉提高身体素质。
5. 不断提高自身的心理素质，积极面对幼儿园的教学与管理工作。
6. 持续提高自身社会适应、交往能力，增强社会素质。
7. 不断夯实自身的人文基础知识，丰富人文涵养，提升修养水平。
8. 不断丰富自身的艺术知识，提升艺术素养，并融入幼儿园各项工作中。
9. 不断增强自身的信息素养，把握相关信息，做好幼儿园的管理工作。
10. 不断学习和把握科学技术的最新进展，并与幼儿园工作有机融合。

参 考 文 献

[1] 任民. 幼儿园园长的领导艺术[M]. 北京：中国轻工业出版社，2013.
[2] 柳海民. 《幼儿园园长专业标准》解读[M]. 北京：北京师范大学出版社，2016.
[3] 毕结礼. 幼儿园园长岗位培训教程[M]. 北京：中国人民大学出版社，2015.
[4] 刘霖芳. 教育变革背景下的幼儿园园长领导力[M]. 北京：科学出版社，2016.

[5] 柳茹. 幼儿园园长工作指南[M]. 北京：北京师范大学出版社，2017.

[6] 杨宁. 幼儿园园长培训手册（上、中、下）[M]. 广州：广东高等教育出版社，2016.

[7] 李翠芳. 管理有道：行进路上的幼儿园园长[M]. 上海：上海教育出版社，2016.

[8] 张弓，张玉能. 新时期"人文精神"的传播与文艺理论的使命[J]. 深圳大学学报：人文社会科学版，2018，35（5）：139-145.

[9] 孙华. 传统人文精神的现代化转型[J]. 人民论坛，2018（33）：138-139.

[10] 龚克. 未来社会的科学素质[J]. 科技导报，2019，37（2）：53-55.

[11] 麦克比恩. 科学素质促进人类社会可持续发展[J]. 科技导报，2019，37（2）：13-15.

[12] 斯托达特. 延续50年的公众科学素质提升实践：美国化学会的"种子计划"[J]. 科技导报，2019，37（2）：16-18.

[13] 全民科学素质行动计划纲要[M]. 上海：上海科学普及出版社，2007.

第五讲　幼儿园发展规划制订与实施

本讲要点

> 1. 幼儿园发展规划是对幼儿园未来发展蓝图的描绘或形象设计，对于提升办园品质和彰显办园特色具有重要推进作用。
> 2. 制订幼儿园发展规划的主体因素涉及幼儿园所在地方主管部门、本园全体教职工和相关社会力量。幼儿园发展规划的制订与落实是园长办园理念的现实化过程，体现的是园长对幼儿园发展的价值领导作用。
> 3. 制订幼儿园发展规划时应明确幼儿园发展规划的支持环境、回顾诊断本园发展基础、设计发展目标与思路、明确规划实施保障举措以及建立规划实施 效果评价机制，应当充分论证提出规划发展目标及实现的实施思路与保障措施。

关键词

发展规划　现实基础　发展思路　发展任务　保障措施　效果评价

第一节 幼儿园发展规划制订与实施要点概述

一、幼儿园发展规划制订主体

幼儿园发展规划作为对幼儿园未来发展蓝图的描绘或形象设计，是在一定时期内具有全局性、整体性和战略性影响的纲领性文件。这就决定了制订幼儿园发展规划的主体因素涉及幼儿园地方主管部门、本园全体教职工和相关社会力量。

简而言之，地方主管部门是特定幼儿园发展规划的领导力量、咨询机构和备案单位。幼儿园全体教职工是特定幼儿园发展规划的制订与实施基本主体。其中，园长是第一工作责任人和相关力量整合者；幼儿园发展规划工作小组是专门工作力量；幼儿园党组织是核心监督保障力量；广大教职工是重要参与力量；幼儿园同行、学前教育学会（协会）等专业团体和所在社区组织是特定幼儿园发展规划的重要支持力量。为了提高规划制订与实施质量，在"U-G-S"合作共同体建设理念下，幼儿园与大学专业院系加强联合是一种值得肯定的选择[1]。

幼儿园园长是幼儿园发展价值领导者、教学引领者和组织管理者。幼儿园发展规划的制订与落实是园长办园理念的现实化过程，体现的是园长对幼儿园发展的价值引领作用。园长应正确把握幼儿园的办园方向，以时代变迁为教育大背景，以地域特征为教育小背景，以科学理论为教育依据，积极整合相关教育资源，努力继承优良办园传统，善于凝聚园内外各方智慧，以可传承的形式为教育依托，开拓性地、创新性地拟定幼儿园发展规划，从而为幼儿园长期、稳定的发展指明方向。

二、幼儿园发展规划的制订过程

根据学校发展规划框架理论，学校发展规划通常包括 D（diagnose，诊断）、P（plan，设计）、D（do，执行）、E（estimate，评估）四个环节，其中，诊断是基础，设计是关键，执行是重点，评估是保障[2]。具体到幼儿园发展规划的制订过程，可以概括为五个步骤：一是明确发展规划的支持环境；二是回顾诊断本园发展基础，主要解决幼儿园发展现状如何的问题，以便明确应当优先发展的项目；三是设计发展目标与思路，主要解决幼儿园预期目标是什么的问题，以便明确具体行动方向；四是明确规划实施保障举措，主要解决幼儿园如何达到目标的问题，以便明确具体行动内容；五是建立规划实施效果评价机制，主要解决如何检查发展目标达成度的问题，以便及时反馈并改进工作。

1. 明确幼儿园发展规划的支持环境

首先，应了解当代世界和中国社会发展形势，以及国内外学前教育改革与发展动态，

---

[1] 于冬青，岳丹丹. 大学与县域幼儿园伙伴合作的实践研究：基于幼儿园发展规划的制订与实施[J]. 陕西学前师范学院学报，2017, 33（10）：22-26.
[2] 孙军，程晋宽. 学校发展规划的理论构架分析[J]. 现代教育管理，2012（11）：34-40.

特别是国家教育方针、政策和法律法规对幼儿园的办园方向做出的政策性规范，如"幼有所育"总要求和"扩总量，调结构，建机制，提质量"的总体思路等，其价值取向就是幼儿园的发展方向。其次，需要深入分析幼儿园所处本土经济社会发展生态环境，发现相关有利与不利影响因素，特别重视人口、政治、文化和经济因素与幼儿教育的互动，从中寻找幼儿园的发展契机，有目的、有步骤地培育幼儿园的发展优势，有意识地克服幼儿园发展的瓶颈。最后，应明确本园所处发展阶段、发展水平以及面临的主要发展主题。一所幼儿园按照发展阶段标准，可以划分为以下七个基本阶段：兴建阶段、起步阶段、壮大阶段、成熟阶段、提升阶段、卓越阶段、领袖阶段。按照发展水平标准，可以划分为以下三个基本阶段："安全合格、规范有序"的初级水平阶段、"规范特色、项目品牌"的中级水平阶段、"模范品牌、独特文化"的高级水平阶段。按照发展主题标准，可以划分为以下四个基本阶段：要素建设阶段、结构建设阶段、功能建设阶段、价值建设阶段。

2. 回顾诊断本园发展基础

幼儿园发展现实基础分析一般包括以下四个方面内容：① 幼儿园的发展历史与概况。② 幼儿园的发展成就与优势。③ 幼儿园的发展劣势与主要问题。④ 幼儿园面临的机遇与挑战。通常可以采取发放问卷调查和举办座谈会方式广泛采集信息，并应用 SWOT 分析法对特定幼儿园发展现状进行具体诊断分析。

案例 5-1

三、明确幼儿园发展基本思路

幼儿园发展基本思路一般包括以下三个方面：① 指导思想；② 发展目标，主要包括发展愿景、整体目标和具体目标（或远期目标和近期目标）等；③ 办园理念，主要包括办园宗旨、教育理念、培养目标、园风、园训等。

1. 制订幼儿园发展规划的指导思想

办园指导思想是幼儿园园长在一定时期的工作中占主导地位的思想。首先，必须符合国家依法治教和上级指示精神，如遵循国家教育基本方针，坚持学前教育公益性和普惠性方向；其次，应简明扼要地反映幼儿园的基本任务与使命，如尊重幼儿发展和学前教育基本规律，提高科学保教质量，奠基幼儿未来发展；再次，充分体现促进师幼全面发展的价值追求，如促进幼儿全面发展，推进教师专业发展；最后，具体表述应有一定独特内涵，杜绝"千园一面"。

2. 明确幼儿园总体发展目标

幼儿园总体发展目标应包括科学保教发展目标和组织管理发展目标。科学保教发展目标应依据国家法规与规范性文件精神，结合本园实际情况具体确定和表述。组织管理发展目标应依据幼儿园发展阶段与所处区域环境，同时借鉴或对标同类幼儿园发展目标具体确定和表述。一般来说，还可以把幼儿园总体发展目标细化分解为近期发展目标、中期发展目标、远期发展目标。

案例 5-2

3. 凝练表达办园理念

办园理念主要是幼儿园园长关于办什么样的幼儿园和怎样办好幼儿园所进行的深层次

案例 5-3

系统思考的结晶，集中反映了一所幼儿园的主体信仰、精神气质和文化特征，构成了一所幼儿园绵延流传的理想支撑和精神动力，是幼儿园持续发展的灵魂所在。其主要内容包括办园宗旨、培养目标、园风、园训、办园特色等。所有幼儿园的办园理念都应是幼儿教育共性要求与个性风格的统一。任何幼儿园凝练表达办园理念时，为了体现幼儿教育共性要求，必须坚持教育实际联系教育理论，强调对教育规律的尊重；而为了体现个性风格，必须坚持教育理论联系教育实际，强调对教育行动的择宜。

案例 5-4

四、明确幼儿园发展任务、主要举措与保障措施

幼儿园发展任务与主要举措是对幼儿园发展基本思路的具体分解和承载落实，主要包括以下五个方面：① 幼儿园文化建构；② 科学保育教育；③ 师资队伍建设；④ 有效内部管理；⑤ 外部联系与合作。

1. 幼儿园文化建构

幼儿园文化是一所幼儿园的全部教育生活方式与表现形态，通常具有鲜明的个性风格，对于幼儿园有着整体性的价值导向作用。首先，幼儿园文化构建需要正确认识和处理以下四个文化环境对园本文化系统的影响问题：一是园本文化对马克思主义指导下当代主流文化的吸纳问题；二是园本文化对中华优秀传统文化的继承问题；三是园本文化对地方优秀传统文化的选择问题；四是园本文化对外国或其他民族优秀文化的借鉴问题。其次，幼儿园文化构建还需要正确认识和处理以下三个文化系统发展的基本问题：一是园本文化传统与园本文化创新的关系；二是园长文化与教师文化、儿童文化等社群文化之间的关系；三是园本物质文化、制度文化、行为文化和精神文化之间的关系。

2. 科学保育教育

科学保育教育是幼儿园教育的核心内容。其中，科学的保育活动是基础内容，科学的教育活动是高阶内容。为了科学组织并开展保育活动，应牢固树立全面保育观，首先，应着力开拓幼儿保育新主体和新路径，除了坚持做好来自幼儿园主体的教导保育和管理保育，还应积极探索并推进来自儿童主体的自我保育，来自家庭主体的责任保育和情感保育，来自社区主体的公共保育和文化保育，来自国家机构主体的政治保育、监督保育和特殊保育；其次，应积极拓展保育新内涵与新境界，除了坚持做好以"一日生活为主线"的幼儿安全保护和全面健康保护，还应积极探索推进幼儿权益保障、个性保护和天性保护等新方向和新内容；最后，应大力提高保育工作的专业性、精细化和协调性水平，重点解决幼儿教师与保育员的职责分工及待遇差异等突出问题。为了科学组织并开展教育活动，应牢固树立全面的课程观，首先，应确立学科、专业、课程一体化的总体思路，大力推进创造整合价值导向的幼儿园课程体系建设，重点加强儿童哲学教育、儿童戏剧教育、儿童自然教育、儿童博物馆教育等特色园本新课程建设；其次，积极探索以师幼互动结构优化为主线的多元化教育质量提升新路径，在坚持实施生活化课程的基础上，积极探索环境隐性课程、游戏化课程、情境化课程和生态化课程；再次，大力提升幼儿园课程领导力，着力加强课程智库、课程审议、课程规划和课程评价等工作；最后，进一步创新案例法、问题法、体验法、项目法等教育方式和方法。

3. 师资队伍建设

师资队伍是幼儿园事业发展的主体力量和第一资源。坚持以人为本原则，大力加强师资队伍建设，促进教师专业发展，是幼儿园发展的核心任务与必然要求。首先，应动态配备合格的园长、教师、保育员等工作人员，着力优化师资队伍的性别、年龄、学历和职称等结构，重点加强幼儿园教师梯队建设。其次，大力加强幼儿园教师师德师风建设，重点推进教师专业伦理教育、职业礼仪培训和文化修养活动，积极组织岗位技术练兵，鼓励教师参加专业能力竞赛，进一步提升教师综合素质和专业能力。再次，建立健全教研训一体化工作体制与机制，继续加强园本教研工作，大力拓展区域教研，针对不同发展阶段教师采取适宜的专业发展促进方案。最后，积极鼓励和支持教师开展幼儿教育科学研究、教学研究和课程开发，着力培养若干专家型教师，以充分发挥其专业示范和引领作用。

4. 有效内部管理

内部管理是幼儿园事业发展的基本保障和核心动力。从基本职能要素看，幼儿园内部管理主要包括内部计划、内部组织、内部领导、内部控制和内部创新等。从基本对象领域看，幼儿园内部管理主要包括组织管理、人力资源管理、物资管理、信息管理（含档案管理）、财务管理和业务管理等。从基本手段或方法看，幼儿园内部管理主要包括目标管理、流程管理、绩效管理、制度管理和文化管理等。为了实现对幼儿园的有效内部管理，需要着力做好以下四个方面的工作：一是顺应我国现行"政府统一领导、地方负责、分级管理和有关部门分工负责"的学前教育行政管理体制，参与推进"政府主导、社会参与、公办民办并举"的办园体制改革，坚定"公益性和普惠性"的办园方向，积极完善本园管理体制，健全园长负责制，加强幼儿园领导班子建设，充分发挥幼儿园党组织的监督保障作用，推进教职工民主管理。二是坚持依法办园，建立健全由全园性制度、部门性制度、各类人员岗位责任制度和考核奖惩制度等构成的管理制度体系，切实提高制度执行力，充分发挥其导向、规范和保障作用。三是坚持"公平而有质量"总体目标导向，采取"顶层设计、整体推进、专项突破"的基本策略，有计划、分阶段地稳步提升幼儿园卫生保健、安全总务、科学保教、队伍管理、班级管理和文化管理等关键领域的管理水平。四是大力推进幼儿园包括基效价值、绩效价值、成效价值和乘效价值在内的全面社会价值管理，建立健全科学考评体制与机制，强化组织内部激励，切实提升幼儿园的独特社会价值贡献水平。

5. 外部联系与合作

外部联系与合作是幼儿园事业发展的重要资源保障。首先，应从积极构建幼儿园、家庭和社区合作教育格局的视角出发，建立幼儿园对外合作与交流机制，稳步扩大幼儿园的合作伙伴数量，积极引导幼儿适当参与社会生活并促进其社会性发展；其次，应面向支持特色园本课程开发，稳步拓展利用丰富的自然环境和社区教育资源，为幼儿营造更为广阔的生活和学习空间；再次，大力创新幼儿园与家长、相关社会机构及部门有效沟通的策略与方法，提升家长科学育儿能力；最后，应稳步创设多样化的工作平台或渠道，积极吸引家长、社区和社会人士密切参与幼儿园教育、管理和评价工作。

制订幼儿园发展规划不易，落实幼儿园发展规划更难。为此，在制订幼儿园发展规划时，一般需要简明扼要地明确规定若干具有预测或假设性质的关键保障方向和基本路径，通常应包括以下四个方面：① 组织保障措施；② 人力保障措施；③ 制度保障措施；④ 经费保障措施。

案例 5-5

五、建立幼儿园发展规划实施效果评价机制

幼儿园发展规划的实施过程通常是幼儿园园长团结和带领全体教职员具体分解发展任务并锐意改革创新的过程。常见的基本实施策略有以下三种：一是通过研究制订专项发展规划及其实施细则来分解推进；二是通过制订年度或学期工作计划来责任到岗到人分解推进；三是通过重点发展专项实施的行动研究来多轮次循环诊断推进。为了及时反馈幼儿园发展规划实施效果，通常需要建立相应的实施效果监测评价机制。一般需要设立专门的内部工作机构予以组织实施，并可以联系同行专家或委托第三方机构来协助工作，应建立健全相应的评价指标体系，重点动态监测并评价以下四个方面的工作内容：一是幼儿园发展总体目标及其专项目标的达成度；二是幼儿园主要发展措施与保障措施的有效度；三是幼儿园发展成果和品牌传播的影响度；四是幼儿园事业发展的社会贡献度。

第二节 幼儿园发展规划制订与实施典型分析

【案例5-6】 M幼儿园三年发展规划（2009.9—2012.8）[①]

社会跨越式的发展为××区教育提出了全新的发展要求，人民群众对优质教育的需求为教育工作也提出了新任务。当前，学前教育孕育着新形势下的发展机遇和严峻的挑战。本着认真贯彻落实××区教育工作会议精神，办××区人民满意的学前教育，今天作为市一级幼儿园结合本园实际，以勇攀高峰的精神，确立我园新一轮发展规划。抓住机遇、勇于挑战，以科研促发展，以质量出效益，使M幼儿园再创一个多彩的明天。

一、幼儿园概况

（一）幼儿园简介

M幼儿园创办于1987年，隶属××区教育局领导。1993年我园开始承办××区教育局体制改革。开办至今，我园本着"以幼儿为本，整体发展"的办园宗旨，顺应二期课改的精神，在幼教改革的事业中走出了具有M特色的发展之路。多年来，在教育局领导的关心下，经全体教职员工的艰苦努力，佐以社会各方面的鼓励支持，以及家长的积极参与、热情配合与严格监督，M幼儿园逐渐发展成为一所教育理念先进的市一级幼儿园。

（二）现状分析

1. 发展的优势

通过前三年办园规划的落实和实施，我园取得了显著成绩。我园教师和幼儿在市、区各类比赛中都获得优秀成绩，我园坚持以科研引领，在积累了大量素材的基础上，将10多篇有价值的科研报告、论文汇编成科研论文专辑，在《××教育》第五辑上发表；2000年开展了"幼儿园3～5岁关爱教育的探索与研究"，研究成果在××区教育工作会议上得到展示，2001年"试谈幼儿生成教育"论文刊登在当年9月××教育杂志上，并获区教育科

[①] 主要参考互联网上已经发布的上海市普陀区民办蘑菇亭幼儿园三年发展规划（2009.9—2012.8），总体保留了原规划的文字表述，个别地方有删节改编。

研"二等奖",目前又在进行"现代教育家园互动模型"的研究。本着向科研要质量的信念,我园边实践边研究、边实践边总结、边实践边反思、边实践边调整,在实践过程中,取得了以下成绩。

(1)幼儿园环境建设更趋科学化、合理化。我园在二期课改背景下对如何为幼儿创设环境进行了探索。我园创造条件不断拓宽幼儿的活动空间,开设了图书室、幼儿角色游戏室、陶艺室、多媒体活动室。幼儿活动空间的增大为幼儿全面发展提供了保证。

(2)幼儿园管理更趋人性化、高效化。近年来,随着幼儿园教育改革的不断深入,我园逐渐形成了一支凝聚力强、业务能力强的团结合作的领导班子。班子成员尽其责,分工不分家,各自在自己的工作岗位上发挥自己最大的潜能。园长积极深入第一线,深入课堂,走进教室,走进幼儿。以身作则,真正起到了领导干部带头示范作用。

(3)教师队伍建设更趋个性化。根据教师自身的教育教学水平以及发展要求,我们重点开展了骨干教师、新教师的培训,帮助她们制订三年成长规划,建立了教师成长档案,创造条件为教师搭建平台。同时采取"师徒结对"的方式,请高级教师带一级教师,以"解决问题为核心"的培养模式开展园本培训,起到了以点带面、促进教师专业发展的目的。

(4)课题研究更趋规范化、引领化。科研兴园是我园的强园之路,《现代教育家园互动模式研究》已被区教育局确立为2005年区重点课题,通过《现代教育家园互动模式研究》课题研究,提高教师的科研意识和科研能力,提高现代科学管理、现代教育水平。

2. 存在的主要问题

(1)面对学前教育的发展形势,我们自认为在管理方面离建成具有"规范高质量、一流优质幼儿园"还存在着差距,怎样实现现代化管理,怎样处理好园所建筑与当前的幼教发展需求之间的矛盾,怎样为进一步挖掘幼儿活动空间提供经费的保障,怎样提高管理者的决策能力,是值得我们下一步关注的重要问题。

(2)师资队伍建设有待加强。近年来我园师资缺编,需要引进教师,幼儿园自培工作压力大、任务重,因此提升师资队伍建设的力度,已成为幼儿园建设、幼儿园内涵发展的"重中之重",教师的快速成长迫在眉睫。一流幼儿园需要一流教师,培养一流教师、品牌教师是当务之急,要继续推出品牌教师,提升幼儿园知名度。

(3)保教工作研究有待加强。教师对先进教育思想的学习与内化,对教育对象的观察、了解能力还有待加强;对新教材的研读有待深入,教师要精读新教材,会创造性地使用新教材。

(4)0~3岁亲子苑早教工作有待加强。新型的家教指导模式和社区资源的利用与整合还需不断创新,不断提炼;在推进托幼一体进程中,机构内的教养研究和机构外的早教指导如何并驾齐驱,形成工作新思路、新模式,使工作有序、有实效,有待管理者深思、决策和完善。

二、发展思路

未来的三年是我园继往开来、求稳求发展、创新提高的三年。

建构M新三年办园的总体发展思路是:坚持党和国家的教育路线方针,以市、区教育工作会议精神为动力,以二期课改为契机,坚持以幼儿园内涵发展、以素质启蒙教育为核心,以"培养具有健康活泼、好奇探索、文明乐群、勇敢自信、有初步责任感的21世纪的儿童"为培养目标。以"出人才,响声誉,建构现代教育家园互动模式"为幼儿园发展目标，深化课程改革，以现代教育家园互动模式特色园的建构，创出拳头品牌教育，培育品牌教师群体，以更高的标准、质量、效益去促进校园环境、师资队伍、课程建设及幼儿身心发展的最优化，实现具有家园互动教育特色的区级示范园的目标，让快乐陪伴每一个孩子。

新三年的实践，坚持"突出一个宗旨，注重两个协调，加强三项建设，做到四个提高"。

突出一个宗旨是指树立"以发展为本"的办园宗旨，加大"人本发展"的管理力度，以推进幼儿、教师和幼儿园的"可持续发展"，形成"教育为幼儿，一切为教育"的办园思想。

注重两个协调是指注重"现代教育家园互动模式"的课题研究与二期课改的协调发展，注重师生综合素质的全面性与个体差异性的协调发展。

加强三项建设是指加强教科研建设，加强师资队伍建设，加强社区工作建设。

做到四个提高是指提高保教工作质量，提高教育管理水平，提高教学科研水平，提高家教工作的实效性。

三、新三年我园发展总目标

经过新一轮的课程探索实践，以科研促教研、以研究促实践、以课程促发展，办成具有"现代教育家园互动模型"特色的区级示范园。

四、项目管理的目标与措施

（一）立足于人性化的管理

目标：深化管理改革，建立"人本化"管理机制，提高管理效能，增强凝聚力，实现管理优质高效（见表5-1）。

表5-1 立足于人性化的管理

时期	阶段目标	措施	责任部门
第一阶段	强化效能管理，激励教师奋发向上，共创文明集体。加强凝聚力工程，营造团队精神	实行全园岗位竞聘制，实现教职工自身发展价值	园长室
		开发激励机制，加大激励力度，实现个体成功价值	园长室
		贯彻"按劳分配，绩效挂钩"原则，加强考核过程管理	园长室
		开展"学先进，见行动"活动，党团员发挥先进模范作用	团支部
第二阶段	重视制度文化建设，进一步完善管理制度、竞争机制和考核过程。坚持园务公开，落实民主管理，接受群众监督	进一步完善结构工资制、评聘竞争机制、考核细则、奖励条例	园长室
		完善分层管理机制，提高分层管理效能	园长室
		完善教代会制度，实行园务公开，有效发挥工会、教代会的监督作用	工会
		继续提炼M幼儿园精神，大力弘扬领导争优创优精神、教师无私奉献精神、后勤优质服务精神	园长室
		以积极态度迎接"市一级幼儿园"验收	园长室
第三阶段	重视精神文明建设，共创上海市文明单位	加强教工政治学习，抓师德、师风、校园文化建设，文明组室建设	园长室
		开展"四好"（好领导、好教师、好阿姨、好家长）评优系列活动，表扬身边典型事例	工会
		认真学习贯彻"上海市中小学教师守则"实施细则	工会
		制定《M幼儿园教职工守则》	工会

(二)立足于高质量的保教工作

目标:更新观念,建立良好的师生关系,运用灵活多样的教育形式和手段,选择科学合理的教育内容,培养健康活泼、好奇探究、文明乐群、勇敢自信、有初步责任感的面向 21 世纪的儿童,确保保教工作上台阶(见表 5-2)。

表 5-2 立足于高质量的保教工作

时间	阶段目标	措 施	责任部门
第一阶段	以迎接市一级一类复验为契机,多形式、多途径学习二期课改理念,学好、用好新教材,推进课程园本化建设	重视幼儿健康、营养、安全、保育,健全有关制度,规范操作,提高效益	后勤组
		对新课程四大板块内容分阶段逐一实践研究,开展板块式教研	大教研组
		抓针对学习活动的整合、设计、实践与反思的研究	大教研组
		通读《指南》与"走进新教材",在二期课改引领下,"开展新教材主题活动"园本化培训	大教研组
		积极主动开展园际交流,在一级园带二级园的工作中充分发挥效应	大教研组
第二阶段	立足课程园本化研究,推进保教质量再上台阶	精读《指南》与走进新教材,深入领会二期课改理念,抓主题活动设计和游戏的观察	园长室
		通过学习、培训、实践促进教师专业化水平的提高	大教研组
		制定评估指标,加强保教质量过程管理	园长室
		继续做好"现代教育家园互动模型"研究工作的资料积累工作	园长室
第三阶段	继续深入学习二期课改理念,全面提高教师专业化水平,促进幼儿园办园质量的进一步提高	继续深化二期课改的研究,展示幼儿园课改成果	大教研组
		形成 M 幼儿园新一轮的骨干教师队伍,打造 2~3 名在区里有一定影响的品牌教师	园长室

(三)立足于成效性的科研工作

目标:科研兴园,开展不同层面课题研究,培养一支勤反思、勇实践、能研究的教师队伍,促进幼儿园个性化教育(见表 5-3)。

表 5-3 立足于成效性的科研工作

时间	阶段目标	措 施	责任部门
第一阶段	以龙头课题的研究为引领,以科研促教研,实现科研兴园,推进幼儿园发展	形成科研骨干队伍,完善科研管理网络	园长室
		酝酿、完成幼儿园龙头课题的设计并申报区重点课题	科研组
		完成课题第一阶段内容,《M 幼儿园家园互动现状调查报告》	科研组
		积累家园互动个案	科研组

续表

时间	阶段目标	措施	责任部门
第二阶段	坚持科研兴园理念，开展不同层面的课题研究，使科研成为幼儿园发展基石	以区级课题《现代教育家园互动模式研究》为龙头，在教育教学研究基础上重点在管理方面提炼经验，在行动研究中改进工作	园长室
		开展《小班幼儿家园互动教育环境的实践研究》，开展《2～3岁幼儿品行培养的家园互动的研究》，形成区级、园级层层分解的课题研究局面	小班级组
		开展M幼儿园第一届教育科研展示交流活动	科研组
		完成家园互动个案20篇	园长室
第三阶段	寻找课题新的生长点，争取报市、区级课题	（1）专家顾问团引领，区科研部科研员直接指导，以科研指导教研，促进教师专业化能力提高 （2）完成区级课题的结题工作，撰写论文报告，汇总材料，请专家来园鉴定 （3）在园内推广运用已有的课题成果，争取在市、区范围内交流推广 （4）出版《现代教育家园互动手册》，从而真正推进本园整体发展，并向现代化学校制度建设迈进	科研组

（四）立足于自培式师训工作

目标：建设一支师德好、理念新、业务强、钻研劲足（掌握教材，研究教法，投入科研，自主学习），基本功硬（具有宽广厚实的业务知识，掌握必要的现代教育技术手段），有能上进、善合作、勇创新、勤反思的师资队伍（见表5-4）。

表5-4 立足于自培式师训工作

时间	阶段目标	措施	责任部门
第一阶段	重点抓青年教师培养工作	请有关专家来园指导	园长室
		选送骨干青年教师跟从名师学习	园长室
		开展"爱业、爱园、爱生"三爱活动，评选"三爱"好教师	园长室
		重视外出学习信息资料的收集、整理、运用、存档工作	大教研组
		青年教师评优活动	园长室
第二阶段	有目的、有计划地建设一支在课程改革中起示范作用的实践者和研究者队伍	（1）积极输送青年骨干教师参加高一层次培训，并提供锻炼机会 （2）开展骨干教师教改论坛，提高教师理论水平，推出2～3名区内品牌教师 （3）积极参加区中青年教师评优活动，努力搭建教师成才舞台 （4）继续开展外塑形象、内练基本功等各种形式的技能、技巧比赛 （5）开展教师多媒体课件制作和运用评比、建立教师资料库等网络资源	园长室

续表

时间	阶段目标	措施	责任部门
第三阶段	通过多途径建设一支高学历、高素质的核心骨干教师及后勤队伍	（1）核心骨干教师队伍本科学历达到50% （2）争取推出市级骨干1名，区级骨干2～3名，幼儿园骨干5～8名 （3）输送后勤骨干人员参加高一层次专业技术培训	园长室

（五）立足于家庭教育工作建设

目标：整合多种教育资源，形成大教育格局，力争成为"十一五"家教基地及社区亲子教育指导站（见表5-5）。

表5-5 立足于家庭教育工作建设

时间	阶段目标	措施	责任部门
第一阶段	建立研训一体化的家庭教育培训机制，探索具有我园特色的现代家园互动模式	建立"家园互动委员会"，委员会委员可参与幼儿园管理	大教研组
		提高家园互动委员会委员家庭教育指导能力（理论学习、信息交流、个案分析、现场观摩）	大教研组
		以点带面，探索学习型家庭教育活动	大教研组
		评选优秀家庭教育指导员	
		"0～3岁亲子苑"定期向社区开放	园长室
第二阶段	继续探索有效的0～6岁家庭教育指导形式，初步建立家园社区教育资源管理网，共同促进幼儿的和谐发展	开展菜单式、信息化、送教上门、家长俱乐部等形式的家教服务与指导活动	大教研组
		深入开展学习型家庭指导活动	大教研组
		"嘉宾有约"——家长社区人员走进课堂	大教研组
		初步积累家庭教育指导课程园本化资料	大教研组
		开展"爸爸教师进课堂"活动	园长室
第三阶段	边实践边研究，汇编我园托幼一体园本课程（家庭教育版）	完善《M幼儿园0～6岁家庭教育指导方案》	大教研组
		评选园好家庭、好家长	园长室
		开展家庭教育指导交流会	园长室
		积累并整理《M家庭教育经验集》	园长室

（六）立足于环境文化建设

目标：改善办园条件，努力把幼儿园创设成一所家长的放心园、孩子的快乐园、教师的精神家园（见表5-6）。

表5-6 立足于环境文化建设

时间	阶段目标	措施	责任部门
第一阶段	改善幼儿生活、运动条件，创设适合幼儿发展的园所环境	成立环境创设领导小组	园长室
		创建教师休闲吧、教工图书室、教工沙龙，开展读书活动	后勤组
		更新户外大型玩具	后勤组
		添置和完善多媒体教育所需物品	后勤组

续表

时间	阶段目标	措施	责任部门
第二阶段	进一步完善幼儿园设施，优化外部环境	改善教学楼环境（三层楼面），优化活动场所	园长室
		改善食堂用餐环境	后勤组
		建成校园局域网	园长室
		改建仓库，进一步规范仓库管理	后勤组
		新建大型沙池、攀岩设施	大教研组
第三阶段	进一步美化幼儿园整体环境	根据市一级园园所建设标准，检查、验收幼儿园整体的硬件设施及室外环境，进行及时调整、补充	园长室 大教研组 后勤组

五、监控与评估

（一）健全计划实施的组织结构

为了确保幼儿园新三年发展规划的实施，成立以园长为组长、保教主任和大教研组长为副组长、其他各组长为组员的计划实施领导小组，全面负责计划的实施、检查、评估和反馈工作。

（二）确立计划实施的目标责任制

根据幼儿园的新三年发展计划，分别确立各部门及个人的工作目标，制订实施计划，将规划具体措施落实到责任人，以确保幼儿园新三年发展目标的落实。

（三）建立定期检查、评比考核制度

在月检查、评比考核基础上，每学期期末，各部门及教师依据各自提出的目标，总结计划实施的情况，评估目标的达成程度。

（四）完善园务公开工作

园务公开工作领导小组与监督小组对园务公开内容的执行情况进行监督、检查。

案例分析：M幼儿园制订本发展规划的现实基础是具有二十多年办园历史的省市级一级幼儿园且有着教、研、训、师、管等方面的优势资源积累，针对所诊断的与"一流品牌幼儿园"的差距，坚持从优势基础出发，明确了建构现代教育家园互动模式特色园的重点突破目标。较之同类发展规划，其突出亮点在于面向规划实施过程和效果前置性促进机制设计：一是创新性地引入了项目管理的思路，细分阶段目标，明确行动措施，落实责任到工作机构。二是全面部署了支持现代教育家园互动模式特色园建设的园本课程建设、教研训一体化、教师专业发展和家庭教育工作等工作举措，系统配套性较强。三是明确了规划实施监控与评估的主要措施。总之，M幼儿园三年发展规划的结构设计与表达策略值得学习参考。

热点讨论

1. 对照幼儿园发展规划制订与实施的要求，诊断本园幼儿园发展规划制订与实施中存在的突出问题及计划改进措施。

2．分析幼儿园发展规划中历史继承和时代创新、系统整体推进和专项重点突破的关系，反思如何更好地解决特色办园面临的主要障碍。

3．讨论城市和乡村幼儿园发展规划内容的区别与联系，并提出自己的建议与意见。

拓展阅读

1．张楠．幼儿园发展规划制定过程中存在的问题及对策[D]．长春：东北师范大学，2017．

2．张海霞．H市×区幼儿园园所发展规划的调查研究[D]．金华：浙江师范大学，2016．

3．芦岩．BH幼儿园发展规划研究[D]．大连：大连理工大学，2014．

研修建议

1．学习国家重要教育发展规划文本，了解文本要素结构与表达策略。

2．学习国家和地方政府学前教育法规和政策文件，提高自身水平。

3．学习有关学校发展规划理论，反思本园发展规划制订与实施中存在的突出问题。

4．学习借鉴国内外特别是本区域幼儿园发展规划制订与实施的先进经验，反思如何提升发展规划制订的科学化水平与实施的有效程度。

5．系统扎实开展区情与园情调查研究，明确本园特色化重点发展方向、总体思路与保障措施。

6．学习更新幼儿园发展规划方法，重点加强项目管理和监测评估等工作设计。

参 考 文 献

[1] 周庆华，何兆华，贺燕丽．学校发展规划理论与实践研究的回顾与展望[J]．陕西教育学院学报，2008（2）：17-20．

[2] 张宝贵．关于教育发展规划问题的理论分析[J]．天津市教科院学报，2006（6）：8-10．

[3] 李建年，雷经国，黄明熠．基于区县地方学前教育发展规划编制的研究（1）：以乌当区为例[J]．南昌师范学院学报，2018，39（1）：132-135．

[4] 谌雅．县域学前教育发展规划研究[D]．长沙：湖南师范大学，2014．

[5] 王丽娜．城市幼儿园布局规划研究[D]．成都：西南交通大学，2014．

[6] 姜晓玥．普惠性民办幼儿园政策研究[D]．南京：南京师范大学，2014．

[7] 耿海英．农村学前教育资源开发与特色发展问题研究[D]．锦州：渤海大学，2013．

[8] 李少梅．政府主导下的我国农村学前教育发展研究[D]．西安：陕西师范大学，2013．

[9] 郧平川．学前教育投入的财政法保障研究[D]．合肥：安徽大学，2014．

第六讲 幼儿园文化建设概论

本讲要点

> 1. 所谓文化，就是人与自然（包括社会自然和思维自然）互动认知改造与价值选择的过程及其产物。幼儿园文化建设就是幼儿园在特定教育空间关系中构建"人文化成"生态系统。
> 2. 幼儿园总体文化系统建设主要包括物质文化、制度文化、行为文化和精神文化等层次要素维度。
> 3. 幼儿园主体文化系统建设主要包括园长文化、教师文化、儿童文化、家长文化等主体要素维度。
> 4. 幼儿园特色内涵文化系统建设主要包括环境文化、组织文化、课程文化和质量文化等要素维度。

关键词

幼儿园 文化建设 文化系统 人文化成

第一节　文化与幼儿园文化建设

一、什么是文化

简单地说，所谓文化，就是集中体现人类主体能动性的"人文化成"，即人与自然（包括社会自然和思维自然）互动认知改造与价值选择的过程及其产物，整体囊括了"人生在世"的"实体—关系—结构—行为—功能—价值"的意义系统生成模式，是迄今为止人类创造的最重要的高维高阶统合概念之一。[1]从起源上看，文化就是"人化"，即人的本质力量（主要包括人的认知、情感、意志、信仰和实践）的对象化表征。从对象上看，文化就是"人产"，即人类物质和精神活动及其产品，主要包括物质载体化、关系秩序化、行为规范化和理想信念化等。从内容上看，文化就是"人信"，即人类族群对所在世界的能动相符性认知与价值选择，主要包括人文自立、人文自省、人文自觉和人文自信。从功能上看，文化是"化人"，即有机"整体结构化"的教化人、塑造人和熏陶人。一般认为，文明是文化发展中的精华积淀。汉语"文明"一词最早见于《周易》的"见龙在田，天下文明"记载。唐代孔颖达注疏《尚书》时将"文明"解释为："经天纬地曰文，照临四方曰明"，其中"经天纬地"意为改造自然，创造物质文明；"照临四方"意为驱走愚昧，创造精神文明。《文心雕龙》指出"心生而言立，言立而文明"，强调了语言文字的出现及其记录对于人类文明形成的重要价值。近现代以来，特别是近几十年以来，人类文化现象及其对社会发展的影响逐步受到学术界和实践工作者关注，形成了文化发展研究、文化事业管理、文化遗产保护和开发、公共文化服务、文化产业发展和乡村文化振兴等热点研究领域。

二、什么是幼儿园文化建设

近些年来，我国幼儿教育界日益重视文化育人，强调文化因素、文化结构和文化功能对幼儿教育事业的重要影响，并积极探索通过加强幼儿园文化建设的方式提升教育质量和办园品质。

幼儿园是特定国家或地区教育事业系统的重要组成部分，是承担幼儿教育特殊使命与任务的专业机构。因此，所谓幼儿园文化，从外延上看，是人类教育文化的重要组成部分；从内涵上看，是特殊专业机构文化，即特殊"人文化成"生态系统。从系统层次构成要素角度看，幼儿园文化主要包括特殊的物质文化、制度文化、行为文化和精神文化。从相关主体构成要素角度看，幼儿园文化主要包括园长文化、教师文化、儿童文化、家长文化等。从相关影响途径或方式要素角度看，幼儿园文化主要包括环境文化、组织文化、课程文化和质量文化等。

幼儿园文化建设就是幼儿园在特定教育空间关系中具体构建"人文化成"生态系统，

---

[1] 熊伟. 新时代幼儿园文化建设导论[J]. 陕西学前师范学院学报，2022，38（9）：33-44.

要解决的问题是：人类主体存在者究竟以何种关系、为何存在着？主要涉及四个基本问题：一是建设主体，即"谁来建设"；二是建设目的，即"为谁建设"；三是建设内容，即"建设什么"；四是建设方式，即"怎样建设"。根据马克思主义的基本原理，一切事物发展以时间、地点和条件为转移。特定幼儿园文化建设需要从该幼儿园所处历史时代、国情民风、发展阶段和基础条件等实际情况出发，有规划、有步骤、有策略地统筹推进，努力形成本园所文化风格。从普遍建设规律来看，所有幼儿园首先需要优先构建由特殊的物质文化、制度文化、行为文化和精神文化构成的层次要素维度上的园本总体文化系统，然后再面向特定社群主体构建更加精细有效的由园长文化、教师文化、儿童文化、家长文化等构成的主体要素维度上的园本主体文化系统，然后逐步形成由环境文化、组织文化、课程文化和质量文化等构成的关系—行为要素维度上的园本特色内涵文化系统，最后努力面向全社会塑造基于时间积累、空间互动和技术效率等多元模式的多维度要素整合功能并具有较强文化领导力和影响力的园本文化品牌形象。

第二节 幼儿园总体文化系统构成

一、物质文化

人类本身是物质性生活与精神性生活的统一体，其中精神性生活又以物质性生活为支持载体而展开。这就决定了人类物质文化建设的基础性和优先性。幼儿园物质文化建设主要是具有幼儿教育专业内涵的物质载体系统建设或物理空间系统建设，主要包括专业场所、专业建筑、专业设施、专业设备和专业用品等。

（1）依法建设内容。幼儿园作为专业教育机构必须依法建设有符合专业要求的支持幼儿教育活动开展的专业场所和物质条件。目前，这方面的主要国家标准依据是《托儿所、幼儿园建筑设计规范》（JGJ 39—2016）中"基地"和"总平面"关于地段、安全防护、危险规避、服务半径、建筑、室外活动场地、绿化、道路布置等系列专门规定和"建筑设计""室内环境""建筑设备"系列专门规定。目前，国家关于幼儿园所使用的专业设施设备（用品）的生产均有严格的行业国家标准。各省市学前教育管理部门均制定有幼儿园设施设备配备标准或相关幼儿园标准化建设基本标准。这些都是幼儿园物质文化建设的重要法规依据。

（2）自主建设内容。为了实现自身的教育使命和任务，幼儿园还必须坚持从实际情况出发，充分发挥自身的专业积极性、协作性和创造性，面向幼儿教育空间和学习空间建设的基本方向，大力引导有关专业场所、专业建筑、专业设施、专业设备和专业用品的生产方和服务方，以适度的贯彻体现自己的专业理念和创意设计。一般来说，在专业场所选址方面应向上级主管部门积极献言建策，在专业建筑设计和设施设备用品设计方面应向专业设计团队积极提出建设性咨询意见。更重要的是，应在自己的职责权限范围内，对室内外活动场地、公共活动区域（大厅、走廊、楼道、专用活动室等）、班级活动区域、办公活动区域等专门空间，因地制宜地进行亲自然、重体育、乐游戏、爱环保、富艺术、炫科技、浓乡情等特色创意规划设计、形象标识以及相应的设施设备用品优化配置。在专业能力较强的幼儿园，还可以自主设计和配置具有特定教育功能的专业设施设备用品。例如山东省利津县第二实验幼儿园自主研发了数百种幼儿传统游戏与体育游戏器械[①]，较好支持了本园特色教育活动的开展。

案例 6-1

二、制度文化

所谓制度，通常是指一个社会组织或团体要求其成员共同遵守并按一定程序办事的规则或运作模式，具有指导性、约束性、鞭策性、激励性、规范性和程序性等特征。幼儿园作为一种专业教育机构或专业社会教育建制，为有效处理本身与经济社会环境的关系，必须适应和遵守国家法律法规、民族公序良俗、社会行业规范等高位规则，为有效实施组织内部管理和科学保教活动，也必须科学制定并坚决执行相关行动规则。幼儿园制度文化建设是指围绕幼儿园各类规章制度制定和实施而推进的以有效公共治理为核心目标的契约文化建设，对幼儿园治理和发展具有整体性、长期性的影响。

从制度功能内容角度看，幼儿园制度文化建设主要包括以下四个方面的基本内容：一是幼儿园管理制度文化建设，主要涉及公正、质量、领导、民主、决策、监控和评价等功能价值主题；二是幼儿园保育制度文化建设，主要涉及权利、安全、健康、天性、个性等功能价值主题；三是幼儿园教育制度文化建设，主要涉及平等、互动、理解、对话、多元、创新等功能价值主题；四是幼儿园外部调适制度文化建设，主要涉及开放、沟通、协调、包容、融合等功能价值主题。

从制度运行过程角度看，幼儿园制度文化建设主要包括以下四个方面的基本内容：一是幼儿园全体人员崇尚和重视科学、民主化创设或修订各类规章制度，以实现"有章可循"，这是幼儿园照章办事的前提条件；二是幼儿园全体人员坚定信奉和自觉遵守各类规章制度，以实现"有章必循"，这是幼儿园照章办事的可靠基础；三是幼儿园管理部门和管理人员秉持公平正义之心和严格采取督导措施，以实现"循章必严"，这是幼儿园照章办事的重要条件；四是幼儿园全体人员敬畏循章与管理部门和管理人员尽职问责，以实现"违章必究"，这是幼儿园照章办事的有力保障。

案例 6-2

三、行为文化

所谓行为，通常是指人们受一定思想支配或外在影响而表现出来的外表活动，是人类社会交往的最小相互影响意义单元。从微观角度看，行为是由人类个体的一定数量有意识或无意识的粗大动作或精细动作构成的动作集合。从宏观角度看，在特定情景下，若干有目的的序贯行为构成有特定意义的行动单元，而若干序贯行动单元又进一步构成有特定功能效应的事件单元。行为文化是指人们在日常生产或生活中所表现出来的特定行为方式及其规范积淀，充分体现了人们的价值取向和制度规约。幼儿园行为文化建设是指幼儿园各类主体在特定区域经济社会和文化生态大背景下开展专业活动过程中形成和完善其特定行

[①] 赵兰会. 学前儿童游戏活动设计与指导：传统游戏再现与创新[M]. 北京：科学出版社，2018.

为方式和行为规范的人际关系动态调适,对幼儿园治理和发展具有基础性和日常性的影响。

从内容构成上看,幼儿园行为文化主要包括特定幼儿园的集体传统习惯和师幼礼仪规范。其中,集体传统习惯根植于所在特定区域经济社会和文化生态系统,经过长期积淀形成。师幼礼仪规范主要是探索遵循幼儿教育规律和国家法规政策,经过园本化长期教育培训形成。在新时代条件下,更加强调加强幼儿园教师的专业伦理规范建设是幼儿园行为文化建设的重要趋势。从层次构成上看,幼儿园行为文化主要包括全园集体行为文化、园长行为文化、教师行为文化、其他职工行为文化、幼儿行为文化和家长行为文化等。从导向功能上看,幼儿园行为文化主要包括先锋行为文化、创新行为文化、保守行为文化和专业礼仪行为文化等。

四、精神文化

精神,一般是指人们的意识、思维和心理活动状态。所谓精神文化,通常是指人类各种意识观念形态的集合,主要包括科学、伦理、艺术和信仰等意识形态门类,集中体现了人类求真、向善和审美的理想追求,是物质文化、制度文化和行为文化的灵魂与核心部分。幼儿园精神文化建设是指特定幼儿教育专业机构的意识观念形态建设,是幼儿园文化建设的最高层次,是幼儿园文化建设的核心内容,更是具有人类原典精神气质的儿童文明建设的核心力量。

从总体内容构成上看,幼儿园精神文化主要包括特定幼儿园的专业价值取向、办园理念(办园宗旨、培养目标、园风、园训、教风、学风、办园特色等)以及保育和教育理念。从层次构成上看,幼儿园精神文化主要包括专业意识习惯(如安全、健康、关爱、共情、沟通、规范等)、专业思维能力(观察、分析、支架、整合、探索、标准、质量等)和专业信念水平(慈幼、养正、适宜、创新、卓越、境界等)。从领域内容构成上看,幼儿园精神文化主要包括特定幼儿园的专业理想信念、保教科学观念、伦理道德观念和专门审美观念。

幼儿园精神文化建设可以从以下两个方面着力推进。一是讲好幼儿园的故事,从办园历史特别是关键事件中提炼优良的精神文化传统。第一步,请老员工讲述当年的发展故事。例如,幼儿园创办至今,你认为对园所发展最重要的一件事是什么?最难忘的一件事是什么?最受感动的一件事是什么?再讲讲人,例如,你认为对园所贡献最大的是谁?这个人最宝贵的精神是什么?你从他身上得到的最大启发是什么?第二步,将重复率最高的发展故事整理加工为完整故事,讲给更多员工听,然后提问:这个故事你听说过吗?听了之后,你最深的感受是什么?哪个情节最令人感动、最令你难忘?这个故事体现了一种什么精神?第三步,从发展故事以及员工倾听反馈记录中提炼使用率较高的关键词,进而概括出幼儿园精神文化理念。二是绘好幼儿园的蓝图,用办园的未来愿景确立崇高的精神文化导向。一所幼儿园办园的未来愿景一般包括办园宗旨、办园理念、园训、园风、教风五个方面的精炼语言表达。其中,办园宗旨是特定幼儿园综合了本园的教育哲学、教育资源和教育环境特点提炼出的"办什么样幼儿园"的使命主张,阐明了幼儿园办园的出发点和落脚点,是幼儿园一切办学活动的依据和指导原则,更是幼儿园选择教育方法、检查和评价教育效果的依据。办园理念是"怎样办好幼儿园"的指导思想,集中体现着一所幼儿园特色教育理念。园训是办园理念的进一步通俗化凝练表达,具有鲜明精神内涵和幼儿园个性特征。园风是园训的具体化拓宽延伸,突出标志着一所幼儿园的办园品质,主要包括幼儿园长期积淀的文化风尚、领导作风、教师教风和学术风气。教风是幼儿园教师在治学、教研、保教和社会服务等方面形成的良好风气,特别呈现着作为教风之魂的师德、作为教风之形的师仪和作为教风之根的师艺的总体价值追求。

【案例6-3】　　　历史名园的办园理念从何而来（摘录）[①]

中国幼教已经走过了百余年的历史,涌现出了很多历史名园,这些历史名园的办学理念是中国幼儿教育发展的宝贵资源和财富。在研究继承历史名园办园理念的过程中,能够更加清晰地了解历史名园代代相传的幼教文脉及生生不息的慈幼精神,树立中国幼教发展的民族自豪感和自信心；在学习借鉴历史名园的根基、印记、信念、精神的过程中,能够丰富拓展我国幼教事业发展的新思路、新思想、新理念,为当今我国幼教改革发展提供借鉴和参考；在深化凝练历史名园的时代精神与价值追求的过程中,能够激发现代幼教人的责任与担当,谱写新时代中国幼教的精彩篇章。那么历史名园的办园理念从何而来呢？守正出新是历史名园办园理念的共同特点和追求。

传统积淀：传承幼儿园历史文化基因

南京市鼓楼幼儿园始终将陈鹤琴先生的"活教育"理念作为文化之根,坚持"幼童本位"的儿童立场,以"做人、做中国人、做现代中国人""大自然、大社会都是活教材""做中学、做中教、做中求进步"为目标,致力于探寻适合中国国情的、科学化的、大众化的幼儿教育之路。

发轫于香山慈幼院的北京实验学校幼儿园始终秉持熊希龄先生"面向社会,全面育人,追求高水平教育"的教育思想,继承慈幼院"蒙以养正""生生如己所生,幼幼及人之幼"的育人传统,传承着"健康成长、快乐生活、自主学习"的教育理念。

经验借鉴：吸收国内外先进教育思想

厦门日光幼儿园的前身是由英国教会在厦门鼓浪屿岛上创办的私立怀德幼稚园,幼稚园一方面以德国儿童教育家福禄贝尔和意大利教育家蒙特梭利的教育理论为基础,福氏的"恩物"、蒙氏的教玩具,在教育教学中占有重要位置；同时幼稚园也很重视本土自然环境及中国文化资源的课程内容,使怀德幼稚园成为中西合璧、中西教育思想并行不悖、相互融合的乐园。

北京师范大学实验幼儿园的前身是北京女子师范学校附属蒙养园。建园初期,该园对杜威、福禄贝尔、蒙特梭利等西方教育思想进行了研究,提出"调护儿童之身心,培养其三育,以造就健全之国民而为国民教育之基础"的办园宗旨。新中国成立后,幼儿园教育理念受到苏联、美国等教育思想的影响,注重本土化吸收,提出"乐爱礼智美"的儿童培养目标,形成"蒙养百年,倡导开新"的文化理念和"以儿童为本"的教育理念。

开拓创新：深化幼儿园核心价值追求

成都市第三幼儿园原为私立成都树基幼儿园,开办之初是一所典型的教会幼稚园,教育理念和内容带有明显的西方文化特色。新中国成立前,该园逐渐形成了"树人之基础,树民族之基础"的办园宗旨。新中国成立后,幼儿园贯彻"从儿童生活中来、到儿童生活

[①] 高丙成. 历史名园的办园理念从何而来[N]. 中国教育报,2018-11-11(2).

中去"的教育理念，还原儿童真实生活，让儿童真切地体验生活。进入21世纪以来，幼儿园提出了"追随儿童，接纳儿童，回归生活，首席玩伴"的教育追求，传承着"为儿童成长培根，为民族复兴树人"的树基精神。

湖北省实验幼儿园的前身是中国最早的公立幼儿园——湖北幼稚园，建园之初就秉承普惠大众的原则，开蒙启智，坚持为平民子女服务，坚守张之洞先生提出的"保全身体之健旺，培养天赋之美材，习惯善良之言行"的办园宗旨。新时代，幼儿园秉承"释放天性、回归本真、淬砺教育、健康身心"的教育思想，续写了"蒙学养正，普惠大众"的办园宗旨。

历史名园的办园理念是在传承幼儿园历史文化基因、借鉴国内外先进教育经验、深化幼儿园核心价值追求的过程中逐渐形成与发展起来的。幼儿园的办园理念，只有尊重历史，不忘本来，才能传承幼儿园的文化基因；只有博采众长，吸收外来，才能丰富幼儿园的思想内涵；只有与时俱进，面向未来，才能延续幼儿园的精神血脉。

案例分析：办园理念是幼儿园精神文化最集中的体现，而凝练和贯彻办园理念是幼儿园精神文化建设的首要任务。守正创新是历史名园办园理念的共同特点和追求，也是凝练和贯彻办园理念的必由之路。具体说来，只有善于"回头看、向外看和向前看"，才能真正发现本园所处的时代方位和明确当前应及时开展的工作任务，从而朝着正确的方向不断前进。

第三节　幼儿园主体文化系统构成

一、园长文化

幼儿园园长（含副园长、园长助理）是履行幼儿园领导与管理工作职责的专业人员，是影响幼儿园事业发展的关键少数群体，更是幼儿园文化建设的核心领导力量。园长文化建设是指围绕特定幼儿园园长群体在履行幼儿园领导与管理工作职责时所形成的领导与管理文化建设，对于幼儿园总体文化建设和其他文化子系统建设都有着长期和深远的影响。

从总体内容构成上看，园长文化主要包括特定的精神境界（合格、优秀、卓越、杰出、伟大等）、价值取向（守成、改革、创新、创业、创造、知行合一等）、办园理念、保教观念、伦理道德（责任、美德、规范、情境等伦理）、事业审美（高瞻远瞩、雄才大略、慈幼济世等）和领导与管理风格（关系行为模式和工作行为模式，或支持、指导、参与、成就导向等基本领导风格类型）。从基本层次构成上看，园长文化主要包括特定的领导与管理意识习惯、领导与管理思维能力和领导与管理信念水平。从成长经历上看，园长文化主要包括教育世家传承、本人园本晋升和本人转岗晋升等不同类型，进而决定了有所差异的文化建设路径与具体内容。其中，教育世家（一般是指一家三代以上从事教师工作且在教育工作上有突出贡献）传承类型，特别是园长世家传承类型值得重点关注与深入研究。

【知识链接6-1】　　　　幼儿园园长发展目标定位水平

（1）合格的幼儿园园长应是学前教育事业的忠诚卫士，努力成为专业教育者、发展领导者和事业管理者。

（2）优秀的幼儿园园长应是学前教育事业的勇敢斗士，努力成为领域开拓者、新路探索者和设计实践者。

（3）卓越的幼儿园园长应是学前教育事业的仁义志士，努力成为儿童世界格局的远见者、引领者和构建者。

点评：唐太宗《帝范·卷四》："取法于上，仅得为中；取法于中，故为其下。"不同的幼儿园园长发展目标定位水平集中体现了其精神境界，一定程度决定着其价值取向、办园理念、保教观念、伦理道德、事业审美和领导与管理风格等。园长文化建设的首要目标是提升其事业精神境界。

二、教师文化

幼儿园教师（广义上包括保育员和保健医等后勤人员）是具体履行幼儿园科学保育和教育职责的专业人员，是影响幼儿园事业发展的最大基层群体，更是幼儿园文化建设的主体实施力量。教师文化建设，是指围绕特定幼儿园教师群体在具体履行幼儿园科学保育和教育职责时所形成的专业育儿文化建设，对于幼儿园总体文化建设和其他文化子系统建设具有直接和根本的影响。

从总体内容构成上看，教师文化主要包括特定的专业精神境界、价值取向、保教理念、伦理道德（专业伦理与职业道德）、事业审美和育人风格。从基本层次构成上看，教师文化主要包括特定的育人意识习惯（如学科导向预成与具体情景生成）、育人思维能力（引领、示范、伙伴、共生、互动、支持和促进等）和育人信念水平。从行动构成上看，教师文化主要包括特定学习研究、观察记录、组织指导、科学评价、交往合作等密切关联的不同具体文化类型，即"主体—关系—行动"育人特征类型。

【知识链接6-2】　　　　　中国古人论职业生涯境界

奴：非自愿和靠人监督的人。

徒：能力不足，又肯自愿学习的人。

工：老老实实，按规矩做事的人。

匠：精通一门技艺或手艺，靠劳动生存的人。

师：掌握了一些规矩，又能将规矩传授给他人的人。

家：有固定的信念，让别人生活得更好的人。

圣：精通事理、通达万物、大公无私、为民立命的人。

点评：上述中国古人对职业生涯境界的界定对各行各业都具有重要的参考借鉴价值。从文化形态发展角度来看，"徒"境为"自知"的文化自立，"工"境为"自行"的文化自立，"匠"境为"自度"的文化自觉，"师"境为"自度度人"的文化自信，"家"境为"立志度人"的文化自信，"圣"境为"知行合一"之文化自信。幼儿园教师文化的专业精神境界需要努力推进从文化自立到文化自觉再到文化自信的终生提升。

三、儿童文化

童年时期（含婴幼儿和少年）是人类儿童独特的发育成长时期，因此有着与成人世界（含家长、园长、教师等）密切联系但又相对独立的生活世界，这就决定了儿童个体及群体有着独特的文化形态，即儿童文化。从该文化形成过程来看其总体内容构成不仅包括来自成人世界为儿童创造的外生文化，还包括儿童个体自身和同伴交往创造的内生文化。因此，儿童文化是指普遍存在于儿童一日生活、游戏、学习等活动中的物质支持、制度设计、行为表现和精神现象的总和。一般认为，儿童文化是儿童发展的基本条件之一，而儿童发展是儿童文化习得的过程[1]。从生产主体规模角度划分，儿童文化主要包括儿童个体文化、儿童同伴文化[2]和儿童社群文化等基本类型。从生产主体差异特征角度划分，儿童文化主要包括正常儿童文化、超常儿童文化、特殊儿童文化、流动儿童文化、儿童性别文化和儿童融合文化等基本类型。从生产内容的时效特征角度划分，儿童文化主要包括历史儿童文化、现世儿童文化和未来儿童文化等基本类型。

从文化发展连续体角度看，儿童文化与成人文化之间客观存在着相互依存和互鉴转化的关系，即儿童文化在继承并创新成人文化过程中最终演变并转化为成人文化的新的重要组成部分[3]。为此，人类学曾提出前喻文化、并喻文化和后喻文化等概念，分别揭示晚辈向长辈学习、同辈人之间互相学习、长辈反过来向晚辈学习等人类文化习得现象。较之成人文化，儿童文化具有以下两个基本特征：一是诗性逻辑性，具有整体、形象、纯真、好奇、梦想、神话、游戏性等内涵属性。二是生长变化性，具有开放、互补、过渡、非正规和多样性等内涵属性。长期以来，成人世界的儿童观陷入"钟摆"困境，即在成人与成材、天性与成熟、控制与解放的关系上陷入矛盾，导致了儿童文化的娱乐化、成人化、虚拟化遮蔽了儿童生活的严肃性、儿童自然天性以及儿童的真实生活，因此理想的儿童观应充分认识到儿童的天性具有不断"生长"的探究性、动态生成的变化性以及主客观因素复合作用的建构性。总之，幼儿园教育迫切需要凝练教师实践智慧，更好领会儿童成长的情境性与"召唤性"，彰显专业教育权威，为儿童"生长"选择积极的教育经验与环境[4]。鉴于儿童文化习得通常会受到来自成人世界的儿童文化认同阻滞、儿童文化理念冲突和儿童文化空间隔离等直接影响，幼儿园全体教职员工应当坚持"儿童立场"和"儿童本位"，尊重儿童身心发展规律，大力支持儿童亲近文化资源、接受文化传播、参与文化体验、选择文化继承、支持文化敏感、强化文化适应和推进文化创新，为儿童成长和发展提供更多可能性。

【知识链接6-3】 　　　　　　　**向童年致敬（摘要）**[5]

童年是值得成人向其致敬的。儿童身上的天性资源是一切人力资源、人文资源的源头。儿童也是文化的创造者，一批成人艺术家、文学家以及人文学者，尤其以毕加索为代表，发自肺腑地尊崇童年、遵从儿童，自觉接受儿童文化创造的启迪与引领，从而做出伟大的

---

[1] 孔国欢. 拯救儿童文化危机[J]. 教育科学论坛, 2019（11）：73-76.
[2] 冷田甜, 杨雄, 杨晓萍. 论幼儿同侪文化发展的定义、路径与策略：基于新童年社会学思想[J]. 重庆第二师范学院学报, 2018, 31（6）：80-83, 124.
[3] 刘子云. 断裂与联结：儿童发展中的文化反思与教育策略[J]. 学理论, 2019（3）：141-143, 172.
[4] 陈祖鹏. 儿童教育的"钟摆"困境及本源追问：基于文化视角的反思[J]. 中国教育学刊, 2019（3）：40-45.
[5] 刘晓东. 向童年致敬[J]. 中国教育学刊, 2018（5）：6-13.

文化创造或思想发现，这对于人类文明的发展具有重大的示范、引领和启示意义。童年是贫乏的抑或丰饶的这两种截然不同的儿童观涉及两种截然不同的教育观。前者与成人本位的传统教育观相联系，后者催生儿童本位的现代教育学。儿童本位不仅应是教育原则，而且应是文化建设、社会建设、伦理建设、政治建设的基本原则之一。"向童年致敬"这一主张是对单方面尊重成人的那种文化惯性的反动，并非主张单方面尊重儿童。在文化创造和文明发展方面，儿童与成人应当相互承认、相互信赖、相互尊敬、携手同行。

点评：儿童文化习得与创新是人类社会关系生产与再生产的一种过程，不仅是儿童本身社会性发展的重要组成部分和基本支持条件之一，因其与成人文化的习得与创新之间具有互生转化关系，对于人类社会永续发展具有独特的重要价值。新时代幼儿园的儿童文化建设应坚持儿童本位原则，切实加强与园长文化、教师文化和家长文化的关联互动，进一步提升其文化育人水平。

四、家长文化

在学前教育语境下，家长是指父母或监护人（自然人），是学前教育的第一责任主体，不仅需要承担在家庭和社区环境中的家庭养育职责，还要承担配合园所共同实施学前教育的科学保教职责。因此，加强幼儿园文化建设，不仅要加强园长文化和教师文化建设，还要加强家长文化建设。家长文化建设是指幼儿父母或监护人群体围绕推动特定幼儿身心健康发展所形成的家庭养育文化建设，对于充实和完善幼儿园文化生态系统具有重要促进作用。

从总体内容构成上看，家长文化主要包括特定父母或监护人群体为人父母和家庭教师的精神境界、价值取向（包括家风、家训传承）、育儿理念、保教观念、伦理道德和教养风格（包括权威型、专制型、放纵型、忽视型等基本类型）。从基本层次构成上看，家长文化主要包括特定父母或监护人群体的家庭养育意识习惯、家庭养育思维能力和家庭养育信念水平，其中，责任信念是最基础的养育信念，主要包括慈幼成人、家国情怀、孝亲善友和文化传承等正当内涵。应该指出的是，特定家长文化不仅受特定国家民族传统文化、地方文化和社区文化的深度影响，而且受原生态家庭文化和所从事职业文化深度影响，因此，深度推进家长文化建设需要政府、单位、社区、园所和本人的齐抓共管，重在教育引导，贵在知行合一。从实操过程看，家长文化建设具有自文文人和自化化人双重性，即特定父母或监护人首先需要通过持续社会化学习或接受一定时间的专门教育培训以具备胜任家长角色的意识、思维和信念的社会文化运行过程，其次才是履行家长职责对特定幼儿开展系统养育影响的社会文化运行过程。

案例 6-4

第四节　幼儿园特色内涵文化系统构成

一、环境文化

《中华人民共和国环境保护法》从法学的角度，将环境定义为影响人类生存和发展的各种天然的和经过人工改造的自然因素的总体。学术界一般认为环境主要包括自然环境、社会环境（或人文环境）和心理环境（或生活环境）三个基本类型。环境文化通常包括环境认知文化、环境规范文化、环境物态文化和民俗环境文化四个基本类型。幼儿园环境文化建设主要是指影响幼儿园各类主体生存和发展的特定天然的和经过人工改造的自然因素的总体建设。

从基本内容分类上看，幼儿园环境文化主要包括特定自然环境文化、社会环境文化和心理环境文化。从功能空间圈层分布上看，幼儿园环境文化自外至内主要包括特定区域自然生态文化、城市或乡村文化、城市或乡村社区文化、幼儿园户外文化、廊道文化、场所文化（含教室文化、办公室文化、保卫或后勤场所文化）、幼儿园生活文化。从公私分域的角度看，幼儿园环境文化主要包括公共环境文化和隐私环境文化，其中，后者尚未被普遍高度重视和特别精心设计实施，有待今后稳妥处理其与公共环境文化的内在冲突。从建设战略规划角度上看，幼儿园环境文化建设的首要基础路径是依次内向层级性深入推进的户外—廊道—场所—生活等直接环境文化建设，其次提升路径是依次外向层级性深入推进的社区—城市或乡村—自然生态等间接环境文化建设。从国际比较的角度看，我国幼儿园目前发展阶段的环境文化建设较之西方发达国家，主要差距在于间接环境文化建设不足，尤其是直接环境与间接环境融合贯通不足，尚需加快整体性建设步伐。

案例 6-5

二、组织文化

广义上的组织是指由诸多要素按照一定方式相互联系起来的系统。狭义上的组织是指人们为实现一定的目标互相协作结合而成的集体或团体。组织文化是其成员所共有的信念、假设、价值和规范等表现样式。特定组织文化从微观上看存在于个体的解释与认知过程，从宏观上看存在于集体的行为表现。幼儿园组织文化总体上属于专业教育组织文化，其个性特征则主要受办园性质、管理体制、地域文化、历史传统和园长领导风格等多种因素综合影响。进一步细分看来，幼儿园组织文化还有正式组织文化与非正式组织文化的区分。一般来说，在幼儿园正式组织文化方面，由地方政府举办的公办园大多盛行行政控制模式文化或外驱组织文化，倾向守正稳健；由社会力量为主举办的民办园大多盛行经济控制模式文化或内生组织文化，倾向改革创新；由国有和集体性质单位举办的公办性园大多盛行交流控制模式文化或自组织文化，倾向因循平衡。情境迁移同构与贯通互动让家长群体成为幼儿园专业型合作教育伙伴，共同支持幼儿自主进行生活与职业体验，较好促进了幼儿身心完全发展。以集体性质单位举办的公办园大多盛行交流控制模式文化或自组织文化，倾向因循平衡。在幼儿园非正式组织文化方面，主要包括教师伙伴文化、教育共同体文化、儿童社团文化、园所家庭社区合作教育文化等。

自古至今，衡量组织文化发展水平的主要尺度分别是物质工具尺度、人文价值尺度、社会进步尺度。其中，物质工具尺度主要强调的是保障办园条件和师幼生活水准，因此是新建幼儿园组织文化建设应优先遵循的尺度；人文价值尺度主要强调提升幼儿园教育能力与师幼人文素养，因此是发展中幼儿园组织文化建设应优先遵循的尺度；社会进步尺度主要强调幼儿园教育公正与师幼发展品质，因此是较成熟幼儿园组织文化建设应优先遵循的尺度。

知识链接 6-4

三、课程文化

广义的课程是指教育机构为实现其培养目标而选择的教育内容及其进程的总和。幼儿园课程是指有着特定学科导向的有目的、有计划支持幼儿获得有益经验活动内容及其过程的总和,是实现幼儿园教育目的的根本载体与评价依据。形象地说,文化资源是幼儿园课程的根,专业设计是幼儿园课程的干,活动组织是幼儿园课程的枝,操作行为是幼儿园课程的叶。由于不同的幼儿园客观上处于不同的区域环境,拥有不同的资源禀赋,坚持不同的课程观念,以及依据不同的课程理论等多种原因,其课程建设必然千差万别。

幼儿园课程文化是指各幼儿园在特定文化环境下采用特定文化取向选择组织、实施和评价其课程过程中形成的特定文化样式,是新时期课程研究的重要内容,更是幼儿园课程改革的重要突破口。幼儿课程文化从内容构成上看,可以划分为课程物质文化、课程理念文化、课程行为文化和课程制度文化;从范式取向上看,可以划分为技术取向课程文化、过程取向课程文化和批判取向课程文化;从发展阶段上看,可以划分为生活课程文化、情境课程文化和生态课程文化;从实施范围上看,可以划分为国家课程、地方课程、园本课程和班本课程[①]。

从建设过程上看,各个幼儿园都必然面临如何正确处理一系列实际文化冲突甚至矛盾关系,主要包括国际视野与本土实际、顶层设计与中微实施、国家(地方)标准与园本特色、显性呈现与隐性影响、学科结构与个性发展、分科领域与整合渗透、核心内容与外围内容、预设方案与开放生成、基础推进与拓展探究等。从总体发展趋势上看,今后幼儿园应坚持推进学科、专业、课程一体化,大力建设民族、本土、探究、整合、创造价值取向的课程文化。

【知识链接6-5】　　"位育"视角下乡村幼儿园本土课程建设(摘编)[②]

针对外生性、拿来主义、城市本位、成人本位等乡村幼儿园课程建设中存在的突出问题,新时代乡村幼儿园本土课程应引入"位育"理论视角,秉持"乡村幼儿园是结合家庭、幼儿园、村落(社区)实际,立足于乡村幼儿本土生长并帮助幼儿不断向外拓展的一套经验体系"的基本理念,努力为幼儿寻"位",帮助幼儿"安所遂生",育出具有"本土文化生命之根"的幼儿。为此,乡村幼儿园本土课程应着力构建"推己及人"的本土课程内容体系,整合纵向时间线索与横向空间线索结合的幼儿本土经验,从而为幼儿提供文化生命的土壤及经验拓展的方向。

点评:"培养什么人、怎样培养人、为谁培养人"是幼儿园课程建设首先要回答的基本问题。在"本土文化"势弱、"外来文化"强劲的乡村文化情境下,必须立足乡村本土实际,坚持"本土生长"的基本价值取向,充分挖掘本土课程资源,构建幼儿园本土课程体系,积极推进乡村幼儿园课程建设"本土化"的历史进程,努力培育出具有"本土文化生

[①] 宋荣荣. 幼儿园教师班本课程创生现状及影响因素的个案研究[D]. 天津:天津师范大学,2018.
[②] 李旭,段丽红. "位育"视角下乡村幼儿园本土课程的内涵诠释、价值诉求及内容构建[J]. 民族教育研究,2019,30(5):106-112.

命之根"的幼儿，从而为新时代乡村振兴奠定其未来优秀人力资源基础。

四、质量文化

简而言之，宏观意义上的幼儿园教育质量是指整个幼儿园教育事业体系的质量，体现了国家、机构和社会力量建设与管理水平以及对幼儿园教育事业发展规模、速度和效益的协调程度。微观意义上的幼儿园教育质量是指幼儿园教育水平高低和效果优劣的程度。其根本衡量标准是幼儿园教育目的和幼儿培养目标，其具体衡量标准是幼儿学习与发展平均指标及其规范体系，例如《指南》。

幼儿园质量文化是指各幼儿园在特定时代条件和高级发展阶段追求、生成和评价其在教育质量中形成的特定文化样式，是园本特色内涵文化建设的最高阶段。从主体理想追求上看，幼儿园质量文化可以划分为国家治理质量文化、机构专业质量文化、社会服务质量文化和儿童发展质量文化；从内容构成上看，幼儿园质量文化可以划分为质量保障文化、质量标准文化、质量控制文化、质量监测文化、质量评价文化和质量改进文化等；从发展阶段上看，幼儿园质量文化可以划分为教育产品文化、教育品质文化和教育品位文化。

幼儿园质量文化建设过程通常包括环境影响分析、目标定位确定、标准规范宣示、条件配套保障、结构优化支撑、习惯过程展开和结果对标检视等基本环节。一般来说，它有一个从质量检验阶段到统计质量控制再到全面质量管理的建设水平提升历程。幼儿园全面质量管理体系建设强调全员、全面和全过程质量管理，是高水平幼儿园质量文化建设的基本载体。各幼儿园可以考虑参照或接受强调过程质量持续改进的 ISO 9001 质量管理体系认证[①]，也可以考虑参照实施强调现场服务质量，以整理（seiri）、整顿（seiton）、清扫（seiso）、清洁（seiketsu）、素养（shitsuke）、安全（security）为基本内容的"6S"质量管理模式。

案例 6-6

热点讨论

1．中国近现代近 180 年间经历了六次文化转型：从鸦片战争之前的文化自满，到鸦片战争之后的文化自卑；从民国时期的文化自省，到中华人民共和国成立之后的文化自立；从改革开放之后的文化自觉，到新时代中国特色社会主义时期的文化自信。如何看待中国社会文化系统变迁对学前教育特别是幼儿园教育的深刻影响？

2．如何正确处理幼儿园总体文化系统建设、幼儿园主体文化系统建设和幼儿园特色内涵文化系统建设的逐步推进和循环完善关系？

3．尝试比较本园与其他幼儿园文化风格的根本差异并进行归因分析。

拓展阅读

1．施韦泽．文化哲学[M]．陈泽环，译．上海：上海人民出版社，2008．

2．衣俊卿．文化哲学十五讲[M]．2 版．北京：北京大学出版社，2015．

[①] 全面推进质量管理体系，切实提升园所管理水平：郑州市实验幼儿园通过 ISO 9001 质量管理体系首次审核[EB/OL]．http://www.zzssyyey.com/news/14471.html．

3．王邦虎．校园文化论[M]．北京：人民教育出版社，2000．

4．刘晓东．儿童文化与儿童教育[M]．北京：教育科学出版社，2006．

5．托宾，薛烨，唐泽真弓．重访三种文化中的幼儿园[M]．朱家雄，薛烨，译．上海：华东师范大学出版社，2014．

6．科萨罗．童年社会学[M]．4版．张蓝予，译．哈尔滨：黑龙江教育出版社，2016．

7．袁振国．教育质量的国家观念[J]．中国教育学刊，2016（9）：27-30．

研修建议

1．认真研读3~4本中外哲学或文化理论方面的经典著作，深化对文化独特内涵的理解。

2．密切联系《中国学生发展核心素养》中确定的六大核心素养，讨论并明确幼儿园文化建设的基本内容。

3．对照阅读目前同类园所文化建设的典型案例，反思本园文化建设存在的问题，提出改进思路和举措。

4．分析并书面表达本园物质文化、制度文化、行为文化和精神文化等方面的基本特征与主要内容。

5．分析并书面表达园长文化、教师文化、儿童文化、家长文化等方面的基本特征与主要内容。

6．分析并书面表达环境文化、组织文化、课程文化和质量文化等方面的基本特征与主要内容。

7．考虑自主设计一个相对具体的幼儿园文化建设专题研究项目，提升幼儿园文化建设专业能力。

参 考 文 献

[1] 章乐．儿童立场的缺失：传统文化教育的现实困境[J]．中国德育，2019（3）：11-12．

[2] 左颖．中国文化发展下的儿童观[J]．文学教育（下），2019（6）：72-73．

[3] 成尚荣．儿童研究视角的坚守、调整与发展走向[J]．教育研究，2017，38（12）：14-21．

[4] 林兰，边霞．从书斋到田野：儿童文化研究路径的转变及意义探寻[J]．教育发展研究，2018，38（Z2）：112-116．

[5] 陈文静．还儿童纯真的文化：儿童"自哺文化"实践视角[C]．//江苏省教育学会．2017年江苏省教育学会年会文集，2017．

[6] 金培雄．贤文化实践：顺应儿童生命成长的节律[J]．江苏教育研究，2018（35）：48-51．

[7] 李好．论儿童的"泛摇滚"特质及对学前教育的启示[J]．教育文化论坛，2018，10（2）：86-91．

[8] 彭钢. 建构符合儿童成长规律的儿童文化[J]. 江苏教育, 2018 (25): 19-21.

[9] 熊春文, 丁键. 迈向积极的流动儿童群体文化研究[J]. 青年研究, 2019(3): 1-12+94.

[10] 顾颖颖. 聋童文化: 学前聋儿的独特世界[J]. 教育现代化, 2017, 4(48): 254-256.

[11] 杨焕军. 优质幼儿园文化建设研究[D]. 长春: 东北师范大学, 2010.

[12] 赵艳红. 幼儿园文化建设的理念与路径[J]. 学前教育研究, 2012 (7): 70-72.

[13] 索长清. "新常态"下幼儿园文化建设中的问题、路径及策略[J]. 现代教育管理, 2019 (1): 35-40.

[14] 叶明芳. 幼儿园文化建构实施路径探析[J]. 教育评论, 2019 (1): 155-157.

[15] 张丽. 幼儿园建筑空间布局研究[D]. 兰州: 西北师范大学, 2006.

[16] 林刚. 促进学龄前儿童发展的幼儿园文化景观设计[J]. 杭州师范大学学报 (社会科学版), 2013, 35 (2): 128-131.

[17] 郑娟霞. 幼儿园文化建设中园长角色的叙事研究[D]. 兰州: 西北师范大学, 2015.

[18] 靖东阁. 我国教师行为文化的实然诊断、原因分析与对策探究[J]. 基础教育, 2010, 7 (11): 32-35+46.

[19] 王蕊, 金玲. 幼儿教师职前师德养成机制探究: 基于《新时代幼儿园教师职业行为十项准则》的思考[J]. 陕西学前师范学院学报, 2019, 35 (7): 102-106.

[20] 汪丽. 融合田野课程理念的幼儿园文化培育[J]. 学前教育研究, 2005 (9): 31-32.

[21] 李庆彩. 本土文化融入幼儿园文化建设的探索与实践[J]. 中国农村教育, 2019(1): 52-53.

[22] 胡华. 回归儿童生活: 幼儿园课程建构的本质[J]. 甘肃社会科学, 2019(5): 230-236.

[23] 陈纳. 体验的类型—层次: 重新理解幼儿园课程的本质及其教学[J]. 江苏幼儿教育, 2014 (1): 59-62.

[24] 郑三元. 论幼儿园课程的本质[J]. 学前教育研究, 2005 (3): 5-8.

[25] 严仲连. 事件: 幼儿园课程的资源与本质: 对一种新课程观的阐释与理解[J]. 学前教育研究, 2004 (Z1): 49-51.

[26] 胡婉丽. 组织文化测量模型、测量工具与实践述评[J]. 南京理工大学学报 (社会科学版), 2012, 25 (1): 119-124.

第七讲　幼儿园文化建设基本路径与方法（上）

本讲要点

> 1. 宏观影响视角下幼儿园文化建设的基本路径是：营建连接幼儿人地关系的教育空间、承续连接幼儿古今关系的历史传统和规范连接幼儿群己关系的社会交往。
> 2. 宏观影响视角下幼儿园文化建设的基本方法是：科学规划、实施与评价通过教育空间、历史传统和社会交往等整体结构化方式直接或间接影响幼儿"童文化成"的系统适宜性干预举措。

关键词

幼儿园文化　建设路径　建设方法　教育空间　历史传统　社会交往

第七讲　幼儿园文化建设基本路径与方法（上）

第一节　营建连接幼儿人地关系的教育空间

幼儿园"人文化成"过程是现实空间中并序式适应生成和历史时间中顺序式继承生成的统一。首先，我们需要考虑的是如何营建幼儿园教育空间以支持其主体在现实空间中展开并序式适应生成。

一、区位分析与区域分析

特定幼儿园的具体存在首先是一种追求"天人合一"（人类效法和顺应自然）的特定空间适应存在，即区位存在或区域适应存在，具有占有场所、位置、布局和因素关系等方面的含义，其本质是附着在一定空间或场所的所有生产或服务要素的组合。严格来说，"区位"对世界的认识是无法改造状态下的非均质性，主要关注实体构成要素的丰裕度，侧重强调空间条件选择和优化配置；而"区域"对世界的认识是可以改造状态下的均质性，主要关注虚拟构成要素组合所表现出来的外部性，侧重强调区域发展和空间资源配置。当代区域研究主张人类可以有限改造世界，重视空间构成要素实体非均质性和虚拟均质性以及实体要素丰裕度与虚拟要素综合外部性之间的多样化结合，应当合理选择区位并促进区域整体发展[1]。

特定幼儿园在教育空间营建方面，首先面临的问题是如何自发或自觉地推进基于具体区域分析（或区位分析）的应对措施。基于具体区位分析的特定幼儿园教育空间营建，应坚持"独立自主"的工作方针，综合开展区位特征分析和区位因子分析，然后依据比较区位条件优势进行本身建设决策，以形成真正的区位优势。区位特征分析主要包括自然区位（经纬度位置、海陆位置、相对位置、所在地形区、气候区、植被区、土壤区等）、经济区位（邻近区域的人文经济状况）、交通区位（区域连接性）、战略区位（长远的全局性部署建设地位），区位因子分析主要包括自然因子（地形、气候、水文、生物和土壤等）和人文经济因子（农业、工业、交通、人口、市场和政策等）。在同一特定区域中，城区幼儿园类型与乡村幼儿园类型均有各自的比较区位条件优势，前者主要体现在经济社会要素聚集丰裕度上，而后者主要体现在自然生态要素聚集丰裕度上。二者在比较区位优势形成过程方面，通常都需要经过本土资源导向阶段、惯性优势导向阶段、效率优势导向阶段、规模优势导向阶段和生态优势导向阶段。基于具体区域分析的特定幼儿园教育空间营建，应坚持"统一战线"的工作方针，需要进一步对所在区域发展的自然条件和社会经济背景区域发展的自然条件和社会经济背景特征及其对区域社会经济发展的影响进行分析；基于地理信息系统或经济空间分析等方法探讨区域内部各自然及人文要素间和区域间相互联系，主要包括区域发展条件分析（含自然条件和自然资源、人口与劳动力、科学技术条件、基础设施条件及政策、管理、法制等社会因素分析）、区域经济分析（含区域经济发展水平、所处发

---

[1] 张永恒，郝寿义. 从区位论的演化看区域的本质[J]. 区域经济评论，2016（4）：110-114.

展阶段、区域产业结构和空间结构等分析)和区域发展分析(含经济、社会和生态环境三个方面并以三者综合效益作为区域发展分析中判断是非的标准),从而引导其正确认识和处理本园系统与所在区域环境的相互作用与协同发展关系。在明确区域发展所处阶段与所属类型(如先进稳定型、先进波动型、落后波动型、落后稳定型)的基础上,研究规划本园转型发展战略,特别是考虑是否参与建立区域园所协作联盟、区域教研联盟、教师专业发展共同体、教师与家长联谊会、城乡结对帮扶机制、"名园+"、校—地—园合作机制等开放合作组织或机制。总之,明区位优势以谋个性独立发展,明区域特征以求合作共同发展,是教育空间营建的必然路径选择。

二、综合配套与整体融合

"综合"是指以某种思路或方法把意识或思维的对象的各个部分与属性联合为一个整体,从认识层次上看,依次表现为感觉综合、静态理论综合(结构综合)、动态理论综合(生态综合)和科学综合(含多学科综合与学科内综合)。"配套"是指以某种思路或方法把与一件事物相关的若干事物或因素组合成为一个整体。简而言之,功能空间的综合配套(多维连通)是幼儿园教育能够回应与支持幼儿直接具体学习方式的客观前提或"源头活水",更是所有幼儿园杜绝小学化倾向的硬核保障。关于特定幼儿园教育空间综合配套水平,按照系统自组织和环境压力双维度组合象限分析,依次可以划分为低压力—低自组织、高压力—低自组织、低压力—高自组织、高压力—高自组织水平。在幼儿园教育的基本使命为支持儿童享有成长、成人和成功的美好生活意义假设下[1],将会推动幼儿园教育主体必须创造相对完整的空间系统以支持儿童作为积极行动者或特定社会关系生产与再生产者来具体实现整全发展[2][3]。从特定幼儿园日常运行角度看,需要以教育质量达成提升为主线,围绕公认的教育政策体系实施和师幼互动过程,分步循序、本土式综合配套必要的人力、物力、财力和信息等资源,重在建立和完善相关资源配置结构,从而为进一步整合诸多类型教育空间提供自组织力量。从微观环境支持角度看,需要以儿童日常生活轨迹为主线,杜绝空旷和拥挤这两个极端,依次本土式综合配套家庭空间、园所空间、社区空间和自然空间,从而动态构建出丰富多彩、张弛适宜的儿童日常生活世界。从宏观环境支持角度看,需要以支持儿童日常生活中物质、能量和信息循环持续为主线,依次本土式综合配套自然(资源)空间、经济(生产)空间、政治(分配)空间、服务(消费)空间、社会(交往)空间、文化(传承)空间和信息(协同)空间,从而动态构建出儿童非日常生活世界。从泛在与深度学习支持角度看,需要以儿童日常身体叙事为主线,依次本土式综合配套物理(家庭—园所—社区、自然)空间、社会(私域和公域)空间、文化(历史记忆、民俗习惯、时尚流行)空间和精神空间(环境感知、场景体验、情景想象、心境状态、意境认识和境界认同),从而动态构建出儿童身心整全发展世界。从科学保教角度看,需要以儿童身心成长时序节律为主线,适度动态拓展连通更大范围的真实社会空间和真实自然空间来综合配

---

[1] 郑楚楚,姜勇,王洁,等. 公办学前教育资源区域配置的空间特征与均衡程度分析[J]. 学前教育研究,2017(2):17-26.
[2] 刘旭东,王稳东. 儿童美好生活与教育空间的重构[J]. 西北师大学报(社会科学版),2019,56(2):95-102.
[3] 丁月芽. 行动者的空间:甲左村变迁的教育人类学研究[M]. 桂林:广西师范大学出版社,2016:8-12.

第七讲　幼儿园文化建设基本路径与方法（上）

套相对封闭的已有真实学习空间和虚拟学习空间[1]。对特定幼儿园来说，这是一个是否有计划与经常性地为支持儿童获取有益完整经验而"走出去"（直接亲近真实情景体验）和"请进来"（仿真情景微观再造）来实施"真教育"的问题，以及是否坚持以"大自然"和"大社会"为"活教材"来实施"活教育"的问题。

三、建筑布局与设施配备

显然，幼儿园教育空间是特定有形物质（自然或人工）空间与特定无形关系（社会或精神）空间的复合体系[2]。其中，特定有形物质空间不仅具有自身独特支持功能，而且还是特定无形关系空间的物质载体或交互中介。因此，幼儿园教育空间营建需要在区位分析或区域分析和综合配套规划基础上，优先推进以儿童为本位、活动单元优化、色彩亮丽和谐、造型生动有趣、支持交往互动、细节安全保障的特定有形物质空间建设[3]。首先，需要宏观优化特定幼儿园的建筑布局，如强化空间联系、营造层次空间、构建多变空间、创新空间社会功能[4]等。应秉持新时期科学儿童教育观和建筑设计观，区分两种基本情况予以讨论：一是在执行国家建筑规范的基础上进行特色规划设计建设，二是在现有建筑布局基础上进行特色改造设计建设。由于我国在2016年正式出台《幼儿园建设标准》（建标175—2016）和《托儿所、幼儿园建筑设计规范》（JGJ 39—2016），因此绝大多数幼儿园都是本地自行设计或改造设计的产物。

根据幼儿科学保教需要，参考国际经验做法，从适应不同教育模式的角度看[5]，特色规划或改造设计建设的共性方向为：一是坚持"天人合一"的基本理念，积极推进充分体现鲜明地域自然生态特征、"大封闭安全区域"与"人工—自然开放连续环境"有机融合的现代幼儿园绿色建筑布局[6]；二是坚持"继承创新"的基本理念，积极推进充分体现鲜明地域历史文化特征、"浓郁风俗习惯"与"时代潮流风尚"有机融合的现代幼儿园民俗建筑布局[7]；三是坚持"健康适宜"的基本理念，积极推进充分体现先进科技美学特征、"安全可靠物理性能"与"简易便利内外部空间使用性能"有机融合的现代幼儿园科技建筑布局。其次，需要微观优化特定幼儿园的设施配备，如在建设经费预算约束下明确质量标准、确定适当数量、理顺结构关系、制定使用规范等。专业设施（含场地、设备和器械等）是达成幼儿园教育目标和任务的主要依托和具体载体，直接影响着幼儿园教育质量特别是幼儿身心健康。从依法办园的意义上看，优化特定幼儿园的设施配备问题，首先是合法安全与伦理审查[8]（如知识产权和师幼隐私保护[9]）问题，其次是达标配备和正常使用的问题，再次是自主配备和效能提升的问题，最后是设施监测与价值评估问题。从科学办园的意义上

---

[1] 希尔兹. 空间问题：文化拓扑学与社会空间化[M]. 谢文娟，张顺生，译. 南京：江苏凤凰教育出版社，2017：1-16.
[2] 张曦木. 幼儿园建筑多义空间研究[D]. 沈阳：沈阳建筑大学，2016.
[3] 张美建. 幼儿园建筑规划设计的合理性和科学性分析[J]. 城市建筑，2014（6）：24.
[4] 张园. "老"有所养，"老""幼"所乐[D]. 廊坊：河北工业大学，2015.
[5] 杜加明. 不同教育模式影响下的幼儿园建筑研究[D]. 长春：东北师范大学，2014.
[6] 田慧峰，刘凯英. 绿色幼儿园建筑评价方法与研究试点[J]. 建设科技，2013（12）：47-49.
[7] 谢雅辉. 传承传统民族文化背景下的幼儿园建筑设计探讨[J]. 美与时代（城市版），2016（11）：36-37.
[8] 李克勤，袁小平. 伦理：幼儿园管理的新视角[J]. 学前教育研究，2008（1）：25-27.
[9] 郭婷. 性别、隐私和规训：幼儿园如厕文化的叙事研究[D]. 桂林：广西师范大学，2016.

看，在安全、保健、信息和电教等基础设施配备的基础上，应重点考虑以幼儿园课程基本类型实施为主线，予以分别细化完善配备相应的生活设施、运动设施、游戏设施、学习设施、区域设施和手劳设施等。其中，迫切需要以具体时间、地点和条件为前提，正确处理以下八类结构性关系：一是达标设施设备购置安装与园本设施设备自主研制；二是幼儿教师独立或合作研制与师幼合作或互动研制；三是户外空间设施设备配置与室内设施设备配置；四是耐耗设施设备安全保养与易耗设施设备动态更新；五是高新科技设施设备配置[①]与历史或民族传统设施设备配置；六是高结构设施设备材料配置与低结构设施设备材料配置；七是各类设施设备之间的功能空间界分与空间连通；八是各类设施设备之间的专属利用与转化共用[②]。从长远发展趋势来看，随着人类步入人工智能新时代，特定幼儿园的设施配备将面临更多的科技伦理审查与综合效益评价。

四、形象标识与象征隐喻

形象是指特定对象能够激发人们思想或感情活动的具体形态或姿态，也是人们对特定对象实力、活力和发展前景的具体感知、总体看法和综合评价。随着人类对形象问题社会区分功能和品牌价值认知的深入，对于国家、区域、个体、机构、群体、组织和个体的形象塑造特别是品牌塑造日益重视。实施形象塑造的首要任务是标识形象，即通过特定标志以及识别系统来展现特定对象的独特形象。特定幼儿园的形象识别系统（identity system）一般由基本要素系统和应用要素系统构成，前者主要包括幼儿园的名称、标志、标准字体或专用字体、标准色彩、图案、雕塑、造型、吉祥物和保教标语口号等，后者主要包括幼儿园的各类办公事务用品（如信封、信纸、便笺、名片、徽章、工作证、请柬、文件夹、资料袋等）、内外建筑环境设计（如建筑造型、旗帜、门面、招牌、公共标识牌、路标指示牌、部门标识牌等）、交通工具、服装服饰、赠送礼品、陈列展示、印刷出版物、新媒体应用等。幼儿园的形象识别系统应本着战略性、民族性、个性化和整体性基本原则，从理念识别（mind identity）、行为识别（behaviour identity）和视觉识别（visual identity）三个基本维度，总体上按照实态调查、概念确立、设计作业、导入应用四个基本阶段，有意识、有计划地将自身的各种特征向社会公众主动地展示与传播，以获取公众标准化又差别化的印象和认识。

象征是指用某种具体事物表现某些抽象意义或典型特征，或用以标记某种不可见的观念或风俗。隐喻是指文学修辞学意义上的隐含性比喻，或思维能力意义上的体验式概念理解，即用一种已知事物来理解和经历另一种未知事物的形象类比，具有鲜明的主体创造性特征[③]。在幼儿园教育空间营建过程中，特定幼儿园还需要高度重视自觉依托本园建筑、设施设备和形象标识，创设一系列的"象征体"或"喻体"，重点支持幼儿建立具体事物与抽象意义（抽象本体）以及已知事物与未知事物（具体本体或抽象本体）之间的某种关联（映射），更好支持幼儿获取完整经验和增强对未知世界的理解深度。在"象征体"创设方面，

[①] 胡雨霞，章文熹. 幼儿园场景下的儿童可穿戴智能设备设计研究[J]. 大众文艺，2018（1）：52-53.
[②] 樊丽娜，时东方. 关于人工智能时代幼儿园教育活动的思考[J]. 长春师范大学学报，2018，37（11）：141-143.
[③] 莱考夫，约翰逊. 我们赖以生存的隐喻[M]. 何文忠，译. 杭州：浙江大学出版社，2015.

特定幼儿园首先应充分落实以办园理念为指导思想，以"讲好与传播幼儿园故事"为主线，从户外空间到室内空间统筹部署各类密切关联的象征造型、雕塑、图案和物件等；其次，应充分考虑支持专业保教活动特别是公共礼仪活动[①]（如幼儿园入园与毕业仪式）开展而提供一系列象征设备（如吉祥物、彩色气球、心愿卡、心愿墙、播种园地），并鼓励幼儿教师在教育活动组织中较多运用借助隐喻语言来激活幼儿思维以改进教育效果[②]的工具、道具和材料，尤其是富象征意义的视听影像[③]。在"喻体"应用方面，不仅应当鼓励并帮助幼儿通过"图示绘画"来"获得隐喻"，更应重视引导幼儿通过"自主绘画"来"参与隐喻"[④]，还应鼓励幼儿教师创作心像隐喻图画，以隐喻图画为工具绘制教师自我形象，以隐喻图画为载体促进教师专业反思，以隐喻图画为依据评价教师专业实践[⑤]。

第二节 承续连接幼儿古今关系的历史传统

继承与创新是人类社会文化演进的基本方式之一。对非新建的特定幼儿园来说，在其开展科学保教活动过程中，始终面临着如何秉持"中和位育"的保教气度，本着支持幼儿直接参与体验的原则，明确为何与如何依托自然生态时间、社会事件时间、人生礼俗时间等诸多时间叙事载体[⑥]实现对所属民族文化传统与本园文化传统的双重继承。

一、公共仪式

仪式通常是指特定时代社会礼仪活动的秩序形式，其基本行为类型包括礼节、典礼、巫术、礼拜、庆祝等，通常具有正式或强制社会交往、意识形态和语言特征。它以一种社会事件时间叙事的方式在社会和个人、历史、现在、未来之间架起可见可感的桥梁，整合成某种社会意义统一体，并通过富有感染力的相应行为构筑了日常生活和社会再生产的实践方式，一定程度实现了社会群体及其成员之间的结构、交融、转换的交替性体验，以构建和维持某种社会秩序。迄今为止，人类学各流派以及传播学有关领域均对仪式理论与实践开展了深入研究并给出独特解释，分别强调了仪式的神话起源、社会规训、符号交通、互动感知、表演欢娱、象征隐喻、历史记忆等内涵功能[⑦]。

幼儿园公共仪式行为类型主要包括全园或班级规模性的典礼、庆祝、礼节和保教等仪式，均有支持幼儿社会学习的独特教育价值。为了充分发挥公共仪式的历史传统承续功能，特定幼儿园首先需要遵循幼儿身心发展规律进行总体统筹规划与分阶循证实施。一般宏观垂直结构关键环节应包括入学典礼、学年起止典礼、学期起止典礼、重大节日或重大事件

[①] 缪学超. 幼儿园公共仪式的教育人类学研究[D]. 长沙：湖南师范大学，2016.
[②] 胡良杰. 解构影像系统中视听语言的象征性元素：基于《再见了，我们的幼儿园》的个案分析[J]. 电视指南，2017（8）：42-43.
[③] 周洁. 隐喻在幼儿园活动组织语言中的运用[J]. 幼儿教育研究，2018（3）：11-13，22.
[④] 宋茂蕾，赵家春. 从图示绘画到自主绘画：幼儿情境学习的模式变革[J]. 南京晓庄学院学报，2016，32（4）：46-50.
[⑤] 唐荣，钱兵. 隐喻图画视域下幼儿园教师自我心像的调查与思考[J]. 现代基础教育研究，2019，36（4）：119-125.
[⑥] 房静静. 人类学视域下的时间与仪式[J]. 内蒙古民族大学学报（社会科学版），2019，45（4）：44-49.
[⑦] 彭兆荣. 人类学仪式的理论与实践[M]. 北京：民族出版社，2007.

庆祝和毕业典礼仪式。其次，需要依托幼儿在园一日生活常规计划组织与渗透实施，持续推进礼节的习惯化和保教的仪式感[1]，重视循环完善，包括过渡结构、符号秩序和互动结构在内的各类具体仪式结构系统，支持幼儿动态构建社群秩序与历史记忆，并逐步强化其集体归属感（被组织关怀与尊重）与身份认同（包括童年认同与族群认同）。再次，需要顺应幼儿心理发育和学习方式特征，强调公共仪式有意思与有意义的融贯平衡，适当特别增强某些游戏或"魔法性"（即神秘性）形式环节，切实满足幼儿的好奇心与参与体验的积极性。最后，需要坚持与时俱进的立场，因时制宜，因地制宜，努力创新发展公共仪式的内涵与形式（"新瓶"装"老酒"或"新酒"），例如可以充分应用新媒体技术特别是人工智能技术，积极创设与推广新时代幼儿喜闻乐见的移动场景背景下的社会交往"媒介仪式"[2]，以构建虚实融合的泛在文化认同空间。

二、节庆活动

节庆活动一般是指在不同的国家、民族、区域或组织机构的长期生产生活实践中产生，在特定日期或时间区间，以特定主题活动方式举办，具有鲜明地方特色、广泛社群基础和较长历史传统的大型文化活动。节庆活动从结构形式上可以分为单一性和综合性节庆，从时代属性上可分为传统节庆（如春节、清明、端午、中秋等）和现代节庆（如妇女节、劳动节、儿童节、国庆节等），从内容属性上可以分为庆贺、纪念、社交游乐、文化或体育旅游、商贸、会展等类型节庆，从地域属性上可以分为国家、民族、地方、机构等类型节庆，具有政治、经济、文化和教育等多样性功能价值。

在更好发挥节庆活动的历史传统承续功能方面，特定幼儿园需要深入认识与正确处理节庆活动与园本课程建设的关系：首先，应把可选用各类节庆活动特别是本土节庆活动作为园本课程建设的重要历史文化鲜活资源及其文化生态底蕴[3]，本着区域生态系统性、多学科领域整合式和本土生产生活实践全链性原则进行精选统筹与设计开发。其次，应坚持以幼儿为中心，以自然生态时间（四季节气和一日生活）为主线，贯彻"教师后台预成推进、幼儿前台生成体验"的基本原则[4]，在跨界融合思维视野下，有目的、有计划地具体设计与组织实施多领域整合式特色节庆单元、区域或项目主题教育活动（例如二十四节气主题课程活动[5]），切实支持自主参与学习与探索体验，于节日活动浸润之中惊叹仁人先贤和人民群众的智慧创造，增强热爱生命、生活、劳动、家乡、民族和祖国之情。冉次，应高度重视节庆活动氛围营造和幼儿生活经验积累，在家长和社区密切配合下，酌情分别采取"走出去"或"请进来"参与体验的组织实施模式。最后，应充分发挥幼儿教师在特色节庆主题教育活动组织实施全过程中的"穿针引线"和随机指导作用，特别是基于师生之间"深度聊天"，支持幼儿构建包含历史传统经验习得、关联、反思、协作、实操和微创新等环节

---

[1] 刘伟兵，龙柏林. 仪式感如何生成：仪式发挥文化功能的运行机理研究[J]. 西南民族大学学报（人文社科版），2020，41（2）：26-34.
[2] 曾一果，朱赫. 记忆、询唤和文化认同：论传统文化类电视节目的"媒介仪式"[J]. 现代传播，2019，41（3）：92-98.
[3] 陆蓉. 节庆文化在幼儿园课程中的开发与利用[J]. 中国教育学刊，2013（7）：39-41.
[4] 陶纪秋. 跨界融合思潮下"幼儿在前，教师在后"园本课程的实践：以幼儿园大型节庆活动为例[J]. 华夏教师，2019（6）：11-12.
[5] 涂远娜. 基于文化传承背景的幼儿园节庆教育活动的实践研究[J]. 开封教育学院学报，2019，39（7）：216-217.

第七讲　幼儿园文化建设基本路径与方法（上）

要素构成的深度学习链。

三、民俗体验

民俗是指一个民族或一个社会群体在长期的生产实践和社会生活中逐渐形成并在人际和代际之间较为稳定传承的民间风尚习俗，亦可称之为民间文化，是特定社会意识形态与民族文化遗产的重要组成部分。民俗具有鲜明的时代性、地区性、行业性、阶级性和模式化等典型特征，总是在相对稳定中变异并在移风易俗中生存和发展。

中外民俗学者对于民俗曾有不同分类[1][2]。从民俗所归属的生活形态出发，大体可以把民俗分为物质生活民俗（主要包括生产、工商业与生活消费类系列民俗）、社会生活民俗（主要包括社会组织、岁时节令、人生礼仪类系列民俗）、精神生活礼俗（主要包括地方语言、制度契约、文学艺术、游戏娱乐和信仰观念类系列民俗）。随着时代变迁，特别是民俗文化产业发展，以乡土社会为主要阵地的优秀民俗传承面临诸多挑战，以至于迫切需要抢救保护。

在更好发挥民俗体验的历史传统承续功能方面，特定幼儿园需要努力克服目前"混杂化""碎片化""浅层化""松散化"等问题，可以考虑按照以下思路改进提升：首先，应加强本土民俗综合或分类调查研究，基本摸清本土民俗资源家底，优先明确独特和优势民俗类型、文化内涵与精华元素。其次，应根据园本课程建设总体规划，以培育幼儿本土文化之根为基本价值导向，以培养幼儿文化理解与传承素养为核心教育目标，充分辨识本土民俗中精华部分与糟粕部分，建议按照"一园一类民俗为主"和"一班一品民俗为主"采取整合式单元或区域或项目主题课程设计与实施的原则[3]，遴选最具代表性的本土民俗精华，严格审查纳入本园本班的个体、年龄、性别等方面的匹配适宜性或民俗文化与园本课程本体、内容、情境等方面的耦合性[4]，积极探索以地方代表性物产为中心载体，涵盖生产、加工、交换和消费等环节，融贯物质、社会和精神生活民俗的特色产业链课程叙事。再次，应充分考虑民俗主要依靠人际和代际之间耳濡目染、言传身教途径传承的课程情境依赖性与时代发展性，积极借助现代信息技术特别是新媒体传播手段[5]，大力推进有利于民俗精华元素进课程的环境创设[6]，特别是精心创建支持幼儿自主参与深度沉浸体验的"微社会场景"[7]。最后，深刻认识到家庭是社会的基本功能细胞，社区是社会的基本治理单元，因而是本土民俗传承的基本文化空间单元，较之幼儿园更适合幼儿日常参与体验，因此幼儿园应以"大社会为活教材"的保教理念，高度重视联合家庭和社区，共同在鲜活的日常生活世界之中自然舒展地开发与实施园本民俗课程[8]。

---

[1] 杨秀丹，苏娜. 国外民俗分类发展综述[J]. 图书情报工作，2007（6）：59-61，36.
[2] 王燕妮. 中国民俗类非物质文化遗产分类研究[J]. 湖北民族学院学报（哲学社会科学版），2017，35（2）：115-120.
[3] 刘芬. 幼儿园民俗课程班本化的实践探究[J]. 内蒙古教育（职教版），2014（6）：35.
[4] 李卫英. 民俗文化与幼儿园园本课程的耦合逻辑与实现路径[J]. 齐齐哈尔大学学报（哲学社会科学版），2018（1）：177-179.
[5] 虞旭侃，钱明艳. 信息技术助推幼儿园民俗课程建设之探索[J]. 华夏教师，2017（5）：78.
[6] 张卫民，曾虹，詹霞. 基于民俗文化传承的幼儿园环境创设[J]. 学前教育研究，2011（6）：57-59.
[7] 李丽云. 领家长进入专业教育场[N]. 中国教育报，2019-11-03.
[8] 楼晏卿. 幼儿园利用家庭和社区资源进行民俗传统节日教育的研究[D]. 上海：华东师范大学，2010.

四、阅读推广

　　狭义上的阅读通常是指特定社会个体有目的地从视觉材料（包括文字、图片、符号、公式、表格和影像等）中主动获取信息或知识并展开理解、鉴赏、想象、评价和探究相关抽象或形象思维的间接继承性学习行为及其过程。广义上的阅读则把学习对象拓展为直接的自然、社会乃至精神世界[1]，把学习载体拓展为视、听、触、嗅、味等全感觉材料以及多媒体材料，把学习思维拓展到认知、情感、意志、信仰和实践等更为广泛的复杂领域。在阅读行为基本分类方面，以阅读媒介形式为标准可以分为纸质媒介阅读、数字媒介阅读和复合媒介阅读；以阅读目标功能为标准可以分为消遣性阅读、记忆性阅读、理解性阅读、评价性阅读、创造性阅读和探测性阅读等；以是否出声音为标准可以分为朗读、默读和视读；以阅读速度的快慢为标准可以分为速读（包括以整体感知为特点的线式阅读、面式阅读、图式阅读等）和慢读（包括听读、朗读、默读等）；以阅读效率的高低为标准可以分为精读（工作、学习和考试复习任务式）、速读（全文获取有用信息式）、略读（概要式）和泛读（无明确目标式）。作为间接继承性学习方式的阅读行为，在人类社会文明形态演进过程中架起了继往开来的现实桥梁和交流枢纽，具体实现着特定民族历史文化传统的重演迭代，直接影响着特定民族精神发育过程，因此，阅读被普遍认为应当是一种自成目的性的日常生活方式之一。然而由于诸多复杂客观与主体障碍因素的存在，"全民阅读"总是需要来自全社会力量的"推广干预"。

　　为了更好发挥幼儿阅读的历史传统承续功能，特定幼儿园需要积极开展顺应幼儿身心发展规律的幼儿阅读推广干预：首先，应牢固树立"大阅读观"和"生态阅读课程观"，统筹规划"书香幼儿园"基础设施（自建、联建或众筹建设儿童图书馆、图书室或图书角等）和突出优秀传统文化内容的园本特色阅读课程建设，大力推进支持幼儿更多直接户外观察自然和社会现象与室内多途径、多媒介、多内容类型绘本阅读活动的有机融合配套；其次，应考虑以幼儿教师为主体，以幼儿家长和社区志愿者为补充，努力培养建立一支专业水平较高且结构较为合理的分级儿童阅读推广人团队[2][3]（包括初级、中级、高级和专家级推广人），从理念、材料、方法和评价等方面对于幼儿个体或群体进行系统的阅读推广指导，特别是针对特殊儿童或流动儿童予以阅读援助与辅助疗愈[4]；再次，应优化现实与虚拟融合的新时代幼儿阅读环境，主要依托语言领域教育，特别是以儿童文学与艺术活动（儿童电影赏析）为基础，精心策划并设计充分支持幼儿直接感知、实际操作和亲身体验的多教育领域整合的单元、区域或项目式特色阅读主题活动[5][6]，例如朗读活动[7]、绘本漂流、绘本+玩

---

[1] 曼古埃尔. 阅读史[M]. 吴昌杰，译. 北京：商务印书馆，2002.
[2] 徐变云. 学前教育专业儿童阅读推广人培养方式研究[J]. 四川图书馆学报，2019（1）：61-64.
[3] 张桂兰. 幼儿园"链动式"阅读共同体的探究[J]. 上海教育科研，2014（1）：78-79.
[4] 潘悦. 学龄前儿童情绪管理中的交互式阅读疗法实践[J]. 图书馆研究与工作，2019（7）：47-52.
[5] 毛敏华. 幼儿园"早期阅读+"模式的实践研究[J]. 江苏教育研究，2019（Z1）：72-75.
[6] 张丽，熊伟，惠涓澈，朱蕊. 公共图书馆学前儿童阅读推广模式构建探究：以西安图书馆为例[J]. 图书馆论坛，2014，34（9）：51-57.
[7] 阿甲，徐凡，唐洪. 中国父母最应该知道的儿童阅读100个关键问题[M]. 北京：北京出版社，2006.

具[①]、手工或故事剧表演和哲学讨论等；最后，高度重视在文化前喻、文化并喻和文化后喻等多元传承视角下，加强幼儿阅读社团建设并支持幼儿群体自主协商开展相关民族传统文化探究性或审美性阅读活动，鼓励建设书香家庭和书香社区并自主开展亲子阅读（含隔代亲子阅读）、伙伴阅读、社区共读和图书馆阅读等活动，合力推进幼儿形成日益浓厚的阅读兴趣和良好的阅读习惯。

五、博物馆教育

博物馆一般是指专门征集、典藏、陈列和研究代表自然和人类文化遗产、向公众永久性开放并提供知识、教育和欣赏的非营利性公共文化教育机构或场所。自产生以来，博物馆发展形态日益多类型化、多衍生化、聚落化和集群化。在博物馆分类方面[②]，以收藏特色与功能差异为标准，博物馆可以分为历史、艺术、科技、综合或特殊等类博物馆；以观众对象为标准，博物馆可以分为综合性博物馆、教育性博物馆和专业性博物馆；以运行载体和互动媒介为标准，博物馆可以分为实体博物馆和数字博物馆。近代以来，儿童博物馆建设开始兴起，且越来越多的各类博物馆均关注和强调面向儿童提供专门的体验与教育服务[③]。现代博物馆的收藏已经从传统的文物（宝物）拓展至自然社会精神标本特别是自然和人类文化遗产的广阔范围，被公认为最重要的人类社会特别是民族传统文化资源宝库之一，以及新时代社交货币之一[④]。现代博物馆以公开展示和开放教育为核心功能，具有繁荣文化、重振经济和彰显政治等多样化的社会价值。

在更好发挥博物馆教育的历史传统承续功能方面，特定幼儿园除了继续充分利用本国特别是本土各类博物馆教育资源之外，迫切需要探索创新，努力建设园本特色儿童博物馆教育课程体系。首先，应考虑开创性地确立幼儿园历史学科领域教育，积极推进历史传统与幼儿生活的连接，强化幼儿时间经验和博物意识，引导幼儿基于直观参与互动学习方式来关注和探究事物的顺序变化及其多样性[⑤]，支持其自主开展丰富多彩的历史文化或科学技术类区域或项目主题活动[⑥]。其次，在谋划明确本园历史或相关领域教育目标和具体任务的前提下，积极联合本土博物馆（优先儿童博物馆，包含自然和文化遗产保护机构）教育部门，充分利用其儿童展区或教育项目，精心规划与实施全参观链式博物馆教育活动，例如参观前的信息发布、教育素材提供、在线资源与互动体验、教师培训和课堂展示等，参观时的导览解说、交互体验、节目表演、实验操作、文创手工和互动探索等，参观后的网络联动、志愿实习、巡回展览和社区服务等[⑦]。再次，应高度重视组建适当吸收高校、文博、民俗等专业团体顾问指导的跨学科课程开发团队，明确面向深邃博雅通识启蒙的整合式项

[①] 潘丽敏. 木制玩具：助力儿童阅读推广[J]. 图书馆杂志，2016，35（4）：69-71，85.
[②] 阿姆布罗斯，佩恩. 博物馆基础[M]. 郭卉，译. 南京：译林出版社，2016：8-105.
[③] 忻歌，宋娴，吴为昊. 美国儿童博物馆教育功能的发展与演变[J]. 外国中小学教育，2011（1）：24-27.
[④] 孙亚云，王凡. 营销沟通视角下博物馆文化创意产品设计及推广研究：以故宫博物院为例[J]. 文化艺术研究，2018，11（2）：1-7.
[⑤] 黄晓宏. 博物馆教育与学前教育的对接[J]. 中国博物馆，2017（2）：65-69.
[⑥] 王旦. 课堂的拓展：中英博物馆教育比较研究[D]. 无锡：江南大学，2017.
[⑦] 郑奕. 博物馆教育活动研究[M]. 上海：复旦大学出版社，2015.

目主题课程定位，坚持探究导向、创造取向、项目组织、整合拓展、深度学习、持续促进等课程原则，积极创设或利用真实或仿真社会生活与工作情景（例如具有独立场所的儿童博物馆、"儿童博物小镇"或"儿童博物社区"、"儿童主题博物区域"等场景建设），优先通过走向亲近博物馆互动教育项目（面向博物馆研学旅行科目化不定期性走出去）以支持幼儿亲近感知，然后通过自建儿童博物馆教育项目（面向历史文化遗产项目化系统性请进来）以支持幼儿实操体验，进而通过儿童博物馆教育活动体系建设（以提升课程品质为核心）以支持幼儿完整经验。最后，应充分结合各幼儿园发展阶段与实际条件，积极创新、整合、创造价值取向园本课程特别是儿童主题博物馆教育活动组织与实施的新形态[1]，可以考虑在不同的班级里经师幼讨论各研究确立一个博物教育主题（如某种具体动植物、日常食品、日用物品、时间、颜色、声音、光影等适合不同年级的主题），充分发挥师幼两方面的主体性表达，在整个幼儿园室内和户外空间中精心创设激发幼儿兴趣、探索和表征的主题博物馆各区域学习情境，严格遵循计划与决策、探究与表征、寻访与体验、回顾与反思、评量与收藏等基本组织环节[2]，以幼儿在园一日生活为主线，以发展幼儿主动学习能力为核心，鼓励幼儿在主题博物馆各个具体区域的学习合作中发展建构能力，促进幼儿对自然和社会生活的广泛关注和高度热情，着力培养幼儿的学习品质和心智[3]。

第三节 规范连接幼儿群己关系的社会交往

经过长期适应性进化，人类逐步选择并先后确立了原始社会、农业社会、工业社会和信息社会等形态。根据马克思主义理论，人的现实本质是"一切社会关系的总和"，其形而上本质是"自由的自觉的活动"。任何个体的"人生在世"都必须主动或被动地处理人与自然、人与社会、人与自我的复杂关系。这就客观需要基于相互柔性约定和外在强制约束的路径逐步建立和遵循由特定时代的道德、纪律、政治、法律、国际交往、礼仪等社会交往规则要素构成的行为规范系统，来协调人们的社会合作或冲突行为和维护正常的社会秩序。

一、道德启蒙

道德，是指经过特定时代长期宣传教育和社会舆论影响而形成的人们共同遵守的行为准则和规范，是具有一定的民族性、阶级性的社会意识形态，有力维护着国家统一、民族团结和社会稳定。一般认为，道德起源于人类社会在长期人际交往和协作交往中积累下来的理智化解决复杂社会冲突的风俗习惯。每个国家和民族都有自己独特的道德传统。例如，中华民族的优良道德传统有：重视国家和民族整体利益，强调责任意识和奉献精神；恪守"仁义礼智信"，讲求"温良恭俭让"，崇尚"忠孝廉耻勇"；重视"自强不息，厚德载物"，倡导"格物、致知、诚意、正心、修身、齐家、治国、平天下"的系统践履等。对于特定

---

[1] 苏醒. 农村中小学生的博物馆教育研究[D]. 昆明：云南大学，2017.
[2] 宋宜，王艺澄. 儿童主题博物馆的创设与教育[J]. 学前教育研究，2015（9）：67-69.
[3] 宋宜，霍力岩. 儿童主题博物馆：不一样的探究和艺术表征[M]. 北京：北京师范大学出版社，2016：3-97.

第七讲　幼儿园文化建设基本路径与方法（上）

个体和群体来说，其道德知行方式通常会涉及道德传统影响、道德意识出现、道德教育干预、道德观念形成、道德情感体验、道德意志体现和道德习惯实践。

根据皮亚杰相关研究，儿童认知发展（事实判断）是道德发展（价值判断）的必要条件，儿童道德发展的前道德阶段（0~2岁）对应于感知运动阶段（0~2岁），道德他律阶段（3~8岁）对应于前运算阶段（3~7岁），道德自律阶段（9~14岁）对应于具体运算阶段（7~12岁）和形式运算阶段（12~14岁），经过道德他律阶段和道德自律阶段是儿童道德发展的基本规律[1]。所有幼儿园都应高度重视和科学实施幼儿道德启蒙教育，渗透培育其德性，初步塑造其德行。首先，应系统总结我国近现代以来幼儿德育经验教训特别是"训育"主张[2]，坚持"无教之教"和"有教之教"有机融合的理念，加快从过去泛政治化、刻板灌输、僵化规范等思维向新时代整体人本、多元内发、辩证对话、开放融合等思维的根本转变[3]，正确处理儿童个性需求与教师因势利导、传统道德教育理念与现代道德教育境遇、"经验育德"与"道德教化"的客观矛盾关系，高度重视开展中华民族传统道德教育，切实推进中华民族优秀道德传统承续。与此同时，应当注意结合新的时代条件，明确立德树人的根本要求，坚持马克思主义指导思想，坚定中国特色社会主义共同理想，弘扬以爱国主义为核心的民族精神和以改革开放为核心的时代精神，学习贯彻"社会主义核心价值观"和《新时代公民道德建设实施纲要》总体要求，积极组织幼儿展开自由讨论，引导幼儿扬弃民族传统道德中的落后思想观念，更新构建科学民主、先进鲜活的新时代道德价值观，初步感悟个人品德、社会公德、家庭美德、职业道德和政治品德。其次，应充分尊重幼儿主体地位，坚持幼儿"自我指导"的道德建构目标，以培养幼儿建立和执行规则意识为切入点，以一日生活安排为主线，支持幼儿完成从家庭场所的生活及其前道德发展阶段向社会场所的生活及其道德他律甚至自律道德发展阶段的过渡适应，并为其初步的责任意识和公正感知形成奠定良好基础。再次，应牢固树立幼儿道德自我开发与养成教育的理念[4]，充分依托幼儿园社会领域教育活动，积极创设有利于幼儿、师幼、亲子之间社会交往的情境空间和互动机会，特别是正义取向的班级生活氛围（如座位编排、集体服务、教学提问、特殊排除和非正式评价等）[5]，强调幼儿教师发挥榜样引导、平等协作和随机指导作用，杜绝其片面强调服从管理倾向下烦琐苛刻的规则灌输和高频次的预警提醒，大力支持幼儿自主建构、自由交往和密切合作[6]，探索学习如何理解和处理交往中的协作或人际冲突，引导幼儿逐步区分客观现实世界、社会交往世界和主体经验世界，尝试克服自我中心并进行自我控制，学会选择性建立和自主执行自利利他、分享互惠、平等互助的社会交往常规。最后，应针对目前幼儿德育目标外在化、内容成人化、方法说教式和评价单一化等突出问题，加强面向幼儿"赋权增能"方面德育政策保障，考虑依托丰富多彩的生活、运动、游戏、学习、区域和手工等基本课程类型载体，精心设计和组织实施集体生活、户外劳动、规则

---

[1] 张小莲. 皮亚杰儿童道德发展理论对儿童规则教育的启示[J]. 宁德师专学报（哲学社会科学版），2009（4）：104-106.
[2] 毛君. 民国时期"训育"的本土化实践[J]. 教育学报，2019，15（1）：116-128.
[3] 李彦琳. 改革开放以来我国幼儿道德教育变革研究[D]. 重庆：西南大学，2012.
[4] 张文芳. 幼儿园实施道德教育的有效途径[J]. 学前教育研究，2011（9）：63-65.
[5] 孙春荣，曹能秀. 中日幼儿园道德教育目标与内容之比较：以中日现行《幼儿园教育指导纲要》为分析视角[J]. 文教资料，2007（8）：136-137.
[6] 张丽文. 幼儿园班级中的平等与自由[D]. 金华：浙江师范大学，2011.

游戏、故事教学、参观体验、体育赛事、节日庆典、平等对话和班级讨论等道德教育类整合式主题活动，努力提升幼儿道德发展独立性、自主性、能动性和创造性水平，更好支持其"问题解决导向"的道德实践活动[①]。

二、纪律规训

纪律是指在特定历史时期、社会条件和阶级结构下形成的要求人们在集体生活中必须遵守秩序、执行命令和履行职责的一类强制性行为规则总和。良好的纪律是维系特定范围集体生活内部和外部关系及正常生活方式的重要保障。一般来说，纪律的实施以明确一定的惩罚措施为基础，以施加外来约束达到纠正集体成员行为目的为手段，以形成集体成员对自身行为内在约束为最高追求。对于特定集体成员来说，良好纪律的形成过程是一个由外在强迫他律逐步过渡到内在自律的过程。

幼儿园时期是幼儿初步社会化的关键时期，帮助幼儿树立良好纪律意识，形成良好行为习惯，将为其今后全面发展奠定坚实的社会素养基础。鉴于幼儿身心发育尚未健全，幼儿园纪律教育活动必须全面考量和精心组织。首先，坚持科学审慎的基本原则，充分考虑幼儿行为自控的困难性与失范行为的反复性，深刻反思目前外部约束性、教育主体被动性、纪律制定自上而下性、纪律教育形式化等突出问题，合理确定"情境体验认知与问题解决实践导向下从行为他律、行为模仿向行为自律过渡适应"的幼儿纪律教育核心目标，探索构建主要包括公共秩序维护、失范行为纠正和指令职责履行类强制约束性行为准则的幼儿纪律教育内容框架，积极引导幼儿在生活、运动、游戏、学习等活动中初步感悟纪律遵守与自由实现[②]，特别是违纪事因与惩罚后果的关系。其次，坚持正面教育方式为主，负面教育方式为辅，充分关注幼儿个体差异和保教活动差异性[③]，重点关注个别"问题幼儿"，主要依托幼儿一日生活常规、各种领域教育情境、纪律主题教育活动，特别是若干"关键教育事件"，密切联系道德倡导活动来实现潜移默化，特别是应当充分给予幼儿"工作"自由以有效支持其自主纪律体验与责任感知，以及通过创设肃静课程氛围，让幼儿学会控制自身行为以增强其遵守纪律的持久性[④]。再次，幼儿教师应结合通俗说理，公开、经常性强调纪律规则的权威性和遵守纪律的本分性，但是务必慎用较多教育奖励以减少对幼儿诱导性的正向守纪行为强化现象，依法杜绝容易造成幼儿心理伤害的极端教育惩戒（如不当体罚）以减少其屈服性的反向守纪行为强化现象，建议以语言类（口头的告诫、威胁、批评）、及时现场惩戒方式为主，非语言类（怒视、限制活动、计时隔离等）、事后离场惩戒方式为辅，实施合理适度水平的惩戒，应密切关注幼儿对于惩戒的回应并及时对其不良情绪状态进行沟通疏解[⑤]。最后，大力推进幼儿纪律教育方面"总体标准一致"的园所社区合作教育，努力杜绝幼儿"双面胶"式（在园所和家庭社区大相径庭）纪律意识与行为表现。其中，幼儿教师与家长应及时双向沟通解决特定幼儿的反复性行为失范现象特别是教育惩戒后不良

[①] 陈涛. 美国儿童早期道德教育研究[D]. 武汉：武汉大学，2013.
[②] 王颖. 关注差异：正确处理幼儿园中自由与纪律的关系[J]. 长春教育学院学报，2014，30（12）：78.
[③] 王涪蓉. 幼儿园班级活动规则及其习得研究[D]. 重庆：西南大学，2010.
[④] 刘玉红. 幼儿纪律教育研究[D]. 南京：南京师范大学，2012.
[⑤] 马金凤. 蒙台梭利纪律教育思想对幼儿园常规教育的启示[J]. 教育观察，2018，7（12）：47-49.

情绪的预后调节[1]。

三、政治教导

　　狭义上的政治是指政党、政府等权力主体治理国家和处理国际关系的特定行为总和，可简称为"政权治理"。广义上的政治是指以一定经济形态为基础的上层建筑领域中各种权力或权利主体维护自身利益的特定行为以及由此结成的特定关系，可简称为"民众治理"。每个时代的特定政治形态对全体国民和社会生活各个方面都有直接的重要影响。鉴于幼儿群体是国家的未来建设者和接班人，幼儿保教自古以来就是"政权治理"的重要内容之一[2]，特别是近现代以来诸多国家以法律规章[3]、政策文件[4]和官方运动[5][6]等方式集中体现了关于幼儿教育管理与服务的国家观念与意志。幼儿园和幼儿群体分别作为幼儿教育领域中的专业权力主体和公民权利主体，都必须直面回应"政权治理"并依法参与"民众治理"。因此，为了帮助幼儿具备适应未来社会生活的基本政治素养，对幼儿群体开展适宜的政治教育和引导是非常必要的。

　　针对我国长期以来不少幼儿园对幼儿政治教导有所忽视特别是偏重以幼儿品德教育为核心的思想政治教育问题，新时代的幼儿政治教导迫切需要明确适宜的目标、内容与方式。首先，优先组织实施幼儿爱国情怀教育，即大力加强幼儿教师的家国情怀教育能力建设，根据本园及其所在区域条件，主要依托自然、社会、历史、语言和艺术等主题教育活动，重点结合儿童主题博物馆课程，初步启发幼儿感知自然风物、经济面貌和民族文化等，循序引导幼儿从家庭社区和班园集体逐步联想扩大至国家民族，产生对国家民族的认同、归属、依恋和自豪感以及感恩报效祖国的蒙眬愿望[7]。其次，适当拓展组织实施国家安全教育，即秉持"总体国家安全观"，根据本园所在区域条件和教育资源实际情况，大力借鉴国际和国内有关儿童国家安全（主要包括主权安全、综合安全和合作安全等特定内容）教育的历史经验[8]，整合家长、社区、行政主管部门、地方驻军部队等有关资源，探索构建园本国家安全教育课程，主要依托各类游戏、户外运动、节庆活动、绘本表演和新媒体互动平台等[9]，引导和支持幼儿群体积极参与体验[10]，并从关注维护幼儿自身安全、家庭社区和班园集体安全逐步联想扩大至关注维护国家安全，初步培养其国家安全意识、知识、技能和素养。最后，重点组织实施幼儿公民教育，即顺应国际社会强调儿童具有主动参与的公民权责倡导学前儿童的民权责，倡导学前儿童作为平等同时差异于成人的公民主体和民主社会根基的"赋权增能"时代趋势，重申和推进《国际儿童公约》确定的学习与发展、被尊重、被保护、

---

[1] 曾彬，毛乐，刘亭，等. 幼儿园教师惩戒行为的特点及其改善[J]. 学前教育研究，2017（7）：20-27.
[2] 辛晓霞. 中国早期教育的政治向度：基于《尚书》的探讨[J]. 社会科学家，2019（9）：150-154.
[3] 张利洪. 学前儿童受教育权研究[D]. 重庆：西南大学，2013.
[4] 张亮. 中国儿童照顾政策研究[D]. 上海：复旦大学，2014.
[5] 蔡洁. 国难、启蒙与政党话语：政治文化视野下的"儿童年"（1935—1936）[J]. 兰州学刊，2017（2）：63-73.
[6] 刘夏威. 塑造"小国民"：全国儿童年研究（1935.8—1936.7）[D]. 武汉：华中师范大学，2018.
[7] 刘静. 论幼儿园的"爱祖国"教育[D]. 上海：华东师范大学，2019.
[8] 刘跃进. 国家安全学[M]. 北京：中国政法大学出版社，2004.
[9] 亓瑶. "总体国家安全观"视域下学前儿童国防启蒙教育研究[J]. 汉字文化，2018（18）：124-125.
[10] 王慧. "小小军事体验营"：南京政治学院幼儿园亲子活动[J]. 早期教育（家教版），2011（Z1）：57.

发表看法、参与游戏等儿童权利保护，大力构建中华文化本土化公民教育体系，应着眼于培育幼儿应具有的公民意识、知识、技能和素养，逐步完善政治性（以规则与公平意识为主要内容）、社会性（以社会情绪、责任、文化和民族多样性认同为主要内容）、主体性（以自我身份认同和归属感形成为主要内容）和公民实践（以批判质疑、问题解决、行为反应关联或因果联系、民主决策体验、综合研判决定等为主要内容）等主题公民课程设置，形成以幼儿参与和体验为基础、跨领域、重实践的公民教育模式[1]，通过创设必要的教育场景，切实赋予儿童更多社会表达和参与机会，引导和支持儿童在日常游戏和学习中能够主动强化公民主体身份认同、确立责任意识、关心集体、关怀和照顾他人、养成公平意识并质疑不平等、与他人分享玩具或者其他物品、尊重文化多样化、争取生态公民[2]、适当参与民主决策等。

四、国际理解

狭义的"国际"一般是指两个或更多国家及其公民之间相互参与或交往的事物，如国际条约、国际组织、国际会议等，是一个近代以来产生的比较新的政治名词。广义的"国际"与"天下""世界""全球""洲际""跨国"等概念在内涵上存在差异又趋向融合，成为一个比较普遍的文化名词。所谓国际理解一般是指在全球一体化、国际交往密切和多元文化渗透的大背景下，面向增进人类和平与发展，通过学习了解或交往体验来认知本国或民族及其他国家或民族文化的多样性、差异性和共同性，进而确立开放、尊重、平等、包容、共生的国际交往态度和理智，其基本要素包括日本国际理解教育学会所划分界定内涵的"相互理解"（包括自我理解和理解他人）、"人间理解"（共情理解）、"文化理解"（多样性、共同性理解）和"世界现实的理解"（全球性问题理解）[3]。1946年，联合国教科文组织在第1届大会上首次提出国际理解教育概念。20世纪70年代以后，世界各国开始重视国际理解教育，强调培养具有国际视野、全球意识的"世界公民"。新中国成立以来，特别是改革开放以来，以邓小平同志提出"教育要面向现代化、面向世界、面向未来"为标志，国际理解教育的理论研究和实践逐步推广开来[4]。2010年，《教育规划纲要（2010—2020年）》中提出各级学校要"加强国际理解教育，增进学生对不同国家、不同文化的认识和理解"。2016年，"国际理解"素养被纳入《中国学生发展核心素养》总体框架，强调"具有全球意识和开放的心态，了解人类文明进程和世界发展动态；能尊重世界多元文化的多样性和差异性，积极参与跨文化交流；关注人类面临的全球性挑战，理解人类命运共同体的内涵与价值等"。目前我国不少中小学开发了各具特色的校本国际理解教育课程（例如"一带一路"课程），少数大城市幼儿园也做了有益课程开发的探索[5]。

---

[1] 徐鹏. 加拿大学前儿童公民教育：时代背景、内容向度与价值导向——基于阿尔伯塔等三省早期学习框架的分析[J]. 外国中小学教育，2019（10）：19-28.
[2] 曾晨. 生态公民本土化养成研究[D]. 南京：南京理工大学，2018.
[3] 熊梅，刘志豪，多田孝志. 日本国际理解教育的框架体系与未来课题[J]. 外国教育研究，2019，46（10）：115-128.
[4] 丁伟平. 我国国际理解教育的回顾与展望：1949—2019[D]. 长沙：湖南师范大学，2019.
[5] 李丽华，张利亚. 教育生态学视角下幼儿园国际理解教育课程的实践思考[J]. 陕西学前师范学院学报，2019，35（5）：77-81.

第七讲　幼儿园文化建设基本路径与方法（上）

为了更好地促进中华民族伟大复兴，应当从我国学前儿童抓起，在更多幼儿园推广国际理解教育，努力培养其今后在全球化的现代世界中生存所必需的基本素养。首先，应着眼于推动建构"人类命运共同体"，更新国际理解教育理念，适当拓展渗透"可持续教育"（强调尊重生命、人与自然以及人与人关系协调发展、参与可持续发展未来行动）、"异文化教育"（强调认知外来文化及处理与本土文化关系问题）、"全球教育"（强调打破"国家、民族"界限以培养全球市民）、"开发教育"（强调解决贫困和建立公正的社会秩序）等思想内涵，强调在世界文明互鉴中的时代传承。其次，合理规划并设计适宜幼儿的国际理解学习领域，主要包括多元文化社会理解领域（含文化理解、文化交流、多文化共生等）、全球社会关联理解领域（含全球生活联系、全球信息联通等）和全球共同问题理解领域（含基本人权、生态环境、和平与发展、反贫困与经济开发等），应充分考虑把以上理解学习领域整合成教育资源网络，提供学科结构合理的能胜任的国际理解教育师资培养，采取综合性项目主题教育课程模式（如STEAM）有机统整相关学习领域，依托丰富多彩的一日生活中的各类教育载体或平台，积极支持幼儿自主合作对话—深度探究—多样表征式体验学习，循序促进其经验知识习得、思维能力培养和态度价值涵养。最后，坚持"幼儿为本、促进发展"的评价理念，研究确立相对清晰可行的课程评价标准，依托多元评价主体（含教师、同伴、家长和社会代表等），酌情选择行为观察、多方评议、学习故事、作品分析、日记跟踪（如"世界小公民护照"）、分段调查和回顾归因等多样化评价方法，重点实施对幼儿国际理解学习与发展状态的表现性评价[①]。

五、礼仪训导

狭义的"礼仪"是指在较大或隆重的正式场合为表示敬意、尊重、重视等所举行的合乎社交规范和道德规范的仪式。广义的"礼仪"是指人们在社会交往中受历史传统、风俗习惯、宗教信仰、时代潮流等因素的影响而形成的，为人们所认同且遵守，以建立和谐关系为目的的各种符合礼的精神及要求的行为准则或规范的总和，是人类社会文明发展和社会成员综合素养的重要标志之一。古人云："致福曰礼，成义曰仪"。从内涵结构上看，"礼仪"是"礼"的内容与"仪"的形式的统一。"礼"是指制度、规则，特别是一种社会意识观念，"仪"是"礼"的具体表现形式，它是依据"礼"的规定和内容逐步形成的一套系统而完整的活动程序[②]。

"礼"主要包括"礼则""礼貌""礼节"三种内涵，其中，"礼则"是特定的民族、人群或国家基于客观历史传统而形成的以"诚敬"为核心的价值观念、道德规范以及与之相适应的典章制度和行为方式；"礼貌"是人们在交往过程中通过仪表及言谈举止相互表示敬意和友好的行为准则和精神风貌；"礼节"是人们在日常生活中，特别是在交际场合中，相互表示问候、致意、祝愿、慰问以及给予必要的协助与照料的惯用程序或行为形式。

"仪"主要包括"仪表""仪态""仪式"三种内涵，其中，"仪表"是指人的外表，包

[①] 雷燕，李燕红. 表现性评价及其在幼儿评价中的应用[J]. 康定民族师范高等专科学校学报，2005（1）：91-94.
[②] 于丽萍. 中国传统礼仪文化的当代价值及其实现机制研究[D]. 济南：山东大学，2016.

括容貌、姿态、风度、服饰和个人卫生等。"仪态"是指人的姿势、举止和动作。不同国家、不同民族以及不同的社会历史背景，对不同阶层、不同特殊群体的仪态都有不同的审视标准与具体要求。"仪式"是礼的秩序形式，即为表示敬意或隆重，在一定场合举行的、具有专门程序的规范化活动。礼仪自古代原始宗教祭祀活动起源以来，大体上有一个从鲜明阶级性到文明标志性、从精细繁复到宽松简化的形态演进过程，强调一定的"生活仪式感"逐步成为一种当代时尚。"人无礼则不立，事无礼则不成，国无礼则不宁。""礼仪"作为常态化维护社会"人伦秩序"的重要文化传统及教化载体，是所有时代社会成员在生存和发展过程中必须持续自发习得或自觉学习养成的核心内容之一。

针对当代复杂不良社会现象对幼儿心智的直接影响，着眼解决目前幼儿礼仪教育突出存在的理念偏颇性、教师和家长非胜任性、组织非系统化、内容碎片化、途径高控化和方法简单化等问题，特定幼儿园可以考虑按照以下思路与方法提升工作水平：首先，应优先专项加强幼儿教师的幼儿园礼仪理论教育和技能培训[①]，帮助教师准确完整地把握礼仪的基本内涵、具体类型（主要包括思想品德、专业伦理规范、沟通协调礼仪、公务活动礼仪、社会交往礼仪等）和训导方法，特别是明确幼儿教师专业伦理规范[②]，不仅自身清楚如何知"礼"表"仪"，而且清楚如何引导幼儿知"礼"表"仪"，从而在幼儿园保教过程中全程、全面、随机发挥教师的榜样示范与支持引领作用。其次，应高度重视国学传统、民族传统和地域特色等类型园本礼仪教育课程系统规划设计，精心组织儿童礼仪社团，师幼共创具有鲜明民族或本土特色、显性标志和隐性暗示相结合的礼仪教育环境，坚持以幼儿一日生活为主线，引导幼儿参与体验并逐步养成相应的礼仪意识、交往常规和行为习惯。再次，充分关注幼儿礼仪习得过程中的情绪体验，尽量减少消极制止现象，更多坚持正面激励引导，可有机联系道德、纪律、政治、国际理解等教育活动，特别突出"礼则"内容学习，还可以运用戏剧表演契机，强化对幼儿的仪容（面容、发型、肢体）、仪表（服饰、配饰）、仪态（表情、身姿、举止）的规范呈现训练以及在剧情冲突之中增进对"礼则"价值的初步认同。最后，加强园所与家庭社区合作礼仪教育，积极支持幼儿广泛参与日常社会生活交往活动，初步模仿学习和尝试实操称呼、握手、介绍、交通等方面的日常交际礼仪，家庭生活、餐饮活动、文体休闲、参观观演等方面的生活休闲礼仪，电话接打、新媒体交流等方面的日常通信礼仪。

热点讨论

1. 如何主要通过营建连接幼儿人地关系的教育空间来推进幼儿园物质文化特别是环境文化的建设？

2. 如何主要通过承续连接幼儿古今关系的历史传统来推进幼儿园精神文化特别是课程文化的建设？

3. 如何主要通过规范连接幼儿群己关系的社会交往来推进幼儿园制度文化和行为文化，特别是组织文化的建设？

[①] 程克英. 幼儿教师礼仪[M]. 重庆：西南师范大学出版社，2017.
[②] 步社民. 幼儿园教师专业伦理[M]. 北京：新时代出版社，2016.

第七讲 幼儿园文化建设基本路径与方法（上）

拓展阅读

1．崔功豪，魏清泉，刘科伟，等．区域分析与区域规划[M]．3版．北京：高等教育出版社，2018．

2．张尧均．隐喻的身体：梅洛—庞蒂身体现象学研究[M]．北京：中国美术学院出版社，2006．

3．仲富兰．中国民俗学通论（第一卷）：民俗文化论[M]．上海：复旦大学出版社，2015．

4．皮亚杰．儿童的道德判断[M]．傅统先，陆有铨，译．济南：山东教育出版社，1984．

5．崔利斯．朗读手册（最终修订版）[M]．王文，译．北京：新星出版社，2016．

6．郑彩华．中小学国际理解教育课程比较研究[M]．北京：人民出版社，2012．

研修建议

1．积极拓展阅读参考文献与拓展阅读的书目，努力完善本人知识结构，提升本人人文社会素养。

2．独立思考后集体讨论本园应如何通过实施区位分析与区域分析、综合配套与整体融合、建筑布局与设施配备、形象标识与象征隐喻等具体措施来更好营建连接幼儿人地关系的教育空间。

3．独立思考后集体讨论本园应如何通过实施公共仪式、节庆活动、民俗体验、阅读推广和博物馆教育等具体措施来更好承续连接幼儿古今关系的历史传统。

4．独立思考后集体讨论本园应如何通过实施道德启蒙、纪律训规、政治教导、国际理解、礼仪训导等具体措施来更好规范连接幼儿群己关系的社会交往。

参 考 文 献

[1] 阿伦特．过去与未来之间[M]．王寅丽，张立立，译．南京：译林出版社，2012．

[2] 黄金麟．历史、身体、国家：近代中国的身体形成（1895—1937）[M]．北京：新星出版社，2006．

[3] 檀传宝．让德育成为美丽的风景：欣赏型德育模式的理念与操作[M]．合肥：安徽教育出版社，2006．

[4] 李西顺．叙事德育模式：理念及操作[M]．南京：江苏凤凰教育出版社，2019．

[5] 赵亮，徐祖胜．幼儿园文化建设指导与策略[M]．吉林：吉林大学出版社，2016．

[6] 苏婧，范建华，王岚，等．润物细无声：园长园所文化建设能力的提升[M]．北京：北京师范大学出版社，2017．

[7] 陈乐民，史傅德．公民社会与启蒙精神[M]．上海：华东师范大学出版社，2017．

[8] 朱家雄，张亚军．给幼儿园园长的建议[M]．上海：华东师范大学出版社，2010．

[9] 杨焕军．优质幼儿园文化建设研究[D]．长春：东北师范大学，2010．

[10] 葛晓英．幼儿园文化构建的路径[J]．学前教育研究，2012（12）：67-69．

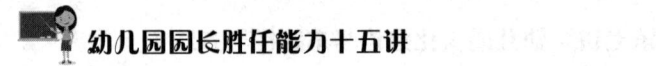

[11] 赵艳红. 幼儿园文化建设的理念与路径[J]. 学前教育研究,2012(7):70-72.

[12] 朱正香.生态式教育理念下幼儿园文化构建探索[J].江西教育,2011(Z6):126-127.

[13] 保利军. 幼儿园文化建设的理念与路径探析[J]. 陕西学前师范学院学报,2017,33(7):123-126.

[14] 汪丽. 融合田野课程理念的幼儿园文化培育[J]. 学前教育研究,2005(9):31-32.

[15] 冯建军. 主体道德教育与生活[J]. 教育研究,2002(5):36-40.

[16] 鲁洁. 道德教育的根本作为:引导生活的建构[J]. 教育研究,2010(6):3-8,29.

[17] 卢素芳,顾红云. 幼儿园生活化德育体系的建构与实施[J]. 学前教育研究,2018(4):64-66.

[18] 郑娟霞. 幼儿园文化建设中园长角色的叙事研究[D]. 兰州:西北师范大学,2015.

第八讲　幼儿园文化建设基本路径与方法（下）

本讲要点

> 1. 微观影响视角下幼儿园文化建设的基本路径是：内化连接幼儿知行关系的活动体验和引导连接幼儿天性关系的精神追求。
> 2. 微观影响视角下幼儿园文化建设的基本方法是：科学规划、实施与评价通过引导和支持幼儿活动体验和精神追求等整体结构化方式直接或间接影响幼儿"童文化成"的系统适宜性干预举措。

关键词

幼儿园文化　建设路径　建设方法　活动体验　精神追求

第一节 内化连接幼儿知行关系的活动体验

归根到底,"童文化成"的落脚点在于幼儿初步实现从个体自然向社会规范层次提升的"知行协调统一"。为此,必须尊重幼儿身心发展规律和适宜的学习方式,通过引导和支持其亲近自然、直接感知、实际操作和亲身体验,特别是深度学习等基本活动路径实现内化积淀和外化表征[①]。

一、亲近自然

广义的"自然"是指具有复杂多样变化特征的一切天然物质系统,通常可以分为非生命自然系统和生命自然系统。狭义的自然是指直接影响人类社会系统的生态空间系统(包括人化自然系统),是人文化成最基础的平台载体。人类认知意义上的"自然"是指对客观事物发展变化的规律发现和顺应态度(包括生态道德感)。人类幼儿自出生之后,就始终面临着逐步适应整个自然系统(包括人类社会系统)的生存与发展挑战。幼儿逐步适应的前提条件是家长和幼儿园能够坚持贯彻"以大自然为活教材"教育理念[②],顺应幼儿天性,给予幼儿充裕时间,大力支持其逐步广泛、适当重复、深入亲近和直接感知(例如目击、聆听、呼吸、品尝、触摸等全面感觉运用)生动活泼的自然物象,能够自由自在地选择各类自然场所作为自己心仪的天然运动场、探险地、游戏场、大厨房、大书房、大剧场、实验室和工作坊等,在与大自然的立体、全面、随机的对话互动之中,推进其在健康、语言、社会、科学和艺术等多个领域中鲜活连贯的自然体验教育,可以较好培养他们敏锐的感受力和觉察力,激发他们的想象力、创造力以及应急能力,进而帮助他们实现从无知到有知、少知到多知,从量变到质变的完整经验获取与心智积淀提升。在现代社会城市化进程中,由于不同国家或地区复杂的地理、政治、经济和文化发展等方面的深层制约,特别是对于儿童教育发展规律的认识局限问题,支持儿童群体广泛深入亲近自然的保障条件尚未被普遍充分供给,而儿童因与自然界长期疏远和断裂所引发的"自然缺失症":感觉迟钝、注意力不集中、肥胖、抑郁等生理或心理疾病高发等现象日益令人忧虑[③]。因此,大力加强儿童(包括学前儿童)自然教育正在世界范围内逐步形成广泛的共识。

归根结底,全面支持幼儿亲近自然需要全社会的共同努力。首先,应积极宣传呼吁全社会行动起来"回归自然、尊重生命",更加严格保护区域自然生态环境,秉持亲自然城市主义,重点加快"森林城市"及其附属绿色设施建设(例如儿童公园或"感官公园"等),持续开辟更为广泛优美的绿色疆域,进一步完善我国绿色人文系统[④]。其次,应大力考察并

[①] 熊伟. 新时代幼儿园文化建设导论[J]. 陕西学前师范学院学报,2022,38(9):33-44.
[②] 李斌,陈中. 陈鹤琴学前教育思想的生态学解读与启示[J]. 湖南第一师范学院学报,2018,18(2):56-60.
[③] 洛夫. 林间最后的小孩:拯救自然缺失症儿童[M]. 自然之友,王西敏,等译. 长沙:湖南科技出版社,2010.
[④] 雷庆华,刘少瑜,张智栋. 亲自然城市主义:建设中国绿色人文系统的推动力——亲自然天性理论研究成果与经验综述[C]. 中国城市科学研究会,2018:344-348.

第八讲　幼儿园文化建设基本路径与方法（下）

借鉴国内外幼儿园自然教育的先行经验，例如森林幼儿园教育模式[①]（具体包括重视自由民主生成教育的丹麦模式、重视体验实践的德国模式、重视全面兼顾与全纳教育的英国模式等），以及自然学校模式（重视综合自然体验与多主题环境教育的日本模式、强调多学科渗透环境教育与生态道德培育的中国模式[②]），把自然教育纳入特色园本课程建设规划，在综合研判基础上探索确立符合本土实际的自然教育模式，例如园本场所式、农场场所式、庄园场所式、野营场所式、森林场所式、户外模拟部落场所式（强调自然环境中的社会组织与交往建构）等新型自然教育模式。再次，应充分利用现有条件创造特色鲜明的幼儿园园区自然景观，大力加强幼儿教师自然教育专业能力提升培训，切实做好园本自然教育课程审议工作，秉持"让教育自然发生，让自然孕育未来"的教育理念，以特定区域自然环境资源为依托，以家庭与社区人文资源为辅助，重点设计实施超学科性自然主题整合课程，突出以大自然为教室、教师和教材，以自然物料为教具，以节气变化为经线，以儿童自主劳动工作为中心的"做中学"为纬线，密切关注幼儿兴趣来生发特色自然主题，选择依托情感体验内容支架推进主题活动，善于通过事件体验升华主题活动[③]，重视研制科学评价标准、指标和工具（例如自然关联、体验和场所依赖量表[④]），优化评价改进特色自然主题课程。最后，应与家长、社区、社会团体和相关环境机构建立长期伙伴关系，合作开发幼儿园附近相关自然资源，精心策划开展"幼儿园栖息地运动"（例如城市农场、社区厨房、绿色屋顶、再生能源、景观学习等多领域或跨领域教育项目），积极推进儿童自然人文记忆与教育叙事活动[⑤]。

二、直接感知

"直接感知"是指人类个体神经系统对世界具体事物主动或被动的直接感觉察知，一般包括视觉、听觉、味觉、嗅觉、触觉和空间觉六个基本具体感知类型，是婴幼儿认识和适应周边世界的典型生理体验方式和心理发展阶段水平呈现。其中，视觉感知是幼儿最重要的感知类型，其视觉经验的获得有一个从事物外部状态（空间、色彩、形状及动态等）到内部景象的渐进过程。只有在大量的直接感知的基础上，幼儿才能逐步形成表象认识、直观意识、直觉想象、直接推理和类比推理等，特别是具身认识能力，并为今后的间接、抽象或理性认知能力发展奠定坚实的基础[⑥]。教育神经学是一门在认知神经科学迅速发展的背景下兴起，以大脑的可塑性为学科基石，遵循多学科交叉融合的路径，将教育学、心理学、神经学和认知神经科学深度整合的新兴学科[⑦]。根据教育神经学理论，可以发现幼儿全面持续的直接感知活动，是其神经反射弧（感受器→传入神经→反射中枢→传出神经→效应器）

[①] 阳思思. 亲自然教育实践的分析研究[D]. 宁波：宁波大学，2018.
[②] 王兰，霍雨佳，崔岳."自然学校"儿童生态道德教育模式探索项目 2014 年度工作报告[J]. 中国校外教育，2015（7）：1-4.
[③] 郑黎丽. 幼儿园亲自然园本课程的构建[J]. 学前教育研究，2019（6）：89-92.
[④] 赵琳瑄. 城市绿地条件下儿童亲自然状况研究[D]. 天津：天津大学，2018.
[⑤] 刘良华. 叙事教育学[M]. 上海：华东师范大学出版社，2011.
[⑥] 容青艳. 论感知与认知的相容与对立[C]. //中山大学哲学系. 科学・认知・意识：哲学与认知科学国际研讨会文集. 2004：4-5+442-453.
[⑦] 徐献军. 具身认知论：现象学在认知科学研究范式转型中的作用[M]. 杭州：浙江大学出版社，2009.

建立，特别是其整个神经系统（包括由脑和脊髓构成的中枢神经系统与由躯体神经和内脏神经构成的周围神经系统）发育的充分必要条件，因而是幼儿教育活动的积极干预影响的必然对象之一。根据具身认知（即认识依赖身体且身心密切互动影响）理论[①]，幼儿的认识具有典型的身体依赖性，并突出表现在整个身体参与直接感知，贯穿其身心互动、模式建构和环境适应、技能习得、知识学习、身份认同和社会能力发展等成长活动。根据多元智能理论[②]，幼儿在依托整个身体参与直接感知世界具体事物并与之相互作用过程中，将逐步开发形成其个体差异化的语言智能、音乐智能、逻辑—数理智能、空间智能、身体运动智能、自省认识智能和人际智能等相对独立的多元类型智能并将组合应用多个类型智能来实际解决问题。

对于幼儿教育来说，要深刻认识幼儿直接感知的学习与发展特征，应当充分发挥必要的顺应支持和调节促进的积极干预功能。首先，努力为幼儿选择营建可以直接感知的高品质学习与发展空间，即生态压力适度、自然环境与社会文化因素有机融合、教育资源开发结构合理、系统适宜儿童认知水平的复合感知体验空间。相关研究指出，较高的生态压力（例如城市社会）将在较高水平上增进个体具体和抽象认知发展并趋向形成抽象型认知方式，进而适应松散的社会结构并强调自主的社会化过程，而较低的生态压力（例如乡村社会）将在较低水平上增进个体具体和抽象认知发展并趋向形成具体型认知方式，进而适应紧密社会结构和强调服从的社会化过程[③]。因此，从本土实际出发，城市幼儿园更多需要适当强化自然环境资源配置，而乡村幼儿园更多需要适当强化社会环境资源配置。其次，国家主管部门和幼儿园都应高度重视幼儿身心健康综合保护，特别是加强幼儿膳食营养、运动健康和情绪管理，确保其具备正常的身体感知能力。其中，根据中国发展研究基金会的"一村一园：山村幼儿园计划"项目实施经验，解决贫困地区0～6岁儿童特别是留守儿童学前教育的两个关键抓手分别是"营养"（配给营养包）与"教育"（利用已有条件的集中、家访或混合教育模式），使之有一个相对公平的起点，可以显著阻断贫困代际传递。再次，幼儿教师应当充分尊重、互动支持和激励引导幼儿的直接感知的学习过程，具体做法包括：自觉给幼儿提供看、听、摸、尝、闻、玩等直接感知自然与社会具体事物的机会，密切观察并追踪幼儿的兴趣聚焦和动态变化，适时组织幼儿协商讨论生成体验主题课程，善于运用幼儿喜闻乐见的体态和口头语言与之开展游戏互动、绘本共读、故事讲述、戏剧表演和深度聊天等活动。最后，应充分考虑切实保障特殊儿童的合法教育权益，或按照一定的区域人口比例依法设置特殊教育幼儿园，或者大力推广融合教育，妥善对智力、听力、视力、肢体、言语、情绪和行为、感官统合自闭症、孤独症、阿斯伯格综合征等有身心发展缺陷或感知障碍儿童的医学或教育康复干预。

三、实际操作

"实际操作"是指特定个体在一定自然或社会情境和认知条件下，有动机、有目标、有

[①] 张明，董波，陈艾睿. 教育神经学：心、脑与教育整合[J]. 苏州大学学报（教育科学版），2018，6（4）：24-32.

[②] 吴志宏，郅庭瑾. 多元智能：理论、方法与实践[M]. 上海：上海教育出版社，2003.

[③] 郑雪，陈中永. 具体认知和抽象认知与社会文化因素的关系[J]. 心理科学，1996（3）：170-174，192.

第八讲 幼儿园文化建设基本路径与方法（下）

步骤地综合运用身体器官或必要工具改造某种对象状态的过程。一般认为，实际操作是正常个体的意识得以深度刺激发生和持续激活发展的过程载体，也是其经验技能和默会知识内化积淀与外化表征的具体桥梁，更是实现其高级水平上认知与行动协调统一的关键机制。特定个体的身体是所有实际操作的施动主体（也是负向反馈受动主体），其结构化和时序化的相关操作动作构成着特定个体表现行为（含社会交往行为），其结构化和时序化的相关表现行为构成着特定个体执行行动（含社会交往行动），其结构化和时序化的相关行动构成着特定个体干预活动（含社会交往活动），其结构化和时序化的相关个体干预活动则进一步构成着特定社会实践活动（包括科学探索、生产劳动和社会交往等人类生存与发展的基本形式）。所有的实践活动系统均包含三个核心成分（主体、客体和共同体）和三个次要成分（连接主体与客体的工具、连接主体与共同体的规则、连接共同体与客体的劳动分工），并在主客体矛盾运动中促进了主体角色、工具和规则的生产[1]。可以认为"实际操作"是"实践活动"的微观构成单元，而"实践活动"是"实际操作"的宏观集成系统。由于深刻认识到"实际操作"和"实践活动"对于中小学生特别是婴幼儿学习与发展的必要性，美国教育家杜威提出了"做中学"的自主探究学习主张，我国教育家陈鹤琴提出了"活教育"的教育主张，陶行知提出了"教学做合一"的教育主张，当代教育界提出了"学中做"等教育主张，均强调应尊重和利用儿童的天性，引导儿童在实际操作中和实践活动中得到动作记忆、有益经验、缄默知识和情境理性[2]。

由于身心发育尚未成熟且个体差异较大，客观要求特定幼儿园深入研究如何做好引导和支持幼儿自主参与系统适宜的"实际操作"。首先，应牢固树立科学的学前教育课程观，即作为综合学科目标导向、有益经验获取过程支持和丰富适宜自主活动系统依托的特定教育教学活动总和的课程观念，强调幼儿广泛参与以"实际操作"为基本构成单元的实践活动是其身心全面发展和知行协调统一的必由之路。其次，应大力支持幼儿参与更多真实的日常社会生活和具体自然环境应用情境及其与情境交互影响之中以多样化的社会角色进行做事、为人和处世等方面的初步学习与发展实践，不仅把幼儿学习与发展看作个体性的主动感知、经验获取和身心建构过程，更将此看作问题求解导向、以差异化资源为中介的师徒式、同伴式、小组合作式或团队式的社会参与、对话协商和身份建构的过程，特别是尝试浸润和汲取人类历史、民族、社群等集体智慧的过程[3]。再次，应通过精心的跨学科整合式主题活动设计（例如 STEAM），秉持以幼儿为自主行动者，以教师为自觉支持者，把幼儿的各类"实际操作"提升为生活、运动、游戏、讲述、绘画、舞蹈、戏剧、电影、手工、编程、探究和劳动等"一致而百虑、殊途而同归"的广义身体叙事活动过程[4][5]。最后，应密切关注幼儿各类"实际操作"在其生命成长历程中的系列"社会事件"意义[6]，依托多元

---

[1] 吕巾娇，刘美凤，史力范. 活动理论的发展脉络与应用探析[J]. 现代教育技术，2007（1）：8-14.
[2] 晋荣东. 从情境理性看现代逻辑的论证理论及其转型[J]. 自然辩证法通讯，2008（2）：33-38，110-111.
[3] 李翠白. 西方情境学习理论的发展与应用反思[J]. 电化教育研究，2006（9）：20-24.
[4] 郝东方. 身体叙事：体育运动的意义建构[C]. 中国体育科学学会. 第十一届全国体育科学大会论文摘要汇编，2019：527-529.
[5] 黄婉圣，何敏. 教育戏剧中幼儿的"身体叙事"及其影响因素[J]. 学前教育研究，2019（9）：58-67.
[6] 应星. 事件社会学脉络下的阶级政治与国家自主性：马克思《路易·波拿巴的雾月十八日》新释[J]. 社会学研究，2017，32（2）：1-27+242.

评价主体，重点参考运用"学习故事"方法[1]或迁移运用"事件史"分析方法[2]、"关键事件"分析方法[3]（应包括关键事件的目的、核心要素、中介物、子系统、结构、矛盾、环境和发展性等一般活动分析框架维度和指标），积极探索对幼儿学习和发展状态进行表现性评价与反馈促进的方法。

四、深度学习

"深度学习"概念较早起源于人工神经网络研究，是"机器学习"的一个新的研究方向。它是一类模拟人脑信息处理过程的模式分析方法的统称，即利用卷积神经网络、自编码神经网络、深度置信网络等典型模型算法，对学习样本数据通过组合低层特征形成更加抽象的高层表示属性类别或特征，以发现数据的分布式特征表示，为图像识别、语音识别、自然语言理解、天气预测、基因表达、内容推荐等提供了解决方案[4]。截至目前，包括教育学在内的诸多学科都在自我探索或交叉移植或创新推广具有本学科特征的"深度学习"概念。相对于记忆再现层面上的"浅表学习"，教育学总体上倾向将"深度学习"看作具有某种稳定活动进程结构导向的显著有效学习，即以"图式"（包括个人图式、自我图式、团体图式、角色图式和事件图式等）来表征学习者的学习水平，强调特定文化情境中以深度动机或兴趣参与学习、灵活采用高阶学习策略（领悟、运用、分析、综合、评价等）、重视高阶知能发展（概念、程序、元认知、自我认知等）和迁移应用（内部关联迁移和外部拓展迁移）的"图式"构建过程[5]。其教育神经学意义在于激活学生更多的神经系统隐层参与自上而下的监督训练和自下而上的非监督训练，并通过抽象模式特征提取来减少其认知负荷，进而使来自感官的复杂高维信息被逐步简化整合为系列认知结构模型[6]，特别是基于师生灵活互动而优化调节学生的认知结构，显著拓展其主动参与程度、关联反思深度与迁移运用广度。

为了显著提高幼儿教育质量，特别是大力改进幼儿学习品质，学前教育界近年来在幼儿是否能够、是否适宜和怎样深度学习方面正在进行有益的研究讨论，达成了有关共识并提出了若干教育建议。首先，幼儿全部身心系统特别是整体神经系统正处于生长发育的关键时期，具有很强的可塑性，可以发生一定范围和程度的深度学习行为，即正常幼儿在教师引导和支持下，至少在一个较长的时段中，在"浅表学习"的基础上，能够围绕所感兴趣或有挑战性的某项课题任务，适当保持专注态度，通过必要的师幼互动和同伴合作，相对时间持续、任务连贯地展开探究发现或创造新物的活动，尝试运用高阶思维并迁移已有具身经验来解决实际问题[7]。其次，幼儿深度学习行为发生和过程推进客观需要幼儿教师等教育主体从综合条件保障、教育空间营建到学习过程规划、组织协调、情绪激发、沟通指

---

[1] 谢芬莲. 学习故事：新西兰儿童发展评价模式及其启示[D]. 兰州：西北师范大学，2014.
[2] 左学金. 事件史分析及其实际应用[J]. 数量经济技术经济研究，1995（4）：72-76.
[3] 李志飞，聂心怡. 带上孩子去旅行：儿童对父母旅游体验的影响——基于关键事件法的探索性研究[J]. 扬州大学学报（人文社会科学版），2019，23（4）：43-54.
[4] 骞宇澄，刘昭策. 深度学习的实现与发展：从神经网络到机器学习[J]. 电子技术与软件工程，2017（11）：30-31.
[5] 胡航，李雅馨，郎启娥，等. 深度学习的发生过程、设计模型与机理阐释[J]. 中国远程教育，2020（1）：54-61，77.
[6] 彭红超，祝智庭. 深度学习研究：发展脉络与瓶颈[J]. 现代远程教育研究，2020，32（1）：41-50.
[7] 王小英，刘思源. 幼儿深度学习的基本特质与逻辑架构[J]. 学前教育研究，2020（1）：3-10.

第八讲 幼儿园文化建设基本路径与方法（下）

导和表现评价等全面全程的主导作用，还需要具体落实在充分发挥幼儿主体性作用方面，即以前期经验习得为学习基础，以积极情绪为内在动力，以综合活动为载体依托，以同伴合作为辅助支撑，以评价反思为迁移主轴，以调适归纳为核心策略，以图式构建（建立认知结构）为目标追求。为此，在继续完善基于真实自然社会情境的线下深度学习模式的同时，还应高度重视现代移动社交信息技术特别是人工智能技术工具的应用，积极考虑构建移动场景下支持幼儿的多通道信息传输以及经验内容多样化呈现[1]、基于在线临场感的交互式视频学习模式。该模式主要包括基于教学临场感的制作者信息组织、基于社会临场感的观点讨论、基于情感临场感的价值认同、基于认知临场感和学习临场感的观看者交流互动等核心环节[2]。再次，应当统筹考虑幼儿个体、共同体、资源、活动、环境等要素之间的分布式交互关系，大力探索开发 STEAM 理念下系列超学科综合教育课程、儿童机器人教育[3]、儿童主题博物馆教育[4]、儿童编程教育[5]、儿童电影教育[6]、儿童戏剧教育等多样化的整合式园本主题课程，充分运用区域主题[7]、建构游戏[8]、项目探究[9]、手工制作和小组讨论等活动载体，以及思维导图、完形观察和深度聊天等相应支持策略，为幼儿深度学习进行灵活性赋能，引导幼儿依次实现觉知习得、关联反思、调适归纳、社会协作、综合实践和小微创新等"图式"建构和迁移运用的主要环节。最后，积极借鉴国内外有关学生核心和学前教育质量评价的研究成果，在"促进幼儿整全发展"理念下，探索建立主要包括动作（位移、操作、机能、适能、觉能与表达等）、认知（关键经验、解决问题与审辨创新等）、情感（情绪与审美）、自我（学习与生活等）和人际（责任、协作与沟通等）五个发展结构维度及具体测度指标的幼儿深度学习能力评价标准和指标体系。

第二节 引导连接幼儿性天关系的精神追求

人类个体的现实存在是物质存在者——存在着与精神存在者——存在着的统一体[10]。作为物质存在者，所有个体都必然会通过一定程度上的物质追求（衣、食、住、行等）而实现物质存在着。作为精神存在者，所有个体都必然会通过一定程度上的精神追求（知、情、志、信等）而实现精神存在着。由于物质与精神追求确定与追求实现之间客观存在一个有条件的转化过程，人类个体终生都会面临着此岸现实与彼岸理想之间的内在矛盾。相对于人的

---

[1] 肖文. 思维可视化支持下的幼儿体验式深度学习[J]. 中国信息技术教育，2019（21）：9-11.
[2] 刘冠伊. 基于在线临场感的交互式视频论文学习模式研究[J]. 中国信息技术教育，2019（Z4）：181-184.
[3] 秦琴琴. 基于创客教育理念的幼儿机器人课程的开发与实践研究[D]. 西安：陕西师范大学，2017.
[4] 宋宜，霍力岩. 儿童主题博物馆：不一样的探究和艺术表征[M]. 北京：北京师范大学出版社，2016：3-97.
[5] 孙立会. 聚焦思维素养的儿童编程教育：概念、理路与目标[J]. 中国电化教育，2019（7）：22-30.
[6] 彭可. 互联网+时代儿童电影教育作为媒介素养培育的必要手段[C]. Proceedings of 2017 2nd ISSGBM International Conference on Social Sciences and Education(ISSGBM-SSE 2017). Singapore Management and Sports Science Institute，Singapore，Hong Kong Education Society，Hong Kong：智能信息技术应用学会，2017：97-102.
[7] 卢素芳，曹霞，顾红云. 促进幼儿深度学习的游戏样态创新与实践[J]. 上海教育科研，2019（7）：78-83.
[8] 杨婷，杨晓萍. 论区域活动中幼儿的深度学习：基于情境认知理论[J]. 重庆第二师范学院学报，2019，32（5）：78-82.
[9] 陈运奇. 开展项目探究活动引导幼儿深度学习探研[J]. 成才之路，2019（29）：67-68.
[10] 胡列清. 二重论：关于真理与境界的逻辑新思维[M]. 西安：陕西人民出版社，2003：449-451.

物质追求，人的精神追求是更加高级的人生追求，也面临更加深刻的此岸现实与彼岸理想。从目的表征意义上看，所谓精神追求是指特定正常人类个体和群体具体表现其主体性（即"心性"，依次包括独立、自主、创造、自觉和自由等高级发展水平特征）以及认识和改造内外世界（即"天道"）的高级知能形态（元认知与自我认知）。例如，一般认为，中华传统文化的精神追求具有重"明心性"的价值取向和主"一天人"的思维方式[①]。从动态呈现意义上看，所谓精神追求是指特定正常人类个体和群体在具体实践活动中逐步形成并通过积极行动满足其精神世界需求的过程[②]，其基本性质类型包括病态精神追求、正常精神追求和崇高精神追求，其基本内容类型包括知识追求、心理追求、情感追求和价值追求等。当代人类社会崇高精神追求以实现人的自由全面发展为终极价值关怀，以实现群体和大多数人的利益为现实奋斗目标，总体包括高度自觉的科学精神追求与人文精神追求。《中庸》指出"天命之谓性，率性之谓道，修道之谓教"，"致中和，天地位焉，万物育焉"，强调顺应人的自然禀赋而教，坚持各就其位而育，如此方可"学达性天"，即通过"问学修养"可以达致"心性"与"天道"的统一。实施优质国民教育特别是终生教育是引导人们逐步确立崇高精神追求的基本路径之一。幼儿园文化建设必须坚定"立德树人"的重大使命，高度重视并切实引导幼儿个体和群体初步形成崇尚真理、崇尚美德、高雅审美和崇尚劳动等方面的崇高精神追求，充分体现人类童年特有的原典精神气质，为其全面发展播下憧憬美好未来的心灵种子。

一、崇尚真理

迄今为止，人类社会关于"何谓真理"的问题仍存在诸多争论。根据马克思主义"物质第一性，意识第二性"的主张，真理是人对于客观事物及其规律的正确反映。首先，真理在表现形式上，是一种人的能动的相符性选择认识结果，换言之，任何认识主体都有可能对于客观事物及其规律做出谬误反映。其次，真理在内容构成上，是物质世界的客观事物及规律，在人人面前平等，不会依赖个体或群体意志而存在变化，也不会因为认识结论的多元性及其价值判断上的有用性而改变其客观属性。再次，真理与谬误总是相伴依存并有条件地发生相互转化，任何客观真理都是绝对和相对的统一，都是由相对真理向绝对真理转化的一个环节。最后，社会实践（主要包括生产劳动、阶级斗争和科学实验等）具有将精神见之于物质、主观见之于客观的直接现实性，是具体的历史的检验真理的唯一客观标准，将同时检验真理的相对科学性和时代价值性。逻辑证明虽然在认识过程中不仅为实践提供理论指导而且为实践检验提供理论依据，但是逻辑证明的前提、思维过程和结论是否正确必须由实践做最后的检验。由于不能正确认识世界也就不能正确改造世界以促进人的全面发展，因此"崇尚真理"作为理性自觉的突出代表，应当是人类社会的第一崇高精神追求。

根据幼儿身心发展水平和学习方式特点，特定幼儿园在引导幼儿崇尚真理方面需研究实施若干切实可行且有效的措施。首先，针对目前我国幼儿园科学和社会领域教育相对薄

[①] 徐小跃. "无神"是中华优秀传统文化的重要特征和中华民族最深沉的精神追求：兼论中国哲学的心性之学与天人之学[J]. 新世纪图书馆, 2014（1）: 5-14.

[②] 张丽. 人的精神追求的价值哲学阐释[D]. 济南：山东师范大学, 2018.

弱的实际情况，应着力充实相应学科专业新进青年教师，特别是在教师继续教育培训中重点提升其科学与人文素养，并要求幼儿教师在日常保教活动组织实施中专门加强对幼儿的科学思维能力训练。其次，应给幼儿提供相对宽裕的闲暇时间，考虑分层次、分阶段、有计划、有步骤地引导幼儿亲近和感知更多自然和社会现象，幼儿教师和家长应有意识或随机启发幼儿感悟周边世界中事物运动变化的因果性、周期性和稳定性等特征，初步培养其透过自然和社会现象直观发现某些客观事物及其规律的经验认知习惯。再次，应高度重视和顺应满足幼儿对于大量自然和社会现象的"好奇心"和"惊奇感"，善于抓住各类教育契机与幼儿协商确定一系列探究项目主题，特别是要精心组织好科学领域的单元、区域和项目主题课程活动，积极引导幼儿通过大量、反复的直接观察和实际操作，初步培养其"实事求是、求真务实"的"八求"科学探究意识和行为习惯，即"求实"（面向和依据各类客观事实进行探究）、"求严"（坚持严肃态度，构建严密逻辑，遵循严格程序）、"求精"（坚持运用数学或其他精确测度方法，克服模糊的定性描述局限性，力求获得精准结果）、"求是"（发现事实背后的因果关系或多样关联）、"求证"（通过可重复和可检验的实验或操作结果证实或推翻经验猜测或某些假设）、"求解"（运用已有经验或知识根据实际情境探究如何解决问题）、"求效"（密切关注事物运动变化以及人工干预的效应、效果、效率、成效和效益等功效产生过程）、"求索"（根据已有经验或知识进一步尝试探究事物运动变化规律或提出问题解决新方案）。最后，应坚持广泛依托各学科领域教育课程和整合式主题课程中的集体反思或讨论环节，鼓励开设儿童哲学教育课程，组织开展生动活泼的"崇尚真理"系列讨论活动，有效激发幼儿运用前期相关经验积累特别是科学探究经验，积极引导其从普遍存在的社会认识和评价差异现象切入，初步明确科学活动的认知与评价、科学知识演变的继承与创新、科学知识体系的封闭与开放、科学活动过程的独立与协作、科学成果观点的迷信与质疑、科学争论问题的权威与民主、科学谬误认识的批评与修正、科学技术应用的约束与自由等重要矛盾关系及其转化条件，今后应当通过终生勤奋学习和勇敢实践来具体认识、检验、捍卫、发展和运用真理。

二、崇尚美德

美德通常是一个人所有的美好高尚的德行品质或道德智慧，充分体现着一个人超越了工具理性的道德审美与自我觉悟高度，是其人格魅力根源所在。西方传统伦理学较早确立了以"最性"特征的"荣耀"和"幸福"思想话语为源头的美德伦理传统并将之区分为基于先天赋予但尚未发展成熟的自发性质的"自然美德"[1]、基于社会交往和习惯形成的经验性质的"伦理美德"和基于社会认知与实践形成的自觉性质的"理智美德"进行讨论，还展开了具有"中道"或"适度"特征的"美德是否可教"等争论（伦理美德不可教，理智美德则可教），逐步形成了情感主义、幸福主义、理智主义等多元化美德思想流派，使美德概念有约定俗成的社会规范依据、直觉的认知基础和人性的心理基础[2][3]。人格心理学认为品格、同情、关怀、奉献、良心和荣誉等自然或伦理美德是可以增添一个人自我力量的精

---

[1] 黎良华. 论自然美德的界定、特征与意义[J]. 道德与文明, 2017（4）：50-56.
[2] 马永翔. 美德的伦理化及其后果[J]. 道德与文明, 2020（2）：93-105.
[3] 宋希仁. 西方伦理思想史[M]. 北京：中国人民大学出版社, 2004.

神体验。中国儒家学派创始人孔子曾提出了"好德如好色"的美德伦理学思想主张[1]，儒学宋明理学主张构建道德形而上学，追求"内圣"即所谓道德的修养和践行以达成人性局限的超越。中国智慧学说也认为，美德是引导人们正确处理人性与天道、理想与现实复杂关系的人生智慧的核心组成部分。相对于重在外在价值导引的道德规范形成，美德行动更为强调个体自主自律的对优良伦理理念和道德原则进行内化价值构建并付诸实践，即以自主承认特定责任义务与承担特定行为后果为前提，以自律遵循特定社会规范和特定价值准则为基础[2]，进而树立美德意识，积淀美德情感，坚定美德信念，推行美德实践[3]。截至目前，以市场经济为主导的现代社会客观刺激了全社会的功利主义，不仅使个体利益诉求不断膨胀，而且极大削弱了伦理美德对个体趋利行为的约束力，迫切呼唤个体强化自然及理智美德自律与自主实践。

着眼于破解目前幼儿美德教育的"缺位、缺法和缺效"现象，切实提高幼儿美德教育的适宜性、可行性和有效性，特定幼儿园可以考虑采取以下工作思路和具体举措。首先，应研究明确幼儿美德教育的基本目标与适宜内容。在根植历史文化沃土和突出民族特征方面，应优先强调传承中华民族传统美德内容，主要包括仁爱孝悌、谦和好礼、诚信知报、精忠报国、克己奉公、修己慎独、见利思义、勤俭廉政、笃实宽厚、勇毅力行[4]等。在面向人的现代化和突出时代特征方面，应特别强调基于社会发展的现代美德内容[5]，主要包括生态、守法、公正、人道、责任、义务、使命、理解、包容、协商、合作和幸福等。其次，应大力加强幼儿教师师德建设并充分体现其美德风范，在教师继续教育培训中重点提升其人文素养与幼儿德育领导力，深刻认识到幼儿心智发育不成熟、经验知识积累不充足和社会交往不充分对其自然美德、伦理美德和理智美德形成的客观障碍，尽可能减少通过讲解、谈话、图像和视频等手段来设定虚拟道德教育情境及其引发的"旁观者"困境[6]或由于道德情境不确定形成的"道德恐惧"现象[7]，更多通过一日生活、运动、游戏、学习、区域和手工活动以及节庆、纪念、联谊、感恩、参观等主题活动手段来创设真实道德教育情境（其中包括道德违规干预情境），重点依托幼儿园社会领域教育来培育幼儿美德及开展相应行动。再次，幼儿教师在实施科学保教过程中，应当充分运用幼儿之间的认识和行为冲突现象特别是典型事件，并酌情结合适当的奖惩措施，积极引导幼儿针对冲突问题解决中的行为后果、行为规范、责任义务和价值取向等方面进行适当程度的情绪判断、定向反思和移情运用，支持其自主内化形成相关类型的美德意识。最后，应紧密结合幼儿园各类型课程建设以及已有实施模式，参考借鉴基础教育界陆续提出的生命德育、希望德育、情感德育、生活德育、生态德育等多样化德育模式的积极成果，重点考虑探索形成以叙事德育模式（通过叙述具有道德意义的故事或生活事件影响和促进幼儿进行道德自我建构[8]）为主体，以欣

---

[1] 黄勇，陈乔见．"好德如好色"：孔子对当代美德伦理学的贡献[J]．杭州师范大学学报（社会科学版），2017，39（4）：1-12．
[2] 张容南．何为美德：比较亚里士多德与康德实践哲学的一个视角[J]．道德与文明，2020（2）：16-24．
[3] 邓安庆．美德伦理能成为一种独立的伦理学类型吗[N]．社会科学报，2020-01-02（005）．
[4] 佚名．中华民族十大传统美德[J]．中小学管理，1997（4）：44．
[5] 赵汀阳．论可能生活[M]．北京：中国人民大学出版社，2010．
[6] 杨亚凡．道德情境教育中的"旁观者"困境及突破[J]．思想政治课教学，2016（1）：8-11．
[7] 周维功．道德情境不确定性促生道德恐惧现象的现实根源及对策[J]．宁德师范学院学报（哲学社会科学版），2019（4）：83-87．
[8] 李西顺．叙事德育模式建构：一个重要的时代命题[J]．教育发展研究，2017，37（4）：81-84．

赏型德育模式（建立参谋或伙伴式的师幼关系，推进德育情境的审美化，支持在"欣赏"中完成价值选择能力和创造力的培养[1]）和示范型德育模式（充分发挥道德榜样力量，积极引导尚不能洞悉道德规则的幼儿见贤思齐[2]）为两翼，以家庭和社区德育模式为补充的新型幼儿园复合德育模式。

三、高雅审美

"审美"是人类个体或群体以人的总体性生存实践为根本依据，以人的感性认知为发生基础，以人的情感体验为核心动力，以自由和谐境界为理想追求，以艺术为典范领域，采取从个别现实经验出发自下而上凝炼为社会普遍概念，或从社会普遍概念出发自上而下落实到个别现实经验的方式，以历史或现实的超越性视角审视并评价人和世界交互现象与复杂关系的社会性时空活动总和。在人类高级精神活动体系中，"审美"较之"求真"和"向善"是更为高阶复杂的人生本真精神体验方式。其中，集中体现在历史上关于何为"美"的历史性和社会性认知较之"真"和"善"的认知更富分歧争议，将审美对象由抽象的美自身逐步拓展到艺术活动、人的心智（心理、感受、意识、情感、经验、灵魂和信念等）和世界现象全体[3]，直接影响着人们的审美活动状况。

西方美学史主要经历了本体论、认识论和语言学三个发展阶段。本体论美学主旨是透过具体个别美的事物追求独立终极普遍的美的抽象本质本体，其代表性美学思想有数学本体论、理念本体论、整一本体论和神学本体论等。认识论美学主旨是探求审美何以可能与审美如何构成的主体根据与必要能力，其代表性美学思想有英国经验主义、大陆理性主义、法国启蒙主义（强调美在关系）、德国古典美学（强调纯粹理性、实践理性和自由审美判断力）等。语言学美学主旨是探求人如何通过语言活动生存于世界以及谈论世界和审美认识，其主要思潮有人本主义美学和科学主义美学。人本主义美学以人为核心、起点和归宿，主要通过语言的考察揭示审美活动中的主体生成、构成作用以及自由超越的非理性本质，其代表性美学流派有唯意志主义、表现主义、心理学、现象学、存在主义、符号学、西方马克思主义、解释学和接受美学等。科学主义美学基于主观经验主义和逻辑实证主义的哲学立场，主要关注作为思想表达媒介和意义符号工具的语言，强调实证批判传统美学语言的误用，认为美的概念仅存在于人们对对象的一种对情感态度的表达或艺术传统与习俗之中。其代表性美学流派有自然主义、形式主义、语义学、格式塔心理学、分析美学、结构主义（区分语言和言语，含神话学、符号学、叙事学）等。20世纪70年代以后，西方还出现了把广义的语言理解为社会结构制度和文化符号机制，更有整体性文化批判倾向的后结构主义、后现代主义和后殖民主义等美学思潮。

中国美学史主要包括古典美学、现代美学和当代美学三个发展时期。古典美学指向玄远超越的宇宙人生始源境域，以"天人合一"为内在精神和思想线索，强调人与自然、个

---

[1] 檀传宝.让道德学习在欣赏中完成：试论欣赏型德育模式的具体建构[J].北京师范大学学报（人文社会科学版），2002（2）：107-112.
[2] 韩燕丽.道德典范示范效应再检视：一种基于美德伦理学的分析[J].华中科技大学学报（社会科学版），2020，34（1）：56-61+110.
[3] 朱立元.美学[M].北京：高等教育出版社，2006：3-19.

体与社会和谐统一，非常贴近社会伦理和回归日常生活，重视"乐道与兴情"[①]，构建了"道本体"与"情本体"[②]二元复合美学体系，具有整体性、综合性和连贯性特征。其代表性思想有远古"神人以和"观念、先秦《易经》自然生化观念（天人感应、刚柔互济）、儒家"发乎情，止乎礼义"的伦理美德、道家人道圆融和清静无为、墨家和法家非乐非美的功利主义批判、汉代的"天人感应"观念与阴阳五行学说、魏晋"以无为本"玄学体悟与意识觉醒、唐代包容气象和禅道意境、宋代世俗心态与淡真境界、明代的心学张扬与个性浪漫（童心说）等、清代实学求是和主情学说。现代美学在近代西学东渐背景下，于横向译介移植西方美学同时又纵向反思自身古典美学传统，初步形成中西美学碰撞、交汇、互释的现代性转型构建基本格局。其代表性美学思想有王国维"境界说"、宗白华艺术审美思想和马克思主义美学中国化思想等。当代美学自新中国成立以来，在批判西方美学思想的基础上开展了"美的本质"大讨论，逐渐形成四个美学流派：以吕荧和高尔泰为代表的主观论美学主张把美归结为人的主观意识或主体性心理结构，但缺陷为审美关系非客观性；以蔡仪为代表的客观论美学主张美在客观且主观只能反映美而不能影响美，但缺陷为审美关系机械反映论；以朱光潜为代表的主客观统一论美学主张美是主观意识与客观物象的完整形象交融呈现，但缺陷为审美关系非社会性；以李泽厚为代表的实践美学主张在人类历史物质生产实践即漫长外在和内在人化自然过程中，人的自然感性形式积淀社会理性内容，成为真与善、合规律性与合目的性相统一的自由形式，这被公认具有中国特色和原创精神，但缺陷为审美关系非个体实践生成性。此外，有广泛影响的美学观点有以蒋孔阳为代表的实践生存论美学，把美理解为一种自由人生境界的感性显现，审美活动是一种以实践为基础、以创造为核心的心灵式人生存在方式。20世纪90年代以后，继续出现后实践美学与实践美学争论，一些新的美学主张被提出。

  总体来说，古代的美育理论普遍主张以理性节驭性情，主要强调的是美育的工具价值，忽视了其本身的独立意义。西方理性主义美育思想最早开端于古希腊，形式是职业教育家讲授文学、音乐、修辞等科目。美育在古代雅典更是一种普遍的社会风尚。柏拉图重视艺术美育作用，主张从幼年起通过高尚文艺作品陶冶人的性情。亚里士多德肯定了艺术的独特教育功能，贺拉斯则进一步统一了文艺的教育和娱乐功能并提出了"寓教于乐"的创作原则。在18世纪的欧洲浪漫主义思潮中，席勒的《审美教育书简》的问世标志着美育作为独立学科出现，强调"恢复感性的权利"，认为美育的终极目的在于培育身心和谐发展的完美人性。中国早期文化以礼乐为内核并以礼乐为学校教育必备科目，《乐记》特别强调了音乐的政治教化作用。在古代中国占主导地位的儒家美育观以造就文质彬彬的君子为最高目标，高度重视基于诗教和乐教的政治或道德方面的"人格教育"。道家美育观则强调个人的独立自由以及人与自然的和谐关系，主张通过改造人的精神世界培养理想化的审美人生态度。近代以来，传统工具论美育受到较大冲击，尤其是在新文化运动以后，强调以人本身的独立、人的个性的完整为主旨的美育观勃然兴起。王国维强调了美育作为"情感教育"的独特性质及其与智育、德育和体育的紧密联系。蔡元培肯定了审美的普遍性和超脱性，主张开展以道德情感的陶养为目的的"美感教育"，还提出了"美育代宗教"的著名主张。

---

① 杨春时. 中华美学对美的本质的发现与证明[J]. 学术月刊, 2018, 50（8）：134-139.
② 肖建华. 李泽厚"情本体"美学思想的儒学根基[J]. 中国文学研究, 2020（2）：8-15.

朱光潜提出美育是救治人心的最根本途径。现代美育理论认为，不宜把审美教育等同或局限于人格、情感和艺术等教育内涵，应准确把握其"直接感染人的内在情感而调动人的各种心理能力使之和谐运动，从而潜移默化塑造人并提升其精神境界"的独特内涵，较之审美活动的自我教育功能，审美教育强调教育主体以艺术和各类美的形态为具体的媒介手段并依托各类具体审美活动对受教者进行有组织、有目的的定向教育，归根到底说，是一种特殊的人生境界的教育，其特殊目的就是培育作为未来理想社会新基础的自由而全面发展的人，其最高目的是造就可审美的人。

之所以简明回顾中西方美学与美育思想的发展历程，是为了更好地启迪面向民族未来的高雅审美教育。首先，针对幼儿群体审美能力和经验均尚未完成发育的情况，在身体美学新视野下[1]，精心设计和组织生活、自然、社会、科学和艺术等各种审美活动，优先支持和引导幼儿广泛亲近和直接感知艺术和各类美的形态，以幼儿喜闻乐见的方式使其初步体察悲剧、喜剧、崇高、优美、丑、荒诞等基本审美形态。其次，高度重视培育幼儿的审美能力与经验积累，积极开发必要的美育课程资源，并为幼儿的审美活动创设必要审美情境（包括物质条件基础），秉持德、智、体、美、劳育互补融贯的理念，主要依托儿童类戏剧、电影、劳动、手工、构建、游戏、语言、社会、科学和哲学等多样化的园本课程，鼓励儿童通过各种可"表达的、交流的和认知的语言"探索他们周围的环境并表达他们自己[2]，特别重复循环式支持其感知呈现、想象情感构成与理解评价的具体审美经验形成过程，切实引导幼儿在审美动力方面从感性需要递进至幻想追求进而为个性趣味，在审美形式上从关注审美对象的外在的自由和谐转向内在的自由和谐，在审美层次上从形式观照悦适递进至意蕴对话理解，在审美水平上从感官愉悦提升至意味形式进而为整合理性与精神超越等。再次，重点依托适宜的艺术课程活动组织开展幼儿高雅价值导向的审美教育，统筹把握空间艺术活动（建筑、雕塑、绘画）和时间艺术活动（音乐、文学、戏剧）的综合平衡和动态递进关系，积极支持和引导幼儿在必要艺术感知和鉴赏基础上，更多自主创造富有童趣的"艺术作品"，并能积极参与本班级教室、幼儿园以及家庭的环境美化营建。最后，大力探索建设具有民族、区域、本土特色的园本审美教育课程体系，不仅能够开展基础性的形式审美教育，而且可以实现高水平的审美理想启蒙教育，帮助幼儿经历从"自然儿童化"向"儿童自然化"转变的完整审美历程。

四、崇尚劳动

广义的人类劳动是指人们为了生存和发展，有目的、有计划地对整个世界（包括自然世界、社会世界和思维世界）进行的特殊对象性干预活动。从总体内容上看，人类劳动可以划分为生产实践、阶级斗争、科学技术和教育培训等基本类型；从结构性质上看，可以划分为简单劳动与复杂劳动。狭义的人类劳动是指人们有目的、有计划地通过自身活动特别是借助一定的工具手段改变自然物的形态或性质以为人类的生活和自己的需要服务的特殊对象性干预活动，即生产实践活动。一般的人类劳动由脑力劳动（以大脑神经系统的劳

---

[1] 位涛. 基于身体美学的儿童教育：历史、意涵及其可能[J]. 中国教育学刊，2020（3）：57-62.
[2] 爱德华兹，甘第尼，福尔曼. 儿童的一百种语言[M]. 罗雅芬，连英式，金乃琪，译. 南京：南京师范大学出版社，2006.

动为主，以其他生理系统的劳动为辅）、体力劳动（以人体肌肉与骨骼的劳动为主，以大脑和其他生理系统的劳动为辅）与生理力劳动（主要包括恢复和补偿、改善和加强人体原有的生理性组织、器官和体液等功能特性劳动，以及生产新生儿的生理力劳动），按照不同的比例关系组合而成。其中，生理力劳动是体力劳动与脑力劳动的基础，体力劳动又是脑力劳动的基础；脑力劳动和体力劳动都是生理力劳动的特殊形式；脑力劳动是人类最高、最复杂的劳动形式，它为体力劳动并通过体力劳动为生理力劳动确定基本的发展方向。

马克思主义认为，劳动是整个人类生活的第一个基本条件，也是人类价值创造的源泉，不仅人类的手的使用和语言、思维的产生都在生产劳动过程中形成和发展并使得人得以从动物界中分化出来，而且在人类独有的文化积累中起着决定性作用，可以说是劳动创造了人本身[1]。在资本主义商品生产体系中，雇用劳动是劳动力的支出和使用，隐含着劳动异化的内在矛盾与斗争，即抽象劳动对具体劳动的支配和统治。自由创造性的诚实劳动可以促进人的全面发展、人的劳动解放和人的劳动尊严。因此，"劳动幸福权"是每个人不可转让的实现人生幸福的初始权利与深层愉悦体验，并成为其他一切权利的根源和基础[2]，特别是尊重劳动和崇尚劳动的理论依据。在社会主义社会，人的一切平等、自由、价值的根源都应来自劳动。社会主义社会的本质决定了它高度重视发展性劳动人权，积极推进劳动制度体系建设，在理论上围绕"劳动幸福权"系统展现劳动价值，在道义上全面保护劳动价值，在法律上维护劳动权益，深入挖掘和讲述劳动故事，切实组织开展家庭、学校、社会劳动实践，竭尽全力消除任何形式对人的奴役劳动，超越谋生劳动水平，努力实现人的体面劳动，为其最终走向自由劳动做好充分准备[3]。为此，全社会都应牢固树立崇尚劳动的美德价值观，即形成劳动为本、劳动光荣、劳动伟大、劳动崇高、"因劳称义"的社会风尚，普遍敬畏、尊重、保障、平等、竞争、诚实和感恩劳动，坚决反对厌恶、鄙视、异化、奴役、懒惰、虚假和剥削劳动。

自古至今，世界范围内的主流教育思想普遍主张切实加强儿童劳动教育[4]。蒙特梭利在批评儿童过度游戏特别是消极游戏的基础上，提出了应供给专门教具支持儿童独自的、专心的、注意力高度集中的有意义实际操作活动的"儿童工作"思想[5]。陶行知强调儿童的劳动教育目的是"谋手脑相长"，并注重培养儿童创造思维，方法是"教学做合一"，应教儿童"在劳力上劳心"，增进自立能力，获得真知，同时了解劳动者之甘苦进而关爱大众[6]。马卡连柯强调家庭应重视儿童劳动教育，要在集体中和集体教育相结合，儿童教育必须和生产劳动相结合[7]。新中国成立以来，"劳动教育"概念先后经历了20世纪50—70年代"体力劳动、服务生产与思想改造"、改革开放初期至20世纪90年代前期"手脑并用、全面发展与重技轻劳"、20世纪90年代中后期至21世纪前十年"劳动素质、创新创造与综合实践"、新时代"情感、体验与劳动价值观"的历史性迭代演变[8]。2015年，教育部等《关于

---

[1] 马克思，恩格斯.《马恩选集·第三卷》[M]. 北京：人民出版社，1995：508.
[2] 何云峰. 论劳动幸福权[J]. 社会科学家，2018（12）：8-14.
[3] 何云峰. 新中国成立70年来尊重劳动的制度建设成就概览[J]. 湖南第一师范学院学报，2019，19（4）：1-4，8.
[4] 赵荣辉. 劳动教育：儿童确证自我的媒介[J]. 教育学术月刊，2011（10）：6-9.
[5] 侯敬芹，王冬岩，陈博. 试分析蒙台梭利的儿童工作与儿童游戏[J]. 才智，2014（14）：48.
[6] 喻剑，杜学元. 论陶行知的儿童劳动教育思想及其现实价值[J]. 阿坝师范学院学报，2020，37（1）：122-128.
[7] 肖晓凌. 马卡连柯的劳动教育理论及其对幼儿劳动教育的启示[J]. 科教文汇（上旬刊），2009（11）：74-75.
[8] 李伟. 新中国成立以来"劳动教育"概念的嬗变[J]. 上海教育科研，2019（7）：15-19.

第八讲　幼儿园文化建设基本路径与方法（下）

加强中小学劳动教育的意见》强调要"切实加强劳动教育，培养学生劳动兴趣、磨炼学生意志品质、激发学生的创造力、促进学生身心健康和全面发展"。2018年，习近平总书记在全国教育大会上的讲话强调"坚持中国特色社会主义教育发展道路，培养德智体美劳全面发展的社会主义建设者和接班人"，首次把"劳"明确与"德智体美"并列，进一步完善并发展了我国教育方针的科学内涵。

大力加强和改进幼儿劳动教育是新时代幼儿园工作的重要任务。首先，应依据新时代国家教育方针，明确把劳动教育纳入幼儿园基本教育目标任务，深刻认识并探索建立基于儿童身心体验统合的劳育与德育、智育、体育、美育的互补促进关系[1]，因地制宜开发和实施整合幼儿劳动体验教育内容，注重培养幼儿动手实践能力、劳动情感和价值观以及密切联系生活、凸显劳动体验性和感受性的新型课程体系（例如乡村幼儿园"农耕课程"[2]）。其次，高度重视在社会主义核心价值观统领下大力提升幼儿劳动教育品质，充分发挥其塑造幼儿可能生活、促进儿童整全发展、个性解放与生存尊严的重要功能。合理界定其科学内涵，明确幼儿劳动的基本类型与具体形态，积极拓展人工智能新时代幼儿劳动内容，强化对幼儿的赋权增能、分工组织、劳动保护、安全管理和科学评价，切实调动幼儿劳动的积极性和创造性，引导幼儿在劳动体验基础上广泛讨论辛勤劳动与财富创造、思想品德、人生幸福、社会发展和独立尊严的关系，初步树立崇尚劳动的价值观念。最后，大力促进幼儿园、家庭和社会等多方合作，以引导家长和教师牢固树立正确劳动幸福价值观为前提，积极为幼儿创造经常、广泛参与劳动的具体情境，支持和引导幼儿在亲近自然、贴近生活和劳动体验中，持续巩固崇尚劳动的价值观念并积极引导弘扬劳模精神和工匠精神风范等。其中，幼儿园应创设专门劳动场所（例如城区幼儿园"生态农场"区域[3]），并采取幼儿园购置一点、师生动手制作一点、求助社会帮助一点、鼓励幼儿带一点等方式，提供适宜的劳动工具和材料，逐步构建一系列生活化、游戏化、生态化的整合式主题劳动体验教育活动；幼儿家庭应密切配合幼儿园劳动教育活动，积极组织幼儿参与前期经验积累型或后期经验拓展型或相对独立型家庭劳动体验活动；幼儿所在社区应密切并动员家长带领幼儿参与相关社区劳动体验活动，或大力支持幼儿园组织实施本土特色产业主题课程。

热点讨论

1．如何主要通过内化连接幼儿知行关系的活动体验来推进幼儿园行为文化特别是质量文化的建设？

2．如何主要通过引导连接幼儿天性关系的精神追求来推进幼儿园精神文化特别是儿童文化以及儿童文明的建设？

拓展阅读

1．洛夫．林间最后的小孩：拯救自然缺失症儿童[M]．长沙：湖南科技出版社，2010．

---

[1] 颜晓程，吕立杰．劳动教育的身体意蕴及其省思：马克思主义哲学的视角[J]．中国教育学刊，2020（3）：63-67．
[2] 杜燕红．乡村幼儿园"农耕课程"理念、目标与内容体系构建[J]．陕西学前师范学院学报，2019（8）：56-62．
[3] 吴舒亚．体验劳动实践课程，演绎童年别样精彩：以晋江市第二实验幼儿园"生态农场"为例[J]．课程教育研究，2019（41）：8-9．

2．柯小卫．陈鹤琴活教育幼儿园教师实用手册[M]．南京：南京师范大学出版社，2017．

3．刘月霞，郭华．深度学习：走向核心素养[M]．北京：教育科学出版社有限公司，2018．

4．朱立元．美学[M]．北京：高等教育出版社，2006．

5．洪维．美学基础与幼儿美育[M]．2版．上海：复旦大学出版社，2017．

6．檀传宝．劳动创造美好生活[M]．北京：中国劳动社会保障出版社，2020．

研修建议

1．积极拓展阅读参考文献与拓展阅读书目，努力完善本人知识结构，提升本人人文社会素养。

2．独立思考并集体讨论本园应如何通过实施引导幼儿亲近自然、直接感知、实际操作、深度学习等具体措施来更好内化连接幼儿知行关系的活动体验。

3．独立思考并集体讨论本园应如何通过实施促进幼儿崇尚真理、崇尚美德、高雅审美、崇尚劳动等具体措施来更好引导连接幼儿性天关系的精神追求。

参 考 文 献

[1] 皮亚杰．儿童智慧的起源[M]．高如峰，陈丽霞，译．北京：教育科学出版社，1990．

[2] 贝洛克．具身认知：身体如何影响思维和行为[M]．李盼，译．北京：机械工业出版社，2020．

[3] 基切尔．科学、真理与民主[M]．胡志强，高懿，译．上海：上海交通大学出版社，2015．

[4] 周建武．科学推理：逻辑与科学思维方法[M]．北京：化学工业出版社，2017．

[5] 方晨瑶．张雪门幼儿园行为课程及时代价值[M]．南京：南京师范大学出版社，2018．

[6] 王春燕．探究·体验·发现：幼儿园科学教育理论与实践[M]．南京：南京师范大学出版社，2010．

[7] 李义天．美德伦理学与道德多样性[M]．北京：中央编译出版社，2012．

[8] 赵汀阳．论可能生活[M]．北京：中国人民大学出版社，2010．

[9] 李泽厚．美的历程 [M]．北京：生活·读书·新知三联书店，2017．

[10] 厉震林．中国电影表演美学思潮史述（1979—2015）[M]．北京：中国电影出版社，2017．

[11] 王迪．劳动与人类社会发展[M]．北京：光明日报出版社，2012．

[12] 李珂．嬗变与审视：劳动教育的历史逻辑与现实重构[M]．北京：社会科学文献出版社，2019．

第九讲　幼儿园科学保教专业法规解读

本讲要点

> 1. 解读《纲要》颁布的背景与意义、基本内容和总体要求。
> 2. 解读《指南》颁布的背景与价值、基本内容和总体要求。
> 3. 解读《规程》颁布的背景与意义、基本内容和总体要求。

关键词

科学保教　专业法规

第一节 《纲要》要点解读

一、《纲要》颁布的背景与意义

（一）《纲要》颁布的背景

为了进一步贯彻第三次全国教育工作会议和全国基础教育工作会议精神，落实《决定》，推动幼儿园实施素质教育，全面提高幼儿园教育质量，教育部于 2001 年颁布了《纲要》。《纲要》对于贯彻《教育法》《幼儿园管理条例》《规程》中的精神，以及指导幼儿园深入实施素质教育发挥了重要促进作用。

20 世纪 80 年代以来，随着世界范围内开始对儿童的关注，特别是发布了与保障儿童权利有关的一系列文件：《儿童生存保护和发展世界宣言》《儿童生存保护和发展世界宣言行动计划》《儿童权利公约》等。人们对儿童研究和儿童教育的重视程度显著提高。为促进幼儿教育的发展，我国也颁布了一系列的政策文件来保障我国幼儿教育工作走上正轨。另外，改革开放之后，随着国家经济的迅速发展，人们生活水平的不断提高，越来越多的年轻父母更多关注儿童早期发展教育。这些都为幼儿教育发展提供了良好外部条件。截至目前，鉴于幼儿园教育尚未被立法纳入义务教育阶段，在发展过程中尚存在不够规范甚至不达标等突出问题，迫切需要相关政策文件针对其发展方向、路径和方式等问题给出专业指导与规范。

（二）《纲要》颁布的意义

《纲要》的颁布为幼儿园教育指明了基本方向、总体原则和主要内容。首先，总体要求幼儿园教育的组织与实施应该根据幼儿的身心发展规律来组织适合幼儿学习的活动，应科学合理地安排一日生活活动，并对幼儿园教育的健康、语言、社会、科学、艺术五大领域中每个领域的目标、教育内容与要求、指导要点都予以详细说明。其次，强调教师应成为幼儿学习活动的支持者、合作者、引导者，应尊重幼儿的兴趣爱好并提供丰富的材料供幼儿选择；能充分满足他们的独特需要，鼓励幼儿学会自理和自立；应支持幼儿自主学习，激发幼儿的求知欲和探索欲。再次，强调了环境教育的重要性，幼儿园应加强同家庭、社区的合作，发挥共育的功能。最后，要求做好幼儿发展评价工作，应注重幼儿多方面的发展，不能以单一的评价来衡量幼儿的发展，要结合幼儿的现有水平，通过多种方式评价幼儿的发展。

二、《纲要》基本内容与总体要求

（一）《纲要》总则

《纲要》总则指出，幼儿园教育是基础教育的重要组成部分，是我国学校教育和终生教育的奠基阶段。城乡各类幼儿园都应从实际出发,因地制宜地实施素质教育,为幼儿终生发展奠定基础。幼儿园应与家庭、社区密切合作,与小学相互衔接,综合利用各种教育资源,共同为幼儿的发展创造良好条件。幼儿园应为幼儿提供健康、丰富的生活和活动环境,满足他们多方面发展的需要,使他们在快乐的童年生活中获得有益于身心发展的经验。幼儿园教育应尊重幼儿的人格和权利,尊重幼儿身心发展的规律和学习特点,以游戏为基本活动,保教并重,关注个别差异,促进每个幼儿富有个性地发展。

(二)《纲要》五大教育领域内容

幼儿园教育内容具有全面启蒙性的基本特征,可以划分为健康、语言、社会、科学、艺术五个教育领域,而各领域之间的具体内容相互渗透,从不同的角度促进幼儿情感、态度、能力、知识和技能等方面的全面、持续发展。

1. 健康领域

幼儿园健康领域教育主要目标:一是幼儿身体健康,在集体生活中情绪安定、愉快;二是幼儿生活、卫生习惯良好,有基本的生活自理能力;三是幼儿知道必要的安全保健常识,学习保护自己;四是幼儿喜欢参加体育活动,动作协调、灵活。《纲要》强调,幼儿园要积极建立良好的师生、同伴关系,让幼儿在集体生活中感到温暖,心情愉快,形成安全感、信赖感。与家长配合,根据幼儿的需要建立科学的生活常规。培养幼儿良好的饮食、睡眠、盥洗、排泄等生活习惯和生活自理能力。教育幼儿爱清洁、讲卫生,注意保持个人和生活场所的整洁和卫生。密切结合幼儿的生活进行安全、营养和保健教育,提高幼儿的自我保护意识和能力。开展丰富多彩的户外游戏和体育活动,培养幼儿参加体育活动的兴趣和习惯,增强体质,提高幼儿对环境的适应能力。用幼儿感兴趣的方式发展其基本动作,提高其动作的协调性、灵活性。在体育活动中,培养幼儿坚强、勇敢、不怕困难的意志品质和主动、乐观、合作的态度。在健康领域指导要点上,《纲要》指出,幼儿园必须把保护幼儿的生命和促进幼儿的健康放在工作的首位。树立正确的健康观念,在重视幼儿身体健康的同时,要高度重视幼儿的心理健康。既要高度重视和满足幼儿受保护、受照顾的需要,又要尊重和满足他们不断增长的独立要求,避免过度保护和包办代替,鼓励并指导幼儿自理、自立的尝试。

健康领域的活动要充分尊重幼儿生长发育的规律,严禁以任何名义进行有损幼儿健康的比赛、表演或训练等。培养幼儿对体育活动的兴趣是幼儿园体育的重要目标,要根据幼儿的特点组织生动有趣、形式多样的体育活动,吸引幼儿主动参与。

2. 语言领域

在语言领域目标的制订上,《纲要》指出,一是乐意与人交谈,讲话礼貌。二是注意倾听对方讲话,能理解日常用语。三是能清楚地说出自己想说的事。四是喜欢听故事、看图书。五是能听懂和会说普通话。在语言领域的内容上,《纲要》指出,一是创造一个自由、宽松的语言交往环境,支持、鼓励、吸引幼儿与教师、同伴或其他人交谈,体验语言交流的乐趣,学习使用适当的、礼貌的语言交往。二是养成幼儿注意倾听的习惯,发展语言理解能力。三是鼓励幼儿大胆、清楚地表达自己的想法和感受,尝试说明、描述简单的事物或过程，发展语言表达能力和思维能力。四是引导幼儿接触优秀的儿童文学作品，使之感受语言的丰富和优美，并通过多种活动帮助幼儿加深对作品的体验和理解。五是培养幼儿对生活中常见的简单标记和文字符号的兴趣。六是利用图书、绘画和其他多种方式，引发幼儿对书籍、阅读和书写的兴趣，培养前阅读和前书写技能。七是提供普通话的语言环境，帮助幼儿熟悉、听懂并学说普通话。少数民族地区还应帮助幼儿学习本民族语言。在指导要点上，《纲要》指出，语言能力是在运用的过程中发展起来的，发展幼儿语言的关键是创设一个能使他们想说、敢说、喜欢说、有机会说并能得到积极应答的环境。幼儿语言的发展与其情感、经验、思维、社会交往能力等其他方面的发展密切相关，因此，发展幼儿语言的重要途径是通过互相渗透的各领域的教育，并在丰富多彩的活动中扩展幼儿的经验。幼儿的语言学习具有个别化的特点，教师与幼儿的个别交流、幼儿之间的自由交谈等，对幼儿语言发展具有特殊意义。对有语言障碍的儿童要给予特别关注，要与家长和有关方面密切配合，积极地帮助他们提高语言能力。

3. 社会领域

在社会领域目标的制订上，《纲要》指出，一是能主动地参与各项活动，有自信心。二是乐意与人交往，学习互助、合作和分享，有同情心。三是理解并遵守日常生活中基本的社会行为规则。四是能努力做好力所能及的事，不怕困难，有初步的责任感。五是爱父母长辈、老师和同伴，爱集体、爱家乡、爱祖国。在内容与要求上，《纲要》指出，一是要引导幼儿参加各种集体活动，体验与教师、同伴等共同生活的乐趣，帮助他们正确认识自己和他人，养成对他人、社会亲近、合作的态度，学习初步的人际交往技能。二是要为每个幼儿提供表现自己长处和获得成功的机会，增强其自尊心和自信心。三是要提供自由活动的机会，支持幼儿自主地选择、计划活动，鼓励他们通过多方面的努力解决问题，不轻易放弃克服困难的尝试。四是要在共同的生活和活动中，以多种方式引导幼儿认识、体验并理解基本的社会行为规则，学习自律和尊重他人。五是要教育幼儿爱护玩具和其他物品，爱护公物和公共环境。六是要引导幼儿了解自己的亲人以及与自己生活有关的各行各业人们的劳动，培养其对劳动者的热爱和对劳动成果的尊重。七是充分利用社会资源，引导幼儿实际感受祖国文化的丰富与优秀，感受家乡的变化和发展，激发幼儿爱家乡、爱祖国的情感。八是适当向幼儿介绍我国各民族和世界其他国家、民族的文化，使其感知人类文化的多样性和差异性，培养理解、尊重、平等的态度。在指导要点上，《纲要》指出，社会领域的教育具有潜移默化的特点。幼儿社会态度和社会情感的培养尤应渗透在多种活动和一日生活的各个环节之中，要创设一个能使幼儿感受到接纳、关爱和支持的良好环境，避免单一呆板的言语说教。幼儿与成人、同伴之间的共同生活、交往、探索、游戏等，是其社会学习的重要途径。应为幼儿提供人际间相互交往和共同活动的机会和条件，并加以指导。社会学习是一个漫长的积累过程，需要幼儿园、家庭和社会密切合作，协调一致，共同促进幼儿良好社会性品质的形成。

4. 科学领域

在科学领域目标的制订上，《纲要》指出，一是对周围的事物、现象感兴趣，有好奇心和求知欲。二是能运用各种感官，动手动脑，探究问题。三是能用适当的方式表达、交流探索的过程和结果。四是能从生活和游戏中感受事物的数量关系并体验到数学的重要和有趣。五是爱护动植物，关心周围环境，亲近大自然，珍惜自然资源，有初步的环保意识。在内容与要求上，《纲要》指出，一是要引导幼儿对身边常见事物和现象的特点、变化规律产生兴趣和探究的欲望。二是要为幼儿的探究活动创造宽松的环境，让每个幼儿都有机会参与尝试，支持、鼓励他们大胆提出问题，发表不同意见，学会尊重别人的观点和经验。三是要提供丰富的可操作的材料，为每个幼儿都能运用多种感官、多种方式进行探索提供活动的条件。四是要通过引导幼儿积极参加小组讨论、探索等方式，培养幼儿合作学习的意识和能力，学习用多种方式表现、交流、分享探索的过程和结果。五是要引导幼儿对周围环境中的数、量、形、时间和空间等现象产生兴趣，建构初步的数概念，并学习用简单的数学方法解决生活和游戏中某些简单的问题。六是要从生活或媒体中幼儿熟悉的科技成果入手，引导幼儿感受科学技术对生活的影响，培养他们对科学的兴趣和对科学家的崇敬。七是要在幼儿生活经验的基础上，帮助幼儿了解自然、环境与人类生活的关系。从身边的小事入手，培养幼儿初步的环保意识和行为。在指导要点上，《纲要》指出，幼儿的科学教育是科学启蒙教育，重在激发幼儿的认识兴趣和探究欲望。要尽量创造条件让幼儿实际参加探究活动，使他们感受科学探究的过程和方法，体验发现的乐趣。科学教育应密切联系幼儿的实际生活进行，将身边的事物与现象作为科学探索的对象。

5. 艺术领域

在艺术领域目标的制订上，《纲要》指出，一是要能初步感受并喜爱环境、生活和艺术中的美。二是要喜欢参加艺术活动，并能大胆地表现自己的情感和体验。三是要能用自己喜欢的方式进行艺术表现活动。在内容与要求上，《纲要》指出，一是要引导幼儿接触周围环境和生活中美好的人、事、物，丰富他们的感性经验和审美情趣，激发他们表现美、创造美的情趣。二是要在艺术活动中面向全体幼儿，要针对他们的不同特点和需要，让每个幼儿都得到美的熏陶和培养。对有艺术天赋的幼儿要注意发展他们的艺术潜能。三是要提供自由表现的机会，鼓励幼儿用不同艺术形式大胆地表达自己的情感、理解和想象，尊重每个幼儿的想法和创造，肯定和接纳他们独特的审美感受和表现方式，分享他们创造的快乐。四是要在支持、鼓励幼儿积极参加各种艺术活动并大胆表现的同时，帮助他们提高表现的技能和能力。五是要指导幼儿利用身边的物品或废旧材料制作玩具、手工艺品等来美化自己的生活或开展其他活动。六是要为幼儿创设展示自己作品的条件，引导幼儿相互交流、相互欣赏、共同提高。在指导要点上，《纲要》指出，艺术是实施美育的主要途径，应充分发挥艺术的情感教育功能，促进幼儿健全人格的形成。要避免仅仅重视表现技能或艺术活动的结果，而忽视幼儿在活动过程中的情感体验和态度的倾向。幼儿的创作过程和作品是他们表达自己的认识和情感的重要方式，应支持幼儿富有个性和创造性的表达，克服过分强调技能技巧和标准化要求的偏向。幼儿艺术活动的能力是在大胆表现的过程中逐渐发展起来的，教师的作用应主要在于激发幼儿感受美、表现美的情趣，丰富他们的审美经验，使之体验自由表达和创造的快乐。在此基础上，根据幼儿的发展状况和需要，对表现方式和技能技巧给予适时、适当的指导。

（三）《纲要》组织与实施

幼儿园的教育是为所有在园幼儿的健康成长服务的，要为每一个儿童，包括有特殊需要的儿童提供积极的支持和帮助。幼儿园的教育活动是教师以多种形式有目的、有计划地引导幼儿生动、活泼、主动活动的教育过程。教育活动的组织与实施过程是教师创造性地开展工作的过程。教师要根据《纲要》内容，从本地、本园的条件出发，结合本班幼儿的实际情况，制订切实可行的工作计划并灵活地执行。教育活动目标要以《规程》和《纲要》所提出的各领域目标为指导，结合本班幼儿的发展水平、经验和需要来确定。教育活动内容的选择应遵照《纲要》第二部分的有关条款进行，同时体现以下原则：既适合幼儿的现有水平，又有一定的挑战性；既符合幼儿的现实需要，又有利于其长远发展；既贴近幼儿的生活，根据幼儿的生活选择幼儿感兴趣的事物和问题，又有助于拓展幼儿的经验和视野。教育活动内容的组织应充分考虑幼儿的学习特点和认识规律，各领域的内容要有机联系，相互渗透，注重综合性、趣味性、活动性，寓教育于生活、游戏之中。教育活动的组织形式应根据需要合理安排，因时、因地、因内容、因材料灵活地运用。环境是重要的教育资源，应通过环境的创设和利用，有效地促进幼儿的发展。幼儿园的空间、设施、活动材料和常规要求等应有利于引发、支持幼儿的游戏和各种探索活动，有利于引发、支持幼儿与周围环境之间积极相互作用。

在组织和实施中，要注重家园合作和社区合作。《纲要》指出，家庭是幼儿园重要的合作伙伴，应本着尊重、平等、合作的原则，争取家长的理解、支持和主动参与，并积极支持、帮助家长提高教育能力。幼儿园还要加强和社区的合作，通过幼儿园和社区共同教育幼儿。幼儿园要科学、合理地安排和组织一日生活。例如要尽量减少不必要的集体行动和过渡环节，减少和消除消极等待现象。教师应成为幼儿学习活动的支持者、合作者、引导者。教师应该关注幼儿的个体差异性，通过给幼儿提供材料让幼儿在生活和游戏中发挥自己的能力。幼儿园教育要与0~3岁儿童的保育教育以及小学教育相互衔接。

（四）《纲要》中的教育评价

《纲要》指出，教育评价是幼儿园教育工作的重要组成部分，是了解教育的适宜性、有效性，调整和改进工作，促进每一个幼儿发展，提高教育质量的必要手段。在对幼儿发展状况进行评估时要注意总体要求：一是明确评价的目的是了解幼儿的发展需要，以便提供更加适宜的帮助和指导。二是全面了解幼儿的发展状况，防止片面性，尤其要避免只重知识和技能，忽略情感、社会性和实际能力的倾向。三是在日常活动与教育教学过程中采用自然的方法进行。平时观察所获的具有典型意义的幼儿行为表现和所积累的各种作品等，是评价的重要依据。四是承认和关注幼儿的个体差异，避免用划一的标准评价不同的幼儿，在幼儿面前慎用横向的比较。五是以发展的眼光看待幼儿，既要了解现有水平，更要关注其发展的速度、特点和倾向等。

【案例】 美国高宽课程八个领域的58条关键发展性指标（2010年版）[1]

一、学习方式

（1）主动性：探索世界时展示出主动性。

---

[1] 爱泼斯坦. 高宽课程的理论与实践·学前教育中的主动学习精要：认识高宽课程模式[M]. 2版. 霍力岩，郭珺，译. 北京：教育科学出版社，2012.

（2）计划：制订计划并按计划行事。
（3）参与：集中于引起他们兴趣的活动。
（4）问题解决：解决游戏中遇到的问题。
（5）资源利用：收集信息并对他们所处的世界形成一定的认识。
（6）反思：对自我的经验进行反思。

二、社会性和情感发展

（1）自我认同：有积极的自我认同。
（2）胜任感：感到自己是有能力的。
（3）情绪：识别、归类和管理自己的情绪。
（4）同理心：展示对他人的同理心。
（5）共同体：参与班级的共同体。
（6）建立人际关系：与其他儿童和成人建立人际关系。
（7）合作游戏：参与合作游戏。
（8）道德发展：形成内在的是非观。
（9）冲突解决：解决社会性冲突。

三、身体发展和健康

（1）大动作技能：展示使用大肌肉的力量、柔韧性、平衡性和收放自如。
（2）精细动作技能：展示使用小肌肉的灵活性和手眼协调能力。
（3）身体知觉：了解自己的身体并知道如何控制。
（4）个人护理：自己进行个人的日常护理。
（5）健康行为：参与健康方面的实践。

四、语言、读写能力和交流

（1）理解：理解语言。
（2）说：用语言进行自我表达。
（3）词汇：理解并使用各种各样的词汇和短语。
（4）语音意识：识别口语中的不同发音。
（5）字母知识：识别字母及其发音。
（6）读：为了消遣和获得信息而阅读。
（7）印刷物概念：展示对周围环境中印刷物的知识。
（8）书本的知识：展示对书本的知识。
（9）书写：基于各种目的进行书写。
（10）英语语言学习（如果适用）：使用英语和他们的家庭语言（包括手势语言）。

五、数学

（1）数字和符号：识别并使用数字和符号。
（2）计数：数数。
（3）部分—整体关系：合并和分解物体的数量。
（4）形状：识别、命名和描述形状。
（5）空间意识：识别人、物体间的空间关系。
（6）测量：通过测量对物体进行描述、比较和排序。

（7）单位：理解和使用单位的概念。

（8）模式：识别、描述、复制、完成和创建模式。

（9）数据分析：利用数量的信息得出结论、做出决定和解决问题。

六、创造性艺术

（1）艺术：通过二维、三维的艺术表达表现他们所观察的、所思考的、所想象的和所感受的。

（2）音乐：通过音乐表达表现他们所观察的、所思考的、所想象的和所感受的。

（3）动作：通过动作表达表现他们所观察的、所思考的、所想象的和所感受的。

（4）假装游戏：通过假装游戏表达表现他们所观察的、所思考的、所想象的和所感受的。

（5）欣赏艺术：欣赏创造性艺术。

七、科学和技术

（1）观察：观察所处环境中的材料和程序。

（2）分类：对材料、行为、人和事件进行分类。

（3）实验：通过实验验证想法。

（4）预测：预测他们所希望发生的事情。

（5）得出结论：基于经验和观察得出结论。

（6）交流想法：交流他们对事物的特征以及其工作机制的想法。

（7）自然和物理世界：收集有关自然和物理世界的知识。

（8）工具和技术：探索和使用工具与技术。

八、社会学习

（1）多样性：理解人们有不同的性格、兴趣和能力。

（2）社区角色：认识到人在社区中有不同的角色和作用。

（3）决策：参与制定班级决策。

（4）地理：识别并解释他们所处环境的特征及地理位置。

（5）历史：理解过去、现在和未来。

（6）生态：懂得爱护他们所处环境的重要性。

第二节 《指南》要点解读

一、《指南》颁布背景与价值

为深入贯彻《教育规划纲要（2010—2020年）》和《意见》，指导幼儿园和家庭实施科学的保育和教育，促进幼儿身心全面和谐发展，教育部研究制定《指南》，于2012年10月正式颁布。

（一）《指南》出台背景及目的

《指南》的出台是建设社会主义和谐社会的现实需要，更是我国教育发展的迫切需要。长期以来，我国城乡保教质量差距较大，教师专业水平参差不齐，幼儿教育小学化倾向较为严重，家长幼教观念与教育方式存在诸多误区。为了规范幼儿园保教工作，提高学前教育水平，《指南》作为一个代表主流教育观、具体明确的、可操作的教育指引应时产生，强调以幼儿的发展（现实、全面、协调发展和未来可持续、终身发展）为出发点与落脚点，深入推动素质教育在幼儿教育阶段的全面实施。

（二）《指南》的基本功能

《指南》最直接的功能为最大限度地促进 3~6 岁儿童的学习与发展，帮助他们做好入学准备，为终生教育和发展奠定良好基础。同时《指南》还具有以下功能：落实《儿童权利公约》，促进学前教育公平；促进《纲要》的深入贯彻，进一步提高幼儿园教育质量；帮助幼儿教师发展专业素质，提高促进幼儿学习与发展的专业能力；提高家长教育能力和家庭教育质量；引导全社会正确认识幼儿的学习与发展的责任。近 20 年来，随着不少国际组织和各国核心素养框架的提出，特别是自 2019 年发布《中国学生发展核心素养》以来，幼儿核心素养问题逐渐被高度关注。鉴于《指南》五大领域的 32 个学习与发展目标与具体要求涵盖了《中国学生发展核心素养》的 3 个维度、6 个要素的 18 个基本点，此要求是核心素养在幼儿园阶段的具体化，我国学者指出实施《指南》就是落实"核心素养"[①]。

（三）《指南》的基本内容

《指南》的内容由"说明"与"正文"两个部分构成。"说明"简要指出《指南》制定的背景与目的、目标与作用、内容与结构以及实施原则等。"正文"从 3~6 岁儿童学习与发展的五个领域分别描述了幼儿的学习与发展，即"健康""语言""社会""科学""艺术"五大领域。"正文"部分对于五大领域的解读包括：概括部分（简要说明该领域对儿童学习与发展的基本价值、教育要点和特别注意事项）、子领域（在该领域中，幼儿学习与发展的最重要、最基本的方面）、目标（幼儿学习与发展的方向和对幼儿的合理期望）、各年龄段典型表现（在该目标下，各年龄段幼儿普遍的、重要的、具有关键意义的表现，反映成人对幼儿学习与发展的具体期望和要求）、教育建议（家长和教师可参考利用的帮助幼儿学习与发展的教育方法与途径）。

（四）《指南》实施基本原则

1. 关注幼儿学习与发展的整体性

加拿大《早期幼儿学习报告》（2007）指出："早期的学习和发展必须以幼儿身体的、

---

① 纪秀君. 实施《指南》就是落实"核心素养"[N]. 中国教育报，2016-12-25.

情感的、认知的、社会的全面发展为基础。"《指南》中的各领域虽分别表述,但是它们之间是相互联系、相互支撑的。我国著名幼儿教育家陈鹤琴曾经把幼儿园课程划分为"健康活动、社会活动、科学活动、艺术活动、文学活动"这五个领域,并将它们比喻为"五指活动",即"这五指活动是一个整体,如人的手指与手掌,手指只是手掌的一部分,其骨肉相连、血脉相通"。

2. 尊重幼儿发展的个体差异

《指南》的说明指出:"幼儿的发展是一个持续、渐进的过程,同时也表现出一定的阶段性特征。"每个幼儿在沿着相似进程发展的过程中,各自的发展速度和到达某一水平的时间不完全相同。要充分理解和尊重幼儿发展进程中的个别差异,支持和引导他们从原有水平向更高水平发展,按照自身的速度和方式到达《指南》所呈现的发展"阶梯",切忌用同一把"尺子"衡量所有幼儿。

3. 理解幼儿的学习方式和特点

《指南》的"说明"明确指出"幼儿的学习是以直接经验为基础,在游戏和日常生活中进行的。"这就说明了幼儿的学习主要特点是:做中学、玩中学、生活中学。研究表明,幼儿学习着两种不同性质的知识:一种是成人教给他们的现成知识,一种则是在游戏和生活中自主学习的知识。成人教的知识幼儿往往容易忘记,而他们自主学习的知识与能力则能够长久保持。幼儿在游戏和生活中发展起来的自我意识、自信心、伙伴意识、语言与交往技能、探究与想象,以及对周围世界的认识等,会对他们日后的发展产生很大的影响。

4. 重视幼儿学习品质

学习品质主要指学习态度、行为习惯等,是与学习密切相关的基本素质。研究表明,仅仅追求知识目标,仅仅重视立竿见影的可测的外源性知识学习,忽视幼儿内在的学习品质培养,不利于幼儿长远的可持续发展。因此,务必坚持培养幼儿良好的学习品质,以便为其今后形成健全人格和终身学习能力奠定良好基础。

二、健康领域学习与发展要点

幼儿正处于身体和心理发展发育的最初阶段和重要时期,维护和促进幼儿健康是学前教育的首要任务。

(一)健康领域内容结构

《指南》在健康领域,按照幼儿学习与发展最基本、最重要的内容划分为"身心状况""动作发展""生活习惯与生活能力"三个子领域。在每个子领域下包含着若干个幼儿学习与发展的目标(见表9-1)。

表 9-1　健康领域学习与发展目标

领　域	子　领　域	目　标
健康	身心状况	目标 1　具有健康的体态
		目标 2　情绪安定愉快
		目标 3　具有一定的适应能力
	动作发展	目标 1　具有一定的平衡能力，动作协调、灵敏
		目标 2　具有一定的力量和耐力
		目标 3　手的动作灵活协调
	生活习惯与生活能力	目标 1　具有良好的生活与卫生习惯
		目标 2　具有基本的生活自理能力
		目标 3　具备基本的安全知识和自我保护能力

（二）健康领域幼儿学习与发展特点和教育要点

1. 为幼儿提供良好的生活环境，全面照顾和关爱幼儿

由于幼儿的发育与发展不够完善，身心基础较薄弱，各种能力都很欠缺，对成人具有较强的依赖性。因此，成人要为幼儿提供一个安全卫生，有利于生长发育的物质环境，照顾好幼儿的日常生活，这直接关系到幼儿正常的生长发育与身体健康。同时为幼儿提供一个温暖轻松的心理和社会环境，使幼儿感受到成人给予的尊重、理解、关爱和接纳，以便愉快地生活，形成安全感和对成人的信赖，这有助于幼儿心理的健康发展。

2. 在日常生活中渗透健康领域指导

幼儿生活中的每个环节都包含许多学习与发展机会。幼儿可以在日常生活中通过经常反复的体验学习、练习和实践，逐渐习得有益于健康的行为，获得能力发展。

3. 围绕某一健康主题开展健康教育活动

以某一健康主题开展幼儿健康教育活动，可以更具体、深入地对全体幼儿进行相关的健康指导。这是帮助幼儿形成健康意识，获得基本的健康知识以及培养健康行为习惯的重要途径。幼儿园有必要根据幼儿的年龄特点、生活实际与发展需要，有目的、有计划地开展健康教育活动。如在"大家一起分享情绪"这一主题中，教师可以与幼儿一起谈论令自己高兴或生气的事，这不仅能使幼儿认识到每个人都会有不同的情绪，学习理解他人的情绪，还能使幼儿学会表达自己的情绪。在这个过程中，幼儿的表达、相互交流能使某些不良的情绪得到释放，有助于幼儿的心理健康。又如，大班幼儿换牙期，幼儿园开展"爱护牙齿"主题活动，教师可以通过给幼儿讲故事，指导幼儿观看相关的音像资料，从而让幼儿知道为什么要爱护牙齿和正确刷牙的方法；通过相互讨论交流，分享爱护牙齿的经验；教师通过示范正确的动作，结合儿歌等形式，引导幼儿进行模仿练习，帮助幼儿学习和练习正确的刷牙方法。

4. 开展丰富多样、适合幼儿的体育活动

开展丰富多样、适合幼儿的体育活动是增强幼儿体质、促进幼儿健康的积极手段和重

要途径。幼儿园应为幼儿提供丰富多样的运动器械，鼓励幼儿积极探索、大胆尝试；组织开展丰富多彩的幼儿体育游戏和活动，在使幼儿体验与同伴快乐游戏的同时，获得相应的身体素质和动作发展；带领幼儿经常做基本体操，全面锻炼幼儿身体；利用周围环境资源开展多样的幼儿体育活动，丰富幼儿生活。

三、语言领域学习与发展要点

（一）语言领域的内容结构

《指南》的幼儿语言学习与发展目标可以分为两大类型：一是口头语言的学习与发展，二是书面语言准备的学习与发展。这两大类型的语言学习与发展目标共有六个板块，清楚地指向幼儿在进入小学前语言学习和发展的经验准备状况（见表9-2）。

表9-2　幼儿语言学习与发展目标

领域	子领域	目标
语言	倾听与表达	目标1　认真听并能听懂常用语言
		目标2　愿意讲话并能清楚地表达
		目标3　具有文明的语言习惯
	阅读和书写准备	目标1　喜欢听故事，看图书
		目标2　具有初步的阅读理解能力
		目标3　具有书面表达的愿望和初步技能

（二）语言领域幼儿学习与发展特点和教育要点

1. 关注幼儿日常生活语言交往，创造泛在语言教育环境

幼儿语言学习与发展的首要任务是帮助幼儿成为积极的语言运用者，在交往中逐渐学习理解和表达。因此，幼儿需要很多机会与各种各样的人交往，在真实而平常的学习和生活中操练、扩展自己的语言经验。幼儿语言教育应高度重视日常生活环节的渗透。例如，幼儿园可以利用晨谈或离园前谈话、餐前小故事分享等形式，给幼儿创造语言交往的机会，发展幼儿的口语表达能力。

2. 关注幼儿语言学习特点，采用符合学前教育规律的方式组织语言活动

《指南》明确指出："幼儿的语言学习需要相应的社会经验支持，应通过多种活动拓展幼儿的生活经验，丰富语言的内容，增强理解和表达能力。"幼儿园进行语言活动时可以从以下三个方面着手：一，在活动中学习语言；二，在游戏中学习语言；三，在创造中学习语言。

3. 关注高质量早期阅读环境，帮助幼儿做好终身学习的读写准备

幼儿园的早期阅读教育活动需要给幼儿提供机会，让幼儿获得前阅读、前识字、前书写的经验，为其进入小学后的正式读写学习做好经验准备。因此，选择高质量的阅读书籍并使其成为幼儿园早期阅读教育的主要资源，是一所幼儿园早期阅读教育工作的重要内容。

除了让幼儿有良好的阅读习惯,教育工作者还应关注如何通过图书阅读提高幼儿的阅读理解能力。

四、社会领域学习与发展要点

(一)社会领域内容结构

幼儿社会领域的学习与发展的主要目标体现在"人际交往"与"社会适应"两个子领域(见表9-3)。

表9-3 幼儿社会学习与发展目标

领　域	子　领　域	目　　标
社会	人际交往	目标1 喜欢交往
		目标2 能与同伴友好相处
		目标3 具有自尊、自信、自主的表现
		目标4 关心尊重他人
	社会适应	目标1 喜欢并适应群体生活
		目标2 遵守基本的行为规范
		目标3 具有初步的归属感

(二)社会领域幼儿学习与发展特点和教育要点

1. 幼儿社会学习的特点

幼儿在社会领域的学习与发展是在人际交往和社会环境的相互作用中进行的。家庭和幼儿园的生活、同伴间的游戏、社区环境与文化、大众传媒等都是幼儿社会学习的影响源,而在人际交往和社会适应过程中,幼儿主要通过以下方式进行社会学习。

(1)模仿。自觉或不自觉地重复他人(榜样)的行为,是幼儿社会学习的基本方式之一。幼儿模仿的行为模式可以是行动类的,也可以是态度类的;可模仿的榜样可以是现实生活中的真人真事(如同伴、教师、家长的行为),也可以是电视、图书、故事中的虚构形象。

(2)同化。同化是指个体的态度和行为受周围其他人的影响而逐渐变得与其相似的现象,即所谓"近朱者赤,近墨者黑"。同化效应是个体在潜移默化中对外部环境的一种不自觉的调适,如周围的人都彬彬有礼,儿童自然也就会礼貌待人。同化中虽然含有模仿的因素,但更强调团队行为和情感态度的感染与熏陶。

(3)强化。在社会学习过程中,儿童的行为往往会产生不同的结果,伴随着不同的情感体验,儿童会根据结果和情感体验的性质来调整自己的行为。改变儿童行为结果和体验的途径可以是直接的,即自己亲身感受的(如自己经常争抢玩具而被同伴孤立),也可以是间接的(如看到同伴因帮助别人而受到大家的赞赏);可以来自外部(如成人的表扬或批评),也可以是自我强化(如与同伴一起游戏时的快乐,做了好事之后的自我满足感和自尊感)。

（4）体验。体验是幼儿重要的学习方式，是认识和态度形成的基础。各领域的学习，尤其涉及情感态度方面的，都离不开相应的体验。例如，在社会规则的学习中，模仿、同化和强化都可能让幼儿表现出符合规则的行为，但"只知其然而不知其所以然"是不利于儿童形成自觉性和主动性的。因此，理解规则的意义是必要的。但对幼儿来说，理解规则的意义往往不能靠说教，而需要以实际体验为基础。

2. 幼儿社会学习的教育要点

（1）师幼互动的质量直接影响幼儿的社会性和个性。幼儿园应把建立良好的师幼关系作为教师的首要任务，幼儿在教师的关爱、温暖、尊重和信任中能获得安全感，在体验被关爱和尊重的同时，能产生较好的自我价值感，进而形成自尊自信的良好品质，同时幼儿也会用同样的态度对待他人。

（2）同伴交往对幼儿的社会学习有重要作用。游戏是幼儿同伴交往的主要形式，许多社会学习是在游戏时发生的。因此，幼儿园应该提供充分的时间让幼儿一起游戏，一起开展各种需要互动合作的活动，让他们在互动中体验交往的乐趣，学习交往的技能，理解交往的基本规则，形成对人对己的正确态度。

（3）克服自我中心思维，学会"设身处地"理解他人感受是幼儿形成良好社会行为的基础。在幼儿人际交往过程中，教师应该恰当地利用交谈、讨论、同伴冲突等机会，鼓励幼儿说出自己的想法和感受，提醒幼儿注意、了解别人的渴望、情绪和意见；也可以运用角色扮演等方式，帮助幼儿学习站在别人的角度考虑问题，理解他人感受。

（4）积极培养幼儿的自律意识。自律，即内在的自我控制和调节能力，是一种自觉自主负责的行为，体现着一种主体性。教师和家长往往希望通过奖励与惩罚的方式来培养儿童的良好社会行为。这种强化方式固然有其积极作用，但毕竟是一种"外力"，可能会导致儿童为了获得奖赏或避免受罚而控制自己的行为，但这种"自制"并不能长远有效，只有儿童因好的行为感到自我满足时，才会真正形成自律。所以，比表扬更好的方式是向幼儿指出，做了好事、表现出好行为（符合社会规范和社会期望）会让自己觉得很棒，而这种自我肯定带来的愉快和满足是一种来自内心的奖赏。

五、科学领域学习与发展要点

每一个儿童自出生之日起就开始了对周围环境的探索和认识，儿童对自然界中事物和现象进行探索并形成解释的过程可以称之为儿童的"科学探究"，儿童基于对自然环境中事物和现象的认识进一步形成的对其数量和空间关系的理解可以称之为"数学认知"。科学探究有助于儿童更好地认识和解释客观世界，而数学认知有助于儿童感受客观世界的规律性和有序性。

（一）科学领域内容结构

基于人类自然科学发展的历程和儿童认识客观世界的特点，科学探究和数学认知成为《指南》科学领域中相互联系而又相对独立的两个重要方面（见表9-4）。

表9-4 幼儿科学学习与发展目标

领域	子领域	目标
科学	科学探究	目标1 亲近自然，喜欢探究
		目标2 具有初步的探究能力
		目标3 在探究中认识周围事物和现象
	数学认知	目标1 初步感知生活中数学的有用和有趣
		目标2 感知和理解数、量及数量关系
		目标3 感知形状与空间关系

（二）科学领域幼儿学习与发展特点和教育要点

1. 幼儿学习与发展的特点

（1）探究既是幼儿科学学习的目标，也是幼儿科学学习的方法。幼儿科学学习的核心是激发探究兴趣，体验探究过程，发展初步的探究和解决问题的能力，也就是通过科学学习使幼儿形成受益终身的学习态度和能力。

（2）解决问题是幼儿数学认知的重点，也是幼儿数学学习的基本途径。让幼儿在运用数学解决实际生活问题的过程中初步感知数学的有用和有趣，能够激发和保持幼儿对数学学习的持久动机和兴趣，喜欢数学，愿意学习数学，并具有运用数学解决实际问题的意识和能力，是幼儿数学认知的核心价值所在，有利于幼儿的后续学习和终身发展。

2. 教育要点

（1）组织和引导幼儿进行各种探究活动。幼儿科学探究和发展的过程包括产生疑问和疑惑、猜想和假设、观察和实验、记录和整理获得的信息与结论、解释和交流等基本环节与步骤。充分体现《纲要》和《指南》精神的科学教育活动是以幼儿为主体，让幼儿在动手动脑探究活动中进一步形成积极的科学态度，提升科学探究能力，获得丰富的科学知识，积累多方面的科学经验。要实现这一目标，教师就要真正成为幼儿探究过程的引领者、支持者、帮助者，科学教育活动要力图实现"幼儿积极主动地学，教师积极有效地教"这样一种互动与同构的教学过程。

（2）在活动区中引导幼儿进行科学探究。活动区域是幼儿自由探索和发现的场所，在与科学相关的区域中幼儿可以自主选择活动内容、材料、方式，按自己的兴趣，根据自己的学习特点与进程进行科学探究和科学游戏。

（3）鼓励幼儿在生活中进行多样化科学活动。教育者应以幼儿的生活为背景，在一日生活的环节中随时渗透科学教育，支持幼儿自发与随机地探究并积累科学经验，是幼儿科学学习与科学教育的重要途径。

（4）观察了解幼儿的数学认知能力。儿童在数学学习上表现出不同的天赋、能力、兴趣、需要和经验。成人特别是幼儿教师首先应通过多种途径了解儿童在这些方面所表现出来的特点和差异，然后对他们做出不同的反应，促进幼儿认知发展。对儿童的观察与了解是有效的师幼互动和有效教学的重要前提，这在数学教育中尤其重要。对幼儿数学学习的观察包括对幼儿在活动区、集体活动以及一日生活环境的观察。在观察的基础上，教师还应对儿童的数学学习进行过程性评价，以便更好确定后续教育活动安排。

（5）根据幼儿发展水平确定学习内容和目标。幼儿教师可以将《指南》针对幼儿年龄段提出的可观察的学习与发展指标作为选择学习内容和制订目标的参考，也可以运用这些指标检查原有的一些科学教育活动目标。

（6）在生活情境中促进数学认知能力发展。儿童只有在具体的生活情境中学习与运用数学才能真正理解数学概念的含义。在教育实践中可以从三个方面创设情境：一是通过一日生活的环节把数学学习与生活的真实情境结合起来。例如，儿童在吃点心时学习点数物体，不仅有助于理解数的真实意义，也有助于理解数与实际生活的关系。二是在集体教育活动中注意生活情境的创设。例如，在"我是小司机"的主题活动中创设给超市送货的情境，儿童可以学习给货物分类，积累数物对应的经验。三是在活动区中创设情境性的学习机会。例如，创设"银行"的模拟生活情境，儿童在这一情境中练习点数物体，用自己的方式表征数量以及学习实物与数点的一一对应。

六、艺术领域学习与发展要点

（一）艺术领域内容结构

该领域将3～6岁幼儿艺术学习与发展划分为感受与欣赏、表现与创造两个子领域。具体地以幼儿对艺术的积极态度即艺术兴趣和幼儿艺术能力两个方面的发展为基本目标，用四个"喜欢"强调幼儿艺术兴趣的养成（见表9-5）。

表9-5　幼儿艺术学习与发展目标

领域	子领域	目标
科学	感受与欣赏	目标1　喜欢自然界与生活中美的事物
		目标2　喜欢欣赏多种多样的艺术形式和作品
	表现与创造	目标1　喜欢进行艺术活动并大胆表现
		目标2　具有初步的艺术表现与创造能力

（二）艺术领域幼儿学习与发展特点和教育要点

1. 幼儿审美感受的特点与教育要点

幼儿的艺术感受是指幼儿被周围环境或生活中美的事物或艺术作品所吸引，从感知出发，以想象为主要方式，以情感的激发为主要特征的一种艺术能力。也就是说，艺术欣赏活动中，幼儿在对象审美属性，诸如色彩、节奏等直接刺激下，可以不受现实生活中各种常规的约束，自由地展开想象，产生一种以情感愉悦为主调的心理状态，这就是一种审美感受。

幼儿的这种审美感受包括两种含义，一种是指幼儿以自己的方式感受到的情感表现性。在幼儿看来，蓝天是白云的家，满天的繁星是万盏点亮的小灯，飘零的落叶是离开树妈妈的孩子，颠簸的车是在跳舞。审美感受的另一种含义是指欣赏主体在欣赏过程中达到一种自由和谐状态时所产生的一种愉悦感。我们常常会发现这样一种现象：儿童在听音乐、听故事时情不自禁地根据音乐的节奏、故事的情节"自编自演",在绘画时当儿童画到自己"军队"的枪炮射出子弹与炮火落在"敌人"人群中时,儿童一边嘴里发出"哒哒哒""轰隆隆"的声音,一边又把自己变成了"中弹的敌人""倒"在地上。这时,儿童欣赏着被倾注自己情感的对象的形象,体验着欣赏与创作所带来的愉悦感。

2. 幼儿艺术表现与创造特点与教育要点

幼儿的艺术表现与创造是指他们在头脑中形成审美心理意象,利用艺术的形式语言、艺术的工具和材料将它们重新组合,创作出对其个人来说是新颖独特的艺术作品的能力。

幼儿的表现与创造包括两个方面:一方面,是可视、可听的实在表现与创造,如一幅画、一首歌、一段表演。因为它更为直观,常常容易被关注。另一类是审美心理意象的创造,由于它存在内在性和过程性的特点,需要为艺术创作积累丰富的、生动的、鲜明的内在意象。因此幼儿教师不仅应了解并研究幼儿艺术作品,还要观察和关注其创作过程。另一方面,由于受自身肌肉动作发展的影响,幼儿的艺术表现与创造技能呈现粗糙、不整齐、不平滑、不到位的稚拙感。例如,有时我们看到幼儿所画的圆并不那么"圆",舞蹈动作也并不那么优美,但幼儿却会全身心地投入其中,也正是幼儿这种纯真的童心和童趣,使得儿童艺术对他们来说充满了魅力。值得注意的是,幼儿在进行艺术表现与创造时,有时并不按照预想计划进行,常常会打破成人特定的条条框框。这种超常规的、独特的现象,体现出幼儿大胆的想象和创造力。

总之,幼儿艺术教育应以幼儿的创造意识和能力以及个性培养为中心任务,不仅关注幼儿艺术活动实际呈现出来的结果(即作品),更要关注艺术创造中幼儿的艺术思维过程、艺术形式、语言使用过程,以及对艺术工具和材料的探索过程。

【知识链接】　　　　　《指南》千字文[①]

一、写作缘起

教育部在2012年颁布了《指南》,目的是"指导幼儿园和家庭实施科学的保育和教育,促进幼儿身心全面和谐发展"。为了促进《指南》的普及化,方便广大幼儿园教师和家长能够用较少时间领会指南精髓,笔者采用传统蒙学"千字文"的形式,特意撰写了《指南》千字文。其核心内容与《指南》总体保持一致,主要汇集了《指南》的"目标"和"教育建议"的观点(《指南》全文列表目标共计32个,教育建议87条);结构按《指南》的结构展开,共分为六个部分,均为目标在前,措施在后。每一段落都包括一个具体目标或系列教育措施,四字一句,句末押韵,一韵到底,节奏明快,朗朗上口。

二、《指南》千字文

1. 说明

养儿育女,合理期望。胸怀目标,措施得当。
遵守指南,科学抚养。生活为基,学习为途。
领域综合,发展导向。植根游戏,开展活动。
积累经验,基础宽广。充实童年,喜气洋洋。
尊重个体,接纳非常,速度水平,松柏槐桑。

[①] 姜继为.《3~6岁儿童学习与发展指南》千字文[J]. 陕西学前师范学院学报,2020,36(3):130-132.

保护好奇，激发兴趣，主动专注，学品至上。

2. 健康

健康儿童，体态正常，高重相称，不瘦不胖。
行风坐钟，腰身轩昂。情绪安定，愉悦喜昶。
偶发脾气，稍哄即忘。适应冷暖，可热可凉。
乘车坐船，随俗入乡，吃喝玩乐，不感异样。
身体平衡，奔跑避让，协调灵敏，动作流畅。
四肢有力，耐劳顽强。双手灵活，捏拿撕绑。
心灵手巧，舞刀弄枪。画线平直，剪贴有样。
生活作息，习惯优良。定时睡觉，牙坚口壮。
水火电闸，不摸不动，家长电话，记在心上。
洗手换衣，习惯养成；接种疫苗，平安无恙。
合理膳食，肉蛋奶粮；保障睡眠，午睡适量。
顺应身高，换椅调床。和颜悦色，容忍闹嚷。
亲子户外，游戏徜徉；旋转摇摆，追追藏藏。
跑跳攀爬，以动为尚。自己背包，坚韧如钢。
多做多试，手指灵光。多给温水，细嚼慢尝。
教儿刷牙，穿鞋着装；玩具归位，分类收放。
识别标志，安全有方；出门在外，跟紧家长。

3. 语言

遇人言说，用心听讲；语气语调，理解恰当。
愿意讲话，开朗大方；口齿伶俐，气息流畅。
文明礼貌，发言谦让。爱听故事，情绪跌宕。
喜爱图书，翻阅珍藏。演绎情节，描绘景象。
写写画画，姿势端庄。与儿多谈，对话为常。
如果所以，词语多样。语气变化，灵活生动，
陶冶性情，示范导航。主动叫人，共情体谅。
多买图书，营建书房，家庭阅读，温馨时光。
注意标志，符号图像，车牌数字，猎豹凤凰。
允许涂画，不求整洁，一拳一寸，距离不忘。

4. 社会

喜欢伙伴，愿意交往。友好相处，能够分享。
自信自豪，恣肆汪洋。尊重他人，良有教养。
适应群体，和乐开朗。遵守规矩，负责担当。
人格完善，精神明亮。亲子游戏，自由欢畅。
呼朋引伴，常来常往。交往技能，适时传授。
轮流交换，儿童协商。发生冲突，自己磨合。
培养能力，锻炼胆量。关心亲人，尊重长辈。
嘘寒问暖，倒水端汤。朋友聚会，携子参与。

群体活动，欢乐满筐。社会规则，从小遵守。
诚实守信，切忌说谎。和谐家庭，敬爱父母。
美好家园，洒满阳光。

5. 科学

亲近自然，探究万象；仔细观察，五官舒张。
动物植物，颜色形状；习性特色，繁殖死亡；
感知变化，琢磨影响；动手制作，折折装装；
事物分类，异中见同；结构功能，猜想联想；
常用推理，见微知著；论断预测，理数周详。
图画记录，列表建档；伙伴讨论，叮叮当当。
学会查数，辨别形状；读懂标志，摆脱迷茫。
高矮长短，轻重温凉；日月回环，两只一双。
排列组合，顺序位置，发现规律，描述不爽。
前后左右，方位方向，东南西北，偏厦正房。
能加会减，正确运用，十内计算，出口成章。
认清造型，图写笔画，达意传神，富有想象。
亲近自然，山野游荡；好奇惊喜，愿试敢尝。
鸟为何鸣 花为何香？机械零件，驼鸟鸳鸯。
无穷奥秘，醉煞儿郎。按数取物，五马六羊。
面长饼圆，鸟巢立方。拼插积木，奇思妙想。
爱动脑筋，蓄积能量。一代英才，走向辉煌。

6. 艺术

花草树木，色彩音响，舞蹈戏剧，绘画塑像。
浸润其中，游游逛逛。涂涂画画，自哼自唱；
表情动作，表演模仿；艺润童心，秀美茁壮。
日月星辰，大街小巷；猫叫鸟鸣，赤橙青黄。
笔随心动，信马由缰。装饰房间，手舞足蹈。
咿呀自娱，鼓励表扬。舒展自然，热情奔放。

第三节 《规程》要点解读

一、《规程》颁布的时代背景

随着经济社会的发展，我国幼儿园的办园体制已从过去单一的以公办为主转为多元化办园的格局，学前教育事业规模不断扩大，普及程度大幅提高，整个学前教育改革发展的大环境发生了重大变化。教育主管部门需要完善与强化制度管理，加快推进对于各类幼儿园从计划经济条件下的直接管理和业务指导转向办园资质审批和全面监管。目前一些幼儿园在办园条件、安全卫生、教育教学和教职工管理等方面的确还存在很多不规范的行为，亟待通过健全规章制度、加强规范管理引导幼儿园依法依规办园。为了大力推进学前教育治理体系和治理能力现代化，促进学前教育健康可持续发展，教育部组织修订并颁布了《规程》，自 2016 年 3 月 1 日起开始施行。

二、对原《规程》修订的主要内容

1. 强调修订内容

进一步明确了幼儿园教育立德树人的根本任务，强调幼儿园要坚持国家的教育方针，遵循幼儿身心发展特点和规律，实施德、智、体、美诸方面全面发展的教育，促进其身心和谐发展。专设"幼儿园的安全"一章，明确要求幼儿园要建立健全设备设施、食品药品以及与幼儿活动相关的各项安全防护和检查制度，建立安全责任制和应急预案。在"幼儿园的卫生保健"一章中，对建立与幼儿身心健康相关的一系列卫生保健制度做了明确规定。对幼儿园的学制、办园规模、经费、资产、信息等方面的管理提出了明确要求。更加注重与现行法律法规和有关政策的衔接，例如联系近年颁布的《纲要》《指南》对幼儿园的教育目标、内容、教育活动组织等做出了一些原则性规定，还明确了《托儿所幼儿园卫生保健管理办法》对幼儿园卫生保健工作的新要求。另一方面，《教育法》《民办教育促进法》《中华人民共和国通用语言文字法》等法律法规对一些具体办学行为做了明确规定的，新《规程》不再重复提出要求。强调继续完善幼儿园内部管理机制，进一步加强科学民主管理，明确家长委员会应参与幼儿园重要决策和事关幼儿切身利益事项的管理。另外，还强调幼儿园应当建立教研制度，加强教育教学研究，研究解决教师在保教工作中遇到的实际问题。

2. 新增修订内容

根据新颁布的《反家庭暴力法》，增加了幼儿园应当进行反家庭暴力教育和发现家暴情况及时报案的规定，再次强调严禁虐待、歧视、体罚和变相体罚、侮辱幼儿人格等损害幼儿身心健康的行为。积极回应社会关注的相关问题，明确规定幼儿园实行收费公示制度，收费项目和标准应向家长公示，接受社会监督，不得以任何名义收取与新生入园相挂钩的赞助费，还强调不得以培养幼儿某种专项技能、组织或参与竞赛等为由另外收取费用，也不得以营利为目的组织幼儿进行表演、竞赛等活动。明确规定幼儿入园除了进行健康检查外，禁止开展任何形式的考试或测查，也不得提前教授小学教育内容，不得开展其他任何违背幼儿身心发展规律的活动。

三、《规程》要点解读

1. 进一步规范幼儿园办园行为

《规程》第一章"总则"第一条在原基础上增加了"规范办园行为，提高保育和教育质量，促进幼儿身心健康"，把规范办园放在作为幼儿园工作之首。

由于控制幼儿园总体人数规模是提升幼儿园保育和教育质量的必要条件，因此《规程》明确规定严格实行幼儿园招生和准入管理。

为了从根本上解决幼儿园收费引发的相关社会问题，《规程》特别提出了规范财务费用管理总体要求，强调必须建立收费公示制度，重点支持教职工培训工作。

《规程》专设"幼儿园的安全"一章，要求增强幼儿园安全意识，建立健全园舍、设备设施、食品药品以及与幼儿活动相关的各项安全防护和检查制度，建立安全责任制和应急预案，把安全教育纳入一日活动。此外，还应开展反家暴教育，发现幼儿遭家暴要及时报案；应当投保校方责任险，明确在紧急情况下优先保护幼儿的人身安全是每一位幼儿园教职工的责任，还必须具备防险救护的基本方法。

《规程》要求幼儿园按照国家相关规定配足配齐幼儿园教职工，可以设置园长、副园长、教师、保育员、卫生保健人员、炊事员和其他工作人员等岗位。其中，提高了园长、教师和保育员的职业准入门槛。园长方面将之前的"还应有一定的教育工作经验和组织管理能力"修订为"有三年以上幼儿园工作经历和一定的组织管理能力"；教师方面将之前的"应具备幼儿师范学校（包括职业学校幼儿教育专业）毕业及其以上学历"修订为"应当具有《教师资格条例》规定的教师资格、具备大专以上学历"；保育员方面将之前的"还应具备初中毕业以上学历"修订为"应当具备高中毕业以上学历"。

2. 重新表述幼儿园定位与任务

《规程》把幼儿园教育摆在更加重要的位置，将原《规程》中对幼儿园教育定位表述从"是基础教育的有机组成部分"修改为"是基础教育的重要组成部分"，强调幼儿园教育与小学教育和中学教育不仅是相互连接的不可分割的统一整体，而且在其中发挥着扎根蓄势的重要作用。

《规程》强调把立德树人贯穿幼儿园教育工作全过程，应为家长提供科学育儿指导，共同提高保育和教育质量，促进幼儿身心健康与良好发展。明确要求注重幼儿卫生保健，要科学安排睡眠、进餐、大小便、活动、游戏等各个生活环节的时间、顺序和次数，应注意动静结合、集体活动与自由活动结合、室内活动与室外活动结合，不同形式的活动应当交替进行。此外，应重视保教结合，培养幼儿在日常生活中养成良好的卫生、行为习惯。

3. 强调提升科学保教水平

《规程》强调了儿童的主体地位以及个体适宜性发展，多处重申强调尊重幼儿的学习方式与特点，将原来"注重幼儿的实践活动"的表述修改为"注重幼儿的直接感知、实际操作和亲身体验"，增加"教育活动的过程应注重支持幼儿的主动探索、操作实践、合作交流和表达表现，不应片面追求活动结果"，要求幼儿园教育不仅要重视幼儿享有快乐的童年生活，更要关照其后继学习与终身发展。

《规程》特别凸显了对幼儿游戏需要、游戏自主性和愉快游戏体验的高度重视，提出在游戏中"鼓励和支持幼儿根据自身兴趣、需要和经验水平，自主选择游戏内容、游戏材料和伙伴，使幼儿在游戏中获得积极的情绪情感"，在环境创设中还新增加了保障幼儿游戏条件的具体要求。

《规程》将原来"注意根据幼儿个体差异"的提法修改为"充分尊重幼儿的个体差异"，

强调教育活动应当"为每个幼儿提供充分参与的机会,满足幼儿多方面发展的需要",还增加了"为在园残疾儿童提供更多的帮助和指导"的特别要求。

《规程》增加"幼儿园不得提前教授小学教育内容,不得开展任何违背幼儿身心发展规律的活动"这部分内容,旨在明确纠正向幼儿"灌输"知识(写字,学习拼音、英语字母,做算术等)等小学化倾向与具体做法。

四、加强《规程》全面贯彻落实

各级教育主管部门都应高度重视,切实把学习宣传和贯彻落实《规程》作为推进学前教育改革发展的一项重要任务和规范本地学前教育管理的有效手段,应加强对各类幼儿园的规范管理和督导检查,引导和规范各类幼儿园依法举办和依规管理幼儿园。所有幼儿园的举办者和管理者都应严格按照《规程》的要求,对幼儿园管理的各个方面、各个环节进行逐项检查,对自身管理的薄弱环节进行全方位整改,切实完善幼儿园的常规管理,显著提升办园水平。其中,贯彻落实《规程》的切入点是完善幼儿园制度建设。应根据幼儿园环境、园舍设施、卫生保健及幼儿园教职工素质等实际状况,建立健全各项管理制度和应急预案,并通过建立和落实岗位责任制的同时,注重人性化管理,激发教职工的积极性和责任感,切实抓好各项制度的落实与修订工作,大力推进建立常态化和长效化管理工作机制。

热点讨论

1．讨论美国高宽课程8个领域的58条关键发展性指标与《纲要》及《指南》中有关儿童学习与发展指标的异同之处。

2．结合本园实际情况,分组讨论如何更好地贯彻落实《纲要》《指南》《规程》。

拓展阅读

1．鄢超云．《幼儿园教育指导纲要(试行)》:从文本到儿童发展[J]．幼儿教育,2011(27):6-11．

2．李季湄,冯晓霞．《3~6岁儿童学习与发展指南》解读[M]．北京:人民教育出版社,2013．

3．爱泼斯坦．高宽课程的理论与实践·学前教育中的主动学习精要:认识高宽课程模式[M]．2版．霍力岩,郭珺,译．北京:教育科学出版社,2012．

研修建议

1．继续阅读有关《纲要》和《指南》的学术视角解读及贯彻总结文献,进一步开拓理解的宽度、深度和高度。

2．回顾评价本园学习贯彻《纲要》和《指南》的实际进展情况,并提出更好的改进措施。

参 考 文 献

[1] 唐淑. 以陈鹤琴教育思想解读《幼儿园教育指导纲要（试行）》[J]. 幼儿教育, 2003（1）: 4-5.

[2] 李季湄. 对"幼儿园教育指导纲要"中的几个基本观点的理解[J]. 学前教育研究, 2001（6）: 6-9.

[3] 李辉.《幼儿园教育指导纲要（试行）》的哲学、心理学与教育学基础（下）[J]. 幼儿教育, 2002（2）: 4-5.

[4] 江露. 当前幼儿园课程内容选择存在的问题及对策: 兼解读《幼儿园教育指导纲要（试行）》[J]. 兴义民族师范学院学报, 2012（5）: 67-70.

[5] 张明红.《幼儿园教育指导纲要（试行）》中幼儿园语言教育精神的解析[J]. 学前课程研究, 2007（3）: 7-9.

[6] 陆灵君. 探究《3～6 岁儿童学习与发展指南》中的学习品质解读[J]. 课程教育研究, 2014（11）: 9.

[7] 邹晓燕. 未来中国幼儿园教育发展方向评析: 兼读《3～6 岁儿童学习与发展指南》[J]. 辽宁师范大学学报（社会科学版）, 2014, 37（2）: 223-230.

[8] 张晓辉. 学前教育应严禁"超、灌、刻":《3～6 岁儿童学习与发展指南》的理念启示[J]. 学前教育研究, 2013（12）: 51-53.

[9] 邹晓燕. 幼儿的学习方式及理论依据:《3～6 岁儿童学习与发展指南》解读[J]. 辽宁师范大学学报（社会科学版）, 2013, 36（1）: 56-61.

[10] 解析《3～6 岁儿童学习与发展指南》（征求意见稿）谏言学前教育发展[J]. 中国教师, 2012（18）: 9.

[11] 葛广东. 对新《幼儿园工作规程》的解读与思考[J]. 课程教育研究·新教师教学, 2016（34）.

[12] 张洁. 规范办园行为, 提升保教质量: 新《幼儿园工作规程》内涵与特点分析[J]. 陕西学前师范学院学报, 2016, 32（10）: 124-130.

[13] 谢哲. 2016 年版《幼儿园工作规程》的主要特点和作用展望[J]. 陕西学前师范学院学报, 2016, 32（7）: 113-116.

[14] 黄翎.《幼儿园工作规程》实施现状调查研究[D]. 天津: 天津师范大学, 2019.

第十讲　幼儿园科学保教管理概论

本讲要点

> 1. 回顾西方和中国科学保教思想的形成与发展历程，正确认识和处理幼儿园科学保育与科学教育的关系，完整准确界定幼儿园科学保育的基本内涵，开拓树立广义科学保育观，并充分汲取国内外科学保教管理的历史经验。
> 2. 幼儿园科学保教管理的核心内容为：课程建设管理是总纲，环境创设管理是基础，一日活动管理是主体，教师专业发展管理是关键。
> 3. 各幼儿园应加强科学保教战略管理，推进保教治理体系与治理能力现代化；加强科学保教师资队伍建设，建立健全科学保教工作机制；着力增强科学保教能力，逐步提升科学保教品质；积极探索科学保教融合新型路径，促进幼儿全面和谐发展；特别探索与努力推进乡村幼儿园的科学保教融合。

关键词

科学保教　保教思想　保教管理　管理策略

第一节　西方和中国科学保教思想的形成与发展

为了做好科学保教管理工作，必须了解科学保教思想的形成与发展简史，逐步形成并持续发展科学保教观，始终坚持紧密结合国情、区情和园情，精心设计和统筹推进本园科学保教工作。

一、西方科学保教思想形成与发展

西方（含日本）古代儿童保教思想总体具有朴素人文主义和自然主义特征，在强调家庭履职的同时，主张实施国家或社会公育（古希腊，柏拉图）；尊重儿童天性，顺应儿童身心发展水平，加强优生胎教与营养卫生保健（古希腊，亚里士多德）；重视儿童劳逸结合（古罗马，昆体良）。近代以来，西方儿童保教思想主要有以夸美纽斯（捷克）为代表的主张发展儿童外部自然本性的"客观自然主义"观念，以卢梭（法国）为代表的主张发展儿童主观中自然本性的"主观自然主义"观念，以洛克（英国）、裴斯泰洛齐（瑞士）为代表的主张促进儿童德、智、体、劳等协调发展观念，以及以福禄贝尔（德国）、赫尔巴特（德国）为代表的主张实施集体的公共教育和强调保护儿童身体和精神健康成长的观念。

19 世纪末至 20 世纪初期，兴起于西欧国家的新教育运动与美国的进步主义教育运动大力提倡实施全面教育，尊重儿童自由，注重儿童兴趣、直观启发和思维训练，重视儿童手工、劳动教育和美的陶冶，强调通过协调教学（英国，雷迪）、单元教学（比利时，德可乐利）、活动教学（美国，帕克）、设计教学（美国，克伯屈）、个别教学（美国，帕克赫斯特）、教具教学（意大利，蒙特梭利）和"做中学"（美国，杜威）等多样化教学制度与方法，坚持以儿童为中心并为儿童本能生长和经验活动开展创造条件，培养适应现代社会需要的、完全人格的新人[①]。此外，苏联的克鲁普斯卡娅提出了系统促进儿童全面发展的思想，马卡连柯提出了强调平行和前景影响原则的集体教育以及家庭教育思想；仓桥惣三（日本）指出"幼儿教育是根的教育，就是自己发展自己的教育"，并提出基于儿童发展中心的生活保育理论，即"诱导保育法"[②]。

当代以来，具有鲜明科学主义特征的西方儿童保教思想日益多元化，代表性思想流派有：强调操作性条件反射与通过社会强化物及适当惩罚来塑造儿童行为的斯金纳（美国）新行为主义心理学理论；强调培养智慧儿童的皮亚杰（瑞士）儿童认知发展、道德发展和教育科学理论；强调儿童自我实现、发现"自我同一性"、促进其潜能发展和培养其创造性的马斯洛（美国）人本主义心理学理论；强调由儿童基因控制生理成熟时间顺序因素在其整个结构性发展过程中具有决定性意义的格塞尔（美国）成熟理论；强调对儿童进行自由教育与情感教育、正确看待问题儿童的尼尔（英国）开放教育思想；强调开放教育和优

[①] 唐淑. 学前教育思想史[M]. 北京：人民教育出版社，2018.
[②] 王欢星. 仓桥惣三诱导保育思想研究[D]. 武汉：华中师范大学，2017.

化儿童智力结构并实施多元智力发展评价的加德纳（美国）多元智能理论；强调优化儿童发展环境的布朗芬布伦纳（美国）人类发展生态学理论；强调开发儿童潜力，为儿童提供福利，教师扮演多元角色，鼓励儿童运用各种语言来探索环境，表达自我和相互交流，提倡民主与合作，实施"方案教学"的马拉古兹（意大利）瑞吉欧教育模式；强调促进儿童心理机能高级发展、教学引导儿童发展、重视儿童学习最佳期限的维果茨基（苏联）社会文化历史发展理论；强调"学前教学论"和"指示法"以及体系化感觉教育的乌索娃（苏联）学前教学思想；强调发展儿童创造性的福辽莉娜（苏联）学前美育思想；强调保育为幼儿教育特质并主张坚持彻底"现场中心主义"和"站在孩子立场上"的高杉自子（日本）保育观[1]。

二、中国科学保教思想的形成与发展

中国古代儿童保教思想充分肯定了儿童教育奠定人生基石的意义，主张德智体美和谐发展，坚持动静结合和知行统一，尊重儿童特点，适宜保教，其主要内容有：关爱儿童成长的慈幼观念、注重外象内感的胎教理论、注重惜爱有度的保教态度和重视体育锻炼的儿童保健观念[2]。其中，先秦时期开始提倡早期教育，强调儿童教育的起点是胎教，前提是慎择师、保，以创造良好环境，应重视家庭教育，尊重儿童自主性，重在品德修养。秦汉时期强调"保其身体、傅之德义、道之教训"的体、德、智并举以及深浅适宜。魏晋隋唐时期强调家教奠基、勿失良机、德艺双修、博专统一、严教是爱、风化熏陶和闻见结合。宋明时期强调规范儿童教育贵在慎始，正面教育，辨明人伦，因材施教，顺其性情，寓教于乐，知行并重，循序渐进，启发诱导，陶冶心灵。明清时期强调应当爱护儿童，因人而异，以身示范，礼乐教化，正其心术，耕读相兼，难易适中，宽严相济，分层致功。

中国近代儿童保教思想主要是在西学东渐历史进程中，主要通过学者推介、观念宣传和设置机构示范等途径汲取西方（包括日本）保教思想另辟蹊径而形成。"中学为体、西学为用"价值取向下的《奏定蒙养院章程及家庭教育法章程》是中国近代学前教育制度化建设的重要标志，明确了设置蒙养院目的在于辅助家庭，实行蒙养家教合一，其保教思想既有推行西法之内容又有显著因循守旧特征。新文化运动前后，以学前公共机构教育代替学前家庭教育的"公育"思想日益兴起。

中国现代儿童保教思想肇始于新文化运动、1919年美国教育家杜威来华讲学以及马克思主义思想传播等活动，在"救亡图存"时代背景下，具有强烈政治目的性指引和普及儿童保健常规特征的保教思想也在加快本土化建构步伐[3]。其主要代表性人物及其本土化创新性思想主张有：强调"发展健全人格，尚自然，展个性"的蔡元培美育思想；强调遵循自然生长原则、基于儿童生活行为获取有益经验的张雪门行为课程理论；强调"生活即教育""社会即学校""教学做合一""创造教育"的陶行知生活教育理论；强调尊重儿童身心发

---

[1] 高杉自子. 幼儿教育的原点[M]. 王小英，译. 上海：华东师范大学出版社，2014.
[2] 唐淑. 学前教育思想史[M]. 北京：人民教育出版社，2018.
[3] 朱季康. 民国时期"保育"思想的本土化建构：基于海外近代学前教育思想传播的环境[J]. 安徽师范大学学报（人文社会科学版），2012，40（4）：523-528.

展特点，突出中国本土特征，以大自然、大社会为中心，重视特殊儿童教育，力主心理学具体化，教学法大众化的陈鹤琴活教育理论；强调整合儿童个人价值与社会价值，以培养儿童社会认知、社会情感和社会行为技能为具体内容，以儿童生活为中心，以幼儿的主体性活动的经验为中心来组织课程的张宗麟社会化课程理论。毛泽东从"一切从实际出发"的唯物主义思想原则出发，形成了以革命为目的、人民为主体、生活为内容、劳动为方法的儿童保育思想[①]。

中国当代儿童保教思想曾经充分引进并吸收苏联学前教育理论，强调教育在儿童发展过程中的主导作用及系统知识对儿童智能发展的影响，主张实施体、智、德、美全面发展的学前教育，采用分科教育的课程组织模式，重视集体教育教学。与此同时，它引进吸收了皮亚杰、马斯洛、加德纳等的西方学前教育理论，开始构建具有中国特色的学前教育思想体系，主要思想主张有：高举中国特色社会主义理论伟大旗帜，确立面向现代化（基本人权、独立个体、自然存在、快乐童年、社会存在和丰富环境等）、面向儿童发展的科学儿童教育观；坚持适合儿童身心发展、以儿童社会生活为基石、强调儿童个性化发展、家庭社区积极参与的学前课程观；坚持教师是儿童学习支持者、发展促进者、园所与家庭社区联系者与沟通者、教育实践研究者、教育生活同构者的学前教师观；强调教育内容、手段和过程三个方面综合以及主题活动、一日活动和个别活动三个层次综合的"幼儿园综合教育"思想；强调以幼儿发展水平为主线，通过核心经验活动设计符合幼儿发展需求的结构化课程，重视发挥幼儿学习能动性，以发展幼儿和谐人格为长期目标的"幼儿园素质教育"思想[②]。21世纪以来，党中央、国务院高度重视大力发展学前教育事业，坚持学前教育公益性质，启动多个"三年行动计划"，关注社会弱势群体，加大普惠园建设力度，推进学前教育内涵发展，布局0～3岁婴幼儿照护服务体系，加快学前教育立法步伐，重构公平与质量话语新体系下科学保教新格局，正在推动整个事业从"幼有所育"迈向"幼有善育"的发展新阶段。

三、正确认识和处理幼儿园科学保育与科学教育的关系

幼儿园工作为何应贯彻科学保教原则？如何认识和正确处理科学保育和科学教育的关系？这需要我们深入发现和合理界定幼儿园工作的独特属性和科学保教的基本内涵。首先，从幼儿的身心发展特点来看，最为迫切的基础工作是顺应天性、日常照料、精心看护和正视差异等保养培育工作，然后才会实施学习引导、适应社会和发展支持等教养培育工作。其次，从幼儿教育事业发展历史过程来看，作为原生态教育方式的古代家庭幼儿教育总体上以朴素保育为核心主体，以朴素教育为辅助补充，而作为社会化教育方式的近现代幼儿园工作总体上以科学保育为基础常规部分，以科学教育为分化提升部分。长期以来，在具体幼儿园工作实践中，客观存在"保教分离"和"重教轻保"的非科学保教现象。再次，从幼儿园教育学段与后续学段国民教育内容比较来看，根本差异在于突出保教结合与保教并重以促进儿童身心健康与全面发展[③]。由于幼儿具有更强敏感性与可塑性，作为幼儿身体

[①] 王登峰. 毛泽东儿童保育思想发微[J]. 当代教师教育，2018，11（3）：14-19.
[②] 唐淑. 学前教育思想史[M]. 北京：人民教育出版社，2018.
[③] 程秀兰. 基于实证视角的幼儿教育本质特征研究[D]. 西安：陕西师范大学，2013.

建构过程的保育是学前教育发生的逻辑起点和独特属性[①]。最后，从幼儿园工作本体结构分析来看，强调积极守护幼儿自然个性与自主成长的科学保育是幼儿园工作的原点[②]与基石，强调积极增益幼儿社会习性与协调成长的科学教育则是幼儿园工作的杠杆与柱梁，二者应当动态协同并融合以构成完整的幼儿园工作框架体系[③]。综上所述，在实现顺天应人地培养完整发展儿童这个共同大目标下，对于幼儿园科学保育与科学教育工作来说，二者既有各自相对独立的工作内容，又有彼此交叉互促的工作内容。因此，正确认识和处理二者关系的总体思路是：保教结合，保教并重，以保促教，以教促保，中和位育，蒙以养正。

四、完整准确界定幼儿园科学保育的基本内涵

截至目前，我国有关权威教育行政法规已经原则性确定了科学保教在幼儿园工作中的核心地位和目标任务。例如，《规程》指出，"幼儿园是对3周岁以上学龄前幼儿实施保育和教育的机构"，"贯彻国家的教育方针，按照保育与教育相结合的原则，遵循幼儿身心发展特点和规律，实施德、智、体、美等方面全面发展的教育，促进幼儿身心和谐发展"。关于幼儿园科学教育工作的基本内涵和具体内容，《规程》《纲要》《指南》均有明确阐述，即幼儿园教育工作是指根据我国的教育方针和总的培养目标，结合幼儿的年龄特点专门设计的影响幼儿的身体、认知、情感、社会性等方面发展的有目的的活动。通过幼儿园教育工作，让幼儿在幼儿园这个集体环境中发展基本的身体和心理能力、获得粗浅的知识和技能，学习在集体中生活、与人交往的社会行为规范以培养学习兴趣、良好的学习习惯等，这些品质既能保证幼儿的身心健康发展，又能帮助幼儿做好入小学的准备。然而，对于幼儿园科学教育工作的基本内涵和具体内容的阐述则不够明确，还需要进一步梳理确定。结合国内外保教工作实践，进一步研究分析以上三个教育行政法规的条文表述，初步可以得出以下四类界定信息：一是全面"保护幼儿的人身安全"；二是"科学照料和管理幼儿生活""必须切实做好幼儿生理和心理卫生保健工作""促进幼儿身体正常发育和机能的协调发展，增强体质，促进心理健康，培养良好的生活习惯、卫生习惯和参加体育活动的兴趣"；三是"应尊重幼儿的人格和权利，尊重幼儿身心发展的规律和学习特点，以游戏为基本活动，保教并重，关注个别差异，促进每个幼儿富有个性的发展""应当尊重、爱护幼儿，严禁虐待、歧视、体罚和变相体罚、侮辱幼儿人格等损害幼儿身心健康的行为"；四是"遵循幼儿身心发展特点和规律""应为幼儿提供健康、丰富的生活和活动环境，满足他们多方面发展的需要，使他们在快乐的童年生活中获得有益于身心发展的经验"。对以上四类界定信息进一步凝练，可以把幼儿园科学保育工作的基本内涵概括为以下四个方面：一是保护幼儿人身安全（简称"护安"）；二是保养幼儿生命健康（简称"保健"，生命健康应包括身体健康、心理健康、社会健康和道德健康四个层面）；三是保障幼儿合法权益（简称"赋权"）；四是保持幼儿优良天性（简称"增能"）。其中，从提升科学保育层级结构上看，应依次优化促进幼儿的身体发育、心理发育、灵魂发育和精神发育。

[①] 仓桥惣三. 幼儿园真谛[M]. 李季湄, 译. 上海：华东师范大学出版社，2014.
[②] 高杉自子. 幼儿教育的原点[M]. 王小英, 译. 上海：华东师范大学出版社，2014.
[③] 邓诚恩. 幼儿园保教关系新论[J]. 陕西学前师范学院学报，2017，33（4）：7-12.

相对成熟的幼儿园传统科学保育观的核心内容是"护安保健",重在促进幼儿的身体发育和心理发育,而亟待发展的当代幼儿园科学保育观的核心内容是"赋权增能"[1],重在促进幼儿的灵魂发育和精神发育。

五、进一步开拓和树立广义科学保育观

儿童不仅是家庭的希望和社会的未来,更是民族的希望和国家的未来。因此,所有富有远见的家庭与社会,特别是民族和国家都高度重视幼儿科学保教工作,特别是幼儿科学保育工作,加快构建幼儿科学保育善治体系。值得注意的是,步入 21 世纪以来,我国学术界开始主张在学前教育"老三学"(教育学、心理学、卫生学)的基础上,大力建设早期儿童发展科学"新三学"(保育科学、神经科学、健康科学)。以深化学前教育质量评价为契机,我国学前教育界在儿童观方面日益与世界先进水平保持同步,正在实现从"发展的儿童观"向"政治经济的儿童观"、"社会文化的儿童观"和"人权的儿童观"演进。为此,我们需要进一步解放思想,突破目前的狭义科学保育观,树立广义科学保育观,其主要内容是:从国家层面看,可以通过法律、政策、规划和财政等途径对全体幼儿实施政治性保育(简称"政保"),对于全体处境不利幼儿实施特殊性保育(简称"特保"),对于全社会科学保育工作进行监督监察(简称"督保");从社会层面看,不仅可以通过幼儿园力量实施社会化公共保育(简称"公保"),特别是教育过程中的保育(简称"教保"),还可以通过家庭力量履行父母保育基本职责(简称"责保"),特别是亲子情感保育(简称"情保"),以及通过社区或其他社会组织实施本土文化影响性保育(简称"文保"),特别是生态环境影响性保育(简称"环保");从个体层面上看,可以鼓励和引导幼儿加强自我安全保护、自我情绪管理和自我掌控体验等(简称"自保")。其中,全体幼儿园是受国家委托具体实施科学保育工作的主要阵地与核心枢纽,应当通过加强对外联系协同和对内整合协调两个基本途径,集成贯通国家、社会和个体三个层面,以及"政保""特保""督保""公保""教保""责保""情保""文保""环保""自保"等多元要素,特别是大力推进"保教一体化"工作,充分结合五大领域教育,优化幼儿身体发育、心理发育、灵魂发育和精神发育四个层级发育结构。

六、国内外科学保教管理的历史经验与当代启示

整个人类社会的学前教育发展史不仅是科学保教思想与观念发展的历史,而且是科学保教实践与管理发展的历史。以人类社会的历史进步为基础,在学前教育保教管理责任认同与履行方式上,世界范围内总体上看有一个从古代的家庭保教管理观念与行动(含家族保教观念)向近代以来的社会保教管理观念与行动(含公共机构与社区保教管理观念与行动)进而向近现代以来的国家保教管理观念与行动(含地方与基层政权保教管理观念与行动)的发展演变过程。回顾世界各国儿童保护与教育方面的法规与政策历史,特别是考察

---

[1] 郝朝霞,李海鸥. 儿童"赋权":内涵、依据、意义与策略:基于社会工作理论的视角[J]. 陕西学前师范学院学报,2018,34(3):48-52.

从 1802 年巴乌利美侯爵夫人创立德国最早"保育所"到 1837 年福禄贝尔创立德国最早的"幼儿园"(1840 年正式命名)以及 1816 年欧文创立英国最早的"幼儿学校"和 1911 年麦克米伦姐妹创立英国最早的"保育学校"的多类型化命名及其工作内容可知,在认识和处理儿童保育和教育关系上,在近代专门托幼机构出现之前,各国都普遍强调以家庭的精心保育为主并以适当教育为辅;在近代专门托幼保育与教育机构出现之后,仍然普遍强调以家庭或机构的精心保育功能为基础和前提,提倡适当加强与突出适宜儿童发展的教育功能;自人类社会进入现代时期以来,随着学前教育科学的建立与发展,特别是各国学前教育制度化体系的建立与完善,逐步开始强调保教结合。不难发现,在国内与国际多方力量共同推进下,各国自近现代以来的国家科学保教管理观念形成与发展及其制度设计、法规政策、质量标准、战略规划、体制机制、财政投入、师资保障和科技支撑等方面的体系化治理行动是各国学前教育事业发展最为强大的动力。

简而言之,国内外科学保教管理的历史经验与当代启示主要包括以下五个方面:一是应高度重视循序推进福利、扶弱和普惠阶段主题的立法治理[1],除了相关立法支持,重点应大力加强学前教育专门立法、宏观规划与政策调整,坚持和巩固保障婴幼儿福利和扶持弱势婴幼儿社群的历史传统[2],优先加强婴幼儿安全保护,可以从提高幼儿入园率和发展非正规幼儿教育两个方面保障幼儿的受教育权,并从公平分配幼教资源和建设适合个性特点的课程两个方面促进追求幼儿教育机会均等[3];应明确各级政府及其职能管理部门的权责划分[4],可以采取财政投入及家庭补贴等形式为学前教育提供支持并建立监督评估制度,充分体现学前教育的公益性质[5];应建立严格的职业准入制度、完善的培训制度和有吸引力的薪资制度来吸引优质师资,并积极推进家园合作,开展家长培训,促进家长履职[6]。二是今后应从提高国家竞争力的高度,强调突出学前教育普惠性质,持续普及学前教育与提高保教质量水平,帮助幼儿做好入学准备[7],逐步把学前教育纳入国家公共服务体系[8];应根据经济社会发展实际情况分阶段逐步推进免费学前教育,以政府财政投入为主建立免费学前教育经费保障机制,以弱势群体为重点保障的免费对象,采取多种形式相结合实施免费学前教育[9]。三是应坚持深化以公立学前教育为主要内容的办园体制改革,应强化政府在学前教育供给中的主导责任,重点保障公立学前教育托底发展,引导支持民办学前教育向多元化和非营利性方向自由发展;不同层级政府之间应制定发展公立学前教育责任共担制度,优先建设公办幼儿教师队伍,以公立学前机构为主导力量促进学前教育普及和公平[10]。四是针对各国

---

[1] 钱雨. 美国学前教育立法的发展、经验与启示[J]. 湖南师范大学教育科学学报, 2020, 19(3): 16-23.
[2] 庞丽娟, 夏婧, 孙美红. 世界主要国家和地区弱势儿童学前教育扶助政策研究[J]. 教育学报, 2010, 6(5): 50-55.
[3] 曹能秀. 教育民主化浪潮下的世界幼儿教育[J]. 外国教育研究, 2008(3): 50-54.
[4] 沙莉, 庞丽娟, 刘小蕊. 通过立法强化政府在学前教育事业发展中的职责:美国的经验及其对我国的启示[J]. 学前教育研究, 2007(2): 3-9.
[5] 霍力岩, 沙莉, 郑艳. 世界部分国家学前教育基本属性的比较研究[J]. 比较教育研究, 2011, 33(6): 5-9.
[6] 管华, 王君妍. 国外学前教育立法的启示[J]. 陕西师范大学学报(哲学社会科学版), 2017, 46(6): 60-66.
[7] 倪婷. 二战后美国联邦政府学前教育政策公平性推进历程研究[D]. 长春: 东北师范大学, 2013.
[8] 吴迪. 澳大利亚学前教育的立法和执法情况[D]. 上海: 华东师范大学, 2015.
[9] 庞丽娟, 夏婧, 张霞. 世界主要国家和地区学前教育免费政策:特点及启示[J]. 比较教育研究, 2010, 32(10): 1-5.
[10] 杨冬梅, 夏婧, 张芬. 以公立学前教育为主导,促进普及和公平:世界主要国家和地区学前教育办园体制改革的经验[J]. 教育发展研究, 2010, 30(24): 25-30.

幼儿园和保育机构（或托育机构）二元管理体制存在的突出问题，坚持儿童优先和利益最大化原则，积极推进一元化婴幼儿保教体系改革与建设，开发适应新时代发展的婴幼儿保教课程，着力建构以保障婴幼儿"生存权""学习权""发展权"为目标的高品质保教内容，建立健全保教一体化的"保育教师"培养制度，开发保教整合型"保育教师"培养课程，大力培养专业素质高的一体化保教师资[1]。五是高度重视学前教育公共治理[2]，突出安全、健康、福利、机会、公平、整体[3]、优质和融合等基本主题，将学前教育从作为民主实践场转变为社会投资品、教育内容从重视保育和游戏转变为关注终身学习[4]，大力加强目标多元化、管理融合化和儿童发展评价过程性导向的学前教育质量监控与评价体系建设[5]，特别重视机构服务质量、员工及教师质量和儿童发展质量等重点领域监测与评估[6]。为此，应积极研制学前教育机构质量框架与评价标准[7]，特别是应尽快出台学前课程质量标准[8]。

第二节 幼儿园科学保教管理常识

幼儿园工作包括许多方面，主要有党政管理、科学保教、总务后勤、师资队伍和文化建设等。其中，科学保教工作是指特定幼儿园坚持遵循幼儿身心发展规律以实施科学的保育和教育工作，是幼儿园的核心工作，更是提高幼儿教育质量的基本保障。

一、幼儿园科学保教管理的基本内涵

管理，是指特定职责主体通过配置一定的资源实现预期目标的活动。幼儿园科学保教管理是指按照幼儿发展的规律和特点，对幼儿科学保育工作和科学教育工作进行决策、组织、领导、控制和创新等管理活动，是幼儿园全部管理工作的核心与关键所在。其基本任务是坚持保教结合和保教并重的基本原则，统筹规划和组织实施特定保教战略或工作计划，积极构建保教一体化治理体系，实现科学保育工作与科学教育工作互相渗透，充分体现"保中有教"和"教中有保"，共同促进本园幼儿完整全面发展。其工作内容主要包括科学保育管理、科学教育管理、科学保教融合管理和科学保教体系治理等。

根据世界学前教育事业发展经验，归根到底，需要建立健全以"学前教育法"为核心的学前教育法规与政策体系，以加强和提高幼儿园科学保教管理的公平与质量水平。作为

---

[1] 杨潇，李锐谦，崔文晓. 从分离走向统合：韩国学前教育保教一体化实践及启示[J]. 郑州师范教育，2023，12（1）：35-38.
[2] 陈眉. 幼儿保育与教育中的政府角色[D]. 上海：华东师范大学，2014.
[3] 曹能秀. 全人发展的幼儿教育：世界幼儿教育的发展趋势之一[J]. 学前教育研究，2008（3）：33-36.
[4] 李敏谊，郭宴欢，陈肖琪. 北欧国家幼儿教育和保育政策话语的新变迁[J]. 比较教育研究，2018，340（5）：91-99.
[5] 李传江，张义宾，周兢. 国际视阈下的学前教育质量监控体系：基于"经合组织"和"世界银行"学前教育新政策的述评[J]. 外国教育研究，2017，44（1）：3-14.
[6] 文明. 学前教育质量评价理论与实践[M]. 成都：四川大学出版社，2018.
[7] 王绍华. 安全、健康、福利：澳大利亚幼儿教育和保育新动向：基于《国家质量框架》的研究[J]. 赤峰学院学报（自然科学版），2012，28（6）：186-187.
[8] 罗娟. 国际学前教育机构质量评价标准中的课程质量标准研究[D]. 南京：南京师范大学，2016.

过渡或落地措施，有待更多地方学前教育管理部门及时发布有关保教管理行政法规或工作指南。

二、幼儿园科学保教管理的组织体系

为了常态化实施科学保教管理，所有幼儿园都必须根据《规程》和《幼儿园管理条例》等教育行政法规以及上级主管部门的管理政策，并结合本园办班规模与发展水平等实际情况，建立健全科学保教管理组织体系。

该组织体系一般包括三个管理层级：一是高层管理，主要管理者包括园长、分管副园长以及园务会议成员等，主要负责整体规划与统筹实施本园保教战略。二是中层管理，主要管理者包括保教主任及副主任、总务主任及副主任、园务主任及副主任、年级教研组或专题教研组组长或副组长，主要负责具体组织与监督实施本园保教计划或工作方案。其中，一般设6个班级或以上规模的幼儿园，需要配备专职的保教主任，其在园长领导下负责机构保教工作，负责指导各个班级保教工作实施。三是基层管理，主要管理者包括班级负责人或班长、幼儿教师、保育员、卫生保健人员、炊事员、保卫人员和其他工作人员，主要负责具体执行与保障实施本园保教计划或工作方案。目前各园根据实际情况配备班级保教人员，主要有以下三种方式：① 每班2名教师，1名保育员；② 每班2名教师，2～3个班级共用1名保育员或者生活卫生人员；③ 每班3名教师，轮流履行保育员职责。此外，幼儿园可根据特定教育模式需要，每班配置1名教师及1名非常勤工作人员，后者在必要的时段替班，并安排若干科任教师或代理教师负责某项具体课程。为了实施全纳保教，还可以安排专兼职人员照顾特殊儿童的学习与生活。

三、幼儿园科学保教管理的制度保障

规章制度是组织的活动准则，是所有组织正常运转的基本保证。幼儿园的规章制度一般包括两大类：一是由国家立法机关和各级政府及其教育行政部门等统一制定的法规和规章制度，如《教育法》《教师法》《幼儿园管理条例》《规程》及地方制定的幼教行政法规、规章制度。二是幼儿园依据国家法律和教育行政机关规定的法规结合本园实际自行制定的规章制度。这是各幼儿园具体实施幼儿园管理的工具，是使幼儿园工作能有正常、稳定的秩序，协调各类人员，提高效率的保证。幼儿园为了加强科学保教管理，不仅必须依法办园，还需要照章办园，不仅需要科学治园，还需要以德治园。

幼儿园规章制度主要包括全园性制度、部门性制度、各类人员岗位责任制度以及组织激励制度（见表10-1）。制定和修订幼儿园规章制度应遵循可行性、明确性和群众性等原则，确保各类规章制度制定和修订工作的科学性和民主性。在规章制度执行过程中应加强广泛宣传教育和严格检查督促，优先预防和排除食品卫生安全风险，大力提高膳食营养供给质量与服务水平。幼儿园园领导和各级管理人员必须以身作则，带头严格执行规章制度，给教职工做出表率。参考国际上幼儿园家庭社区合作保教的先进经验特别是瑞吉欧教育体系中的"互动合作"理念[①]，今后迫切需要逐步完善政府管理部门、家长和社区代表参与的幼

[①] 潘洁."瑞吉欧"的教育理念和实践[EB/OL]．（2021-12-22）．www.pep.com.cn/xqjy/yjyj/yjyts/gnxw/201008/t20100823_1787315.html．

儿园管理制度。

表 10-1 幼儿园各类规章制度

类　　别	具 体 项 目		
全园性制度	教职工考勤、上班、交接班、值班、学习、办公、收托、接送、安全、民主管理、职业行为规范、联系家长等		
部门性制度	行政会议制度	园务会、全园会、班长会、班务会、教代会、伙委会、卫委会、家委会等	
	卫生保健制度	清洁卫生、健康检查、生活作息、体格锻炼、防疫防病、伙食营养等	
	保教制度	计划与记录、观察与分析、常规检查、安全检查、教师备课、教研活动、质量评价等	
	总务制度	财务管理、资产管理、伙食管理、安全管理、环境管理、档案管理等	
岗位责任制度	园长、保教主任、教师、保育员、保健员、炊事员、财会人员、门卫及其他事务人员等不同的岗位责任制度		
组织激励制度	评价、监测、职称、荣誉、考核、奖惩等		

四、幼儿园科学保教管理基本程序

幼儿园科学保教管理一般通过制订战略计划、组织监督实施和评价反思改进等基本程序来合理配置幼儿园空间、人力、物力、财力和信息等资源，以达成预期目标。

（一）制订科学保教战略或工作计划

首先，幼儿园园长应当组织园内外有关力量，定期制订或修订届期或中长期科学保教战略规划。其次，应当研究制订或审订学年、学期、月、周和逐日等常用科学保教工作计划。其中，学期教育工作计划应细化分解年度总体目标任务，提出各方面工作的具体内容要求。每月应在总结上月计划执行落实情况基础上提出本月工作具体要求和相关措施。周计划和逐日计划是对每月工作计划的详细分解，可做出每天具体活动大致规定。

案例 10-1

（二）组织监督实施常用科学保教工作计划

首先，应通过各种途径特别是新媒体途径向全园教职员工传达并布置常用科学保教工作计划，使大家明确工作计划的基本目标、工作重点和步骤安排等。其次，应加强计划执行的统筹安排与沟通协调，应检查督办全园教职员工是否履行岗位职责，保证计划得到落实与执行。最后，及时对照保教计划，发现并解决计划执行过程中存在的突出问题，随时调整不合理的工作计划。

（三）评价反思改进常用科学保教工作计划

首先，应结合本园党政活动、研修活动和迎评活动等，实事求是总结并肯定主要成绩，梳理存在的突出问题。其次，鼓励全园教职员通过活动设计、教学记录、教育日志、教育叙事、反思笔记和工作总结等多元方式评价反思本园常用科学保教工作计划执行效果。再次，应及时总结本园科学保教典型经验并适当对外传播推广。最后，应定期开展科学保教专项评价工作，建立健全以评促建的良性工作机制。

五、幼儿园科学保教管理核心内容

幼儿园科学保教工作内容的复杂性决定了其科学保教管理的复杂性。为了方便广大幼儿园掌握科学保教管理的操作要领，这里将其核心内容概括为四句话：课程建设管理是总纲，环境创设管理是基础，一日活动管理是主体，教师专业发展是关键。

（一）幼儿园课程建设管理

长期以来，为了强调幼儿教育特别是幼儿园教育学段与初等及中等教育学段在教育方式上的根本差异性，我国始终存在着一种只讲活动设计而反对课程建设的思想主张。经过激烈争论，自 20 世纪 90 年代以来已经基本达成共识，即强调"学习内容进程"的课程建设在教育活动中起着决定性作用[1]，为了有效开展幼儿园教育活动和显著提高幼儿园教育质量，必须加强幼儿园课程建设特别是园本课程建设，明确实现幼儿园教育目的的根本载体与评价依据。在进一步吸纳目前的"学科"领域、"经验"过程和"活动"形态三种学前课程界定倾向的合理内涵的基础上，这里给出一个"幼儿园课程"综合性的简明定义，即有特定学科导向、有目的、有计划支持幼儿获得有益经验的各种幼儿园活动及其过程的总和。从幼儿园课程本体结构上看，教育资源是幼儿园课程的"根"，专业设计是幼儿园课程的"干"，活动组织是幼儿园课程的"枝"，操作行为是幼儿园课程的"叶"。由于不同的幼儿园客观上处于不同的区域环境，拥有不同的资源禀赋，坚持不同的课程观念，以及依据不同的课程理论等多种原因，其课程建设必然表现为千差万别的具体形态。

各级政府学前教育主管部门负责幼儿园课程建设的宏观管理与业务指导，其主要工作内容包括：研制课程标准与课程规划，组织课程审议与课程视导，实施课程治理、课程评价和课程文化建设，等等。目前，我国正在研制国家层面的课程标准与课程规划，大力推进构建国家、地方和园本三级幼儿园课程体系。有关省市已经出台了地方教育行政法规，开始规范指导幼儿园课程建设工作。例如，《浙江省学前教育保教管理指南》就幼儿园课程提出了 11 条管理措施，明确规定：幼儿园课程实施应有第一责任人；幼儿园必须选用国家或省级教材审查委员会审定通过的教材和课程辅导资源、科学合理地设置课程；确保幼儿园课程开设的严肃性；提倡创造性地使用教材，开展课程园本化研究；课程实施应以幼儿的全面发展为目标；课程内容的安排要注意领域的均衡，并考虑各领域的有机联系、相互渗透；树立一日生活皆课程的教育理念；创建并不断完善幼儿园课程资源库；以幼儿为中心构建和使用园舍环境；充分利用各地区社会资源，积极开展与之相适应的地方特色活动，学习和传承地方文化；搭建家长互相学习的交流平台，鼓励家长参与幼儿园课程建设与实施。

各个幼儿园课程建设与管理的主要内容与基本步骤是：

（1）确立指导思想。应学习掌握幼儿园课程与教学基本理论，了解幼儿园课程发展史，

---

[1] 虞永平，王春燕. 学前教育学[M]. 北京：高等教育出版社，2012.

熟悉世界范围内学前教育的基本课程模式（例如，由幼儿发起活动、教师回答活动的"自然成熟模式"，由教师发起活动、幼儿回答活动的"行为环境模式"，教师与幼儿一起设计活动、开展活动的"认知相互作用模式"[1]），以及主流课程方案与模式（例如，国际上的蒙特梭利课程、华德福课程、瑞吉欧课程、高瞻（高宽）课程、光谱课程、发展适宜性课程等方案与模式，以及我国本土五指活动课程与行为课程方案及模式），务必充分结合区域经济社会发展和本园实际情况，循序推进从"儿童的大纲"到"主题的大纲"再到"教学的大纲"，聚焦幼儿园教育政策实施与师幼互动过程结构优化，坚持从教育领域交叉转向教育主题整合来开发课程，努力实现课程组织上的预设程序规范性与情景生成自主性。

（2）明确建设任务。密切联系近年逐步产生较大影响的深度学习[2]、终身学习[3]、非正式学习[4]、核心素养[5]、关键经验[6]、STEM教育[7]和神经教育学[8]等时代思潮，科学规划和稳妥推进建设有特色、高水平的系统适宜性课程体系。应高度重视由质量标准、质量评估和质量文化等基本维度构成的课程质量管理体系建设，重点加强经验、探究、整合、创造价值取向、有特色、高水平的主题课程体系建设，特别强调园长和教师两个层面的思想、组织、经济、媒体和应急五个方面的课程领导力建设以及课程品牌传播工作。

（3）理解课程内涵。重点是如何在科学保教一体化理念下准确理解与合理设计幼儿园的课程目标、课程内容、课程组织与课程评价等基本构成要素[9]。

（4）诊断课建现状。

（5）编制课程方案。

（6）把握实施要点。主要包括：创设适宜的幼儿园环境；优化幼儿一日生活安排；积极拓展课程资源；确保幼儿游戏条件和质量；探索多样化的教育活动；大力促进家园合作。

（7）实施课程评价。应积极开展儿童发展导向的学前教育课程实施监测与多元化科学评价。鼓励采用追踪法、量表法和影像法进行过程表现性评价。

（8）强化保障措施。应大力加强组织领导、教研指导、师资培训和推进实施。

（二）幼儿园环境创设管理

狭义的幼儿园环境是指幼儿园内对师幼身心发展产生影响的一切物质、社会和心理等要素的总和，主要包括物质环境、社会环境和心理环境。广义的幼儿园环境是指直接或间接影响幼儿园工作开展的一切因素的总和，包括与幼儿园工作相关的园内小环境与园外的

---

[1] 张济洲. 世界幼儿教育课程模式比较分析[J]. 天津师范大学学报（基础教育版），2009, 10 (1): 65-68.
[2] 王小英，刘思源. 幼儿深度学习的基本特质与逻辑架构[J]. 学前教育研究，2020 (1): 3-10.
[3] 熊建辉，臧日霞，杜晓敏. 迈向全纳、公平、有质量的教育和全民终身学习：《教育2030行动框架》之具体目标和指示性策略[J]. 世界教育信息，2016, 29 (2): 18-27.
[4] 季娇，伍新春，青紫馨. 非正式学习：学习科学研究的生长点[J]. 北京师范大学学报（社会科学版），2017 (1): 74-82.
[5] 钟启泉. 基于核心素养的课程发展：挑战与课题[J]. 全球教育展望，2016, 45 (1): 3-25.
[6] 叶平枝. 在幼儿教育课程改革背景下重新审视关键经验的意义、内涵与特征[J]. 学前教育研究，2008 (11): 7-11.
[7] 杨晓萍，杨柳玉，杨雄. 幼儿园科学教育融入STEM教育的核心价值与实施路径[J]. 天津师范大学学报（基础教育版），2018 (4): 72-77.
[8] 琼斯. 教育神经科学研究导论[M]. 周加仙，译. 上海：上海教育出版社，2019.
[9] 邓诚恩. 幼儿园"开放式大课程"的内涵与实践探索：基于保教一体化背景的理念要求[J]. 陕西学前师范学院学报，2017, 33 (10): 58-62.

家庭、社会和自然大环境。为了全面实现幼儿园科学保教的工作目标，应大力加强幼儿园户外、内部和区域三类基本环境创设及其管理工作，进而通过合理开展综合性或专题性环境评价改进幼儿园环境创设质量，从而直接影响与有效促进幼儿的全面发展。更加详细的环境创设管理内容参见第十二讲第一节。

（三）幼儿园一日活动管理

幼儿园一日活动是指幼儿从入园到离园的一天时间内，在幼儿园室内外各个空间的全部经历。一般认为，幼儿园一日活动皆课程，是幼儿园实施科学保教工作的基本载体。因此，国内多个省市学前教育主管部门均发布了《幼儿园一日活动指引》《幼儿园一日生活标准指引》等教育行政规范，并把幼儿园一日活动划分为生活活动、体育活动、自主游戏活动和学习活动四种类型，其中，"学习活动是指教师采用游戏、谈话、实验、操作、实地参观、听赏、表演等多种方式，有目的、有计划地引导幼儿通过直接感知、实际操作和亲身体验获取经验，帮助幼儿逐步养成积极主动、认真专注、敢于探究和尝试、乐于想象和创造等良好学习品质。学习活动包括活动准备、活动实施和活动评价三个环节，教师通过集体、小组和个别学习的方式组织学习活动。"根据联合国教科文组织《反思教育》对学习的定义——"学习可以理解为获得知识（信息、认知、技能、价值观和态度）"（在学习方式上包括正式学习和非正式学习），广义的幼儿学习活动也贯穿于生活活动、体育活动和自主游戏活动，而且除了自主游戏活动，幼儿园还在广泛组织开展教育游戏活动。从便于幼儿园课程实施角度看，我们可以更为细致地划分幼儿园一日活动为生活活动、体育活动、游戏活动、集体教学、区域活动和工作体验六个基本类型。其中，集体教学、区域活动和工作体验这三个基本类型是对狭义的幼儿学习活动的具体再划分。科学管理幼儿园一日活动的总体要求是：应将一日活动的各个环节视为幼儿园课程的实施单元，切实提升保教人员综合素质与专业能力，从具体活动的时间、空间、内容和方法等方面着手，全方位整合各种有利于科学保教的影响要素，积极引导和支持幼儿相对完整地获取各种有益经验并自主实现身体建构与持续发展。更加详细的一日生活管理内容参见第十二讲第二节。

（四）幼儿园教师专业发展管理

幼儿园教师是履行幼儿园教育教学工作职责的专业人员，是幼儿园课程建设与发展的核心力量。各级政府学前教育主管部门负责幼儿园教师专业发展的宏观管理与业务指导，其主要工作内容包括：研制幼儿园教师专业发展与评价标准，制订幼儿园教师队伍建设规划与教育培训计划，组织建立幼儿园教师区域研修工作网络，牵头开展教育观摩、技能竞赛和先进评比等活动，实施教育活动督导、专家引领和教研服务等工作，协调各级教研部门、培训机构和优质幼儿园具体实施研修管理、专业指导和学习共同体建设等。各个幼儿园应高度重视和切实依据《幼儿园教师专业标准（试行）》，负责做好促进教师专业发展的各项工作，其主要工作内容包括以下几类。

（1）建立健全研修组织与工作制度。有条件的幼儿园应设立相应园级研修组织，建立教研组长和年级组长工作例会制度，定期开展形式多样的园本研修活动。尚不具备条件的民办、村办和有关小微幼儿园至少应积极参加上一级中心幼儿园组织的各种研修活动。

（2）加强幼儿园教师研修工作管理。应做好整体计划部署，合理设定研修任务，确保教师研修时间，充分整合并利用园内资源，选择采用以问题解决为导向的多样化研修模式，重点提升教师执教能力和专业素养；应以新手教师培训和骨干教师培养为重点，引导全体教师树立终身学习与持续专业成长的意识，加强教师职业生涯规划指导与跟进服务，能够根据不同层次教师的发展需求精心设计师徒结对、专题研讨、现场评课、案例分析、网络教研和教育叙事等相应形式的研修活动。

（3）务实提高幼儿园教师研修管理水平。制定教师评价激励制度，以促进教师专业发展为目的，以教师的日常工作过程为对象，以物质激励、环境激励和成就激励（包括专业技术职务晋升晋档）等多种方式进行评价激励；在将专家请进园帮助指导的同时，积极支持教师每年至少外出业务学习一次，每三年至少外地业务进修一次；切实为教师工作适当减负，鼓励和支持教师以幼儿园为"教育实验室"，深入开展以幼儿为中心的教育教学实验和实际问题导向诊断的改进研究；建立并负责管理好教师个人成长档案，使教师体会到专业自豪感和职业成就感。更加详细的幼儿教师专业发展管理内容参见第十三讲。

第三节 幼儿园科学保教管理策略优化

一般认为，现代管理主要有决策（含计划）、组织、领导（含协调）、控制（含监督）和创新等基本职能。从管理内容上看，现代管理的基本流派主要有管理方法类学派（含管理科学学派、决策理论学派、权变理论学派等）、组织管理类学派（含行为科学学派、领导科学学派）和经营管理类学派（含设计学派、计划学派、动力学派和文化学派等）。与"管理"密切相关的核心概念有"统治"（含"专制""管制"）、"治理"（含全球治理、公共部门治理、私人部门治理和公民社会治理等）与"服务"等。其中，治理是指特定范围的多元利益主体为了实现某种共同目标而持续采取联合行动管理其共同事务的过程。

策略是指特定职责主体为了实现特定目标、根据发展形势与问题预测制订或选择相应的行动方案的集合。与"策略"密切相关的核心概念有"战略""战役""战术""手段""方法"等。其中，战略是指用于决定全局并指引长期发展方向的整套策略。当代各国幼儿园事业发展均客观面临现代化与全球化大背景下复杂多变的形势。

为了应对严峻挑战与抢抓发展机遇，各幼儿园必须全面加强各个方面的科学管理，重点是加强科学保教管理。为了更好地实现科学保教管理的相关预期目标，就必须高度重视和切实优化相应的管理策略。针对我国目前各类型幼儿园科学保教管理方面普遍存在的突出问题或区域性困难，这里简要提出以下五个方面的建议。

一、加强科学保教战略管理，推进保教治理体系与治理能力现代化

各幼儿园应坚持与时俱进，解放思想，开阔视野，守正出新，积极更新和牢固树立科学的儿童观、教师观、保育观和教育观[1][2]，特别是全面学前教育质量观（包括国家治理质

---

[1] 袁振国. 教育质量的国家观念[J]. 中国教育学刊，2016（9）：27-30.
[2] 和建花. 部分发达国家幼儿照看和教育体制及其新政策概述[J]. 学前教育研究，2007（Z1）：111-115.

量观[①]、机构专业质量观、社会服务质量观和个体发展质量观)。首先,在治理目标上应密切关注国家战略部署(幼有所育、普及普惠优质安全等)、社会公平正义、文化多样发展、公民政治参与、经济转型升级和自然生态保护等全球性的公共治理议题,认真思考如何秉持远见与共识、法制和责任、平等和诚信、参与和透明、效率与成效等基本治理原则,正确建立和处理与国家相关管理部门、相关人民团体、相关行业组织(含国际行业组织)、相关社会组织、相关企事业单位、相关社区和幼儿家庭等多元利益相关主体的新型公共关系。其次,重新审视幼儿园的办园使命与基本职责,对于园内相关利益主体,应深入考虑如何建立和完善"平行治理"新格局,强调建立和激活战略合作伙伴关系;对于园外相关利益主体,如何建立和完善"垂直治理"新格局,强调实行以扩大与幼儿园家庭和所在社区合作保教为突破口,合理制定本园科学保教工作发展战略,明确推进保教治理体系与治理能力现代化的总体目标与基本步骤。最后,在治理方式上,应坚持系统治理、依法治理、综合治理和源头治理的基本原则,重视做好针对相关利益主体的具有非强迫、非压制性质的非正式制度安排,持续促进互动对话和民主协商。

二、加强科学保教师资队伍建设,建立健全科学保教工作机制

各幼儿园应深刻认识保育工作是学前教育发生的逻辑起点和独特属性,科学保育是幼儿园工作的原点与基石,进而完整理解和正确处理科学保育与科学教育的关系以及如何更好促进保教结合乃至融合发展[②][③]。首先,大力加强更加专业化和精准化的科学保教师资队伍建设[④]。主要建议举措为:一是针对目前"保育员"规格无法胜任科学保教结合的专业任务,应加快推广"三教轮保"配备,逐步代替目前的"保育员"与"教师"分工合作配置;二是优先考虑从职前培养与职后培训相贯通的角度,重点加强和提升目前幼儿教师的保育职业道德、理论知识与专业技能,以更好胜任科学保教融合的专业任务;三是顺应世界范围内托幼一体化特别是保教一体化的总体趋势,参考借鉴日本等发达国家合并"幼儿教师"和"保育士"而培养"保育教师"的实践探索经验[⑤],积极呼吁和大力支持有关高等学校尽快开设旨在培养高职高专层次的"助理保育教师"和普通本科层次"保育教师"的相关专业。其次,进一步建立健全更加民主化、协同化的科学保教工作机制。主要建议举措为:一是改进目前的保教工作领导机制,增加相关管理部门、相关人民团体、相关行业组织(含国际行业组织)、相关社会组织、相关企事业单位、相关社区、幼儿家庭以及本园保教人员代表在重要决策咨询机构或会议中的比例;二是密切联系、积极充实广义保教工作资源并形成科学保教合力。重点是争取来自国家层面的"政保""特保""督保"等工作资源,获得来自社区或其他社会组织的"文保"和"环保"等工作资源,通过加强学前家长教育引导其配合幼儿园开展家庭"责保"与"情保",以及鼓励和引导幼儿加强"自保";三

[①] 张丹丹. 幼儿教师的保育观应与时俱进[J]. 教育与教学研究, 2013, 27(10): 23-25, 29.
[②] 邓诚恩. 幼儿园保教关系新论[J]. 陕西学前师范学院学报, 2017, 33(4): 7-12.
[③] 贺燕丽, 郭茜, 吕芳. 陕甘宁边区第一保育院"保教合一"的教育实践与启示[J]. 陕西学前师范学院学报, 2019, 35(3): 51-55.
[④] 赵慧. 基于保教质量提升的幼儿园精细化管理策略初探[J]. 中国教育学刊, 2016(S1): 151-152.
[⑤] 唐淑. 东亚幼儿保育和教育动向: 21世纪COE工程日本福祉大学2004年度研讨会纪实[J]. 学前教育研究, 2005(6): 60.

是建立健全科学保教质量内部监测与多元评价机制[1]。重点是建立健全由机构、人员、标准、周期性监测、反馈、持续改进等基本要素构成的幼儿园内部科学保教质量保证体系。

三、着力增强科学保教能力，逐步提升科学保教品质

各幼儿园应认真学习和贯彻执行《纲要》《指南》《专业标准》《幼儿园教师专业标准（试行）》等教育行政法规和行业专业标准，深刻认识优质课程建设是实施科学保教的总体纲领，优质环境创设是实施科学保教的重要基础，优质一日活动是实施科学保教的主要载体，优秀幼儿教师是实施科学保教的核心力量。主要建议举措为：一是大力提高幼儿园全面科学保教管理能力，主要包括幼儿园高层管理队伍的科学保教战略管理能力，中层管理队伍的科学保教保障管理能力和基层管理队伍的科学保教战术管理能力。二是大力提高幼儿园教师的科学保教观念、知识与技能。《幼儿园教师专业标准（试行）》提出的基本要求是：确立专业理念与师德（包括职业理解与认识、对幼儿的态度与行为、幼儿保育和教育的态度与行为、个人修养与行为）、学习掌握扎实的专业知识（幼儿发展知识、幼儿保育和教育知识、通识性知识）、具备较高的专业能力（主要包括环境的创设与利用、一日生活的组织与保育、游戏活动的支持与引导、教育活动的计划与实施、激励与评价、沟通与合作、反思与发展）。三是循序推进本土化幼儿园课程的生活化、情境化和生态化的发展进程。坚持"中和位育"的科学保教认识论，遵循自然天成（保育）与人文化成（教育）辩证统一的方法论，确立"顺天（先天自然个性）应人（后天社会文化）、五育（德智体美劳）并举、五域（健康、语言、社会、科学、艺术）同构、身体整合、全面发展"总体工作思路，选择"四持"（支持发育、维持秩序、扶持弱势、规持习性）、"四养"（时间慢养、空间散养、态度顺养、聚焦教养）和"四在"（在地化—所在地域、在阶化—所在阶段、在境化—所在境遇、在场化—所在场景）等工作策略，正确认识和处理保教过程中的"八大学习、教育关系"（正规与非正规、正式与非正式、普通与特殊、混龄与同龄、前喻与并喻、自由与规训、真实与虚拟、连续与间隔）。重点加强幼儿园课程的时间弹性与空间弹性管理，保护和指导幼儿立足"三环之知"（具身发生、建构过程、环境适应），通过"四行之动"（言语、体语、动作与表达）和"五自之展"（自主、自理、自立、自探、自控），促进"三力之开"（潜力、显力与新力）和"四康之达"（身体、心理、社会和道德），完成"五体之构"（本体、感体、心体、智体和身份）。

四、积极探索科学保教融合新型路径，促进幼儿全面和谐发展

各幼儿园应在世界范围内日益重视托幼一体化和幼小双向衔接进而重构0～12岁儿童教育体系的新时代背景下，积极探索幼儿园保教融合的新型路径，并稳步提高保教融合水平。主要建议举措为：一是大力拓展推进自然生态环境中的科学保教融合。其中，第一种模式是创设园本自然—人文综合感官保教环境。例如：重庆市沙坪坝区曙光幼儿园的大型

---

[1] 徐健. 幼儿园保育教育质量评估指标体系研究[D]. 张家口：河北北方学院，2019.

自然保教生态环境创设，而山东省利津县第二实验幼儿园借鉴国外感官公园理念，设计了感官教育与裸足保育相结合的专项多材质园道交通景观系统。第二种模式是创设户外自然保教生态环境。主要包括社区式、庄园式、森林式和营地式等多类型自然生态环境保教活动。二是大力拓展推进全面游戏活动中的科学保教融合。准确完整理解儿童游戏精神，在"学习性游戏"新理念下，高度重视幼儿开展自主游戏与学习活动，同时充分发挥教育游戏的重要作用，稳妥推进部分课程游戏化和游戏课程化，大力引导和支持幼儿与周边世界进行身体对话与行为叙事，努力实现"寓教于乐、庄谐并举"的科学保教目标。为此，应更多科学组织自主游戏为主式（如安吉游戏、利津游戏）、体育活动式、科学活动式和传统文化式等多类型游戏保教活动。三是大力拓展推进全面文化体验活动中的科学保教融合。牢固树立培养具有中国气派、民族气质和地域特质的现代化儿童的科学保教使命，在"文化保教"新理念下，紧密结合幼儿园文化建设，大力加强对幼儿的中华优秀传统文化、革命传统文化、社会主义先进文化以及地方优秀传统文化的保教熏陶。为此，应更多组织幼儿参加物质文化与非物质文化传习坊活动、重大节庆文化活动、国学经典诵读活动、红色文化主题活动、新民风参观考察体验活动、地域文化特色区角活动、民俗文化手工制作活动（如粮食画、麦秆画、沙画、烙画和人偶等）和"乡邦经典"阅读推广活动等多类型文化保教活动。四是大力拓展推进新课程改革与实施过程中的科学保教融合。加快推进幼儿园保教议题从社会保障到核心素养再到思维能力的时代转换，在"深度学习"新理念下，继续深化幼儿园新课程改革，努力提升科学保教品质。为此，应更多探索开展 STEAM、儿童编程教育、儿童戏剧教育、儿童电影教育、儿童哲学教育和儿童劳动教育等多类型新课程保教活动。五是大力拓展推进面向家庭社区开放合作中的科学保教融合。积极顺应新时代全社会高度关注与支持幼儿教育的良好态势，努力构建合作保教的新格局。主要内容包括：秉持"教育即生活、学校即社会、行为即课程"理念，探索推进园所保教全面生活化（包括日常生活与非日常生活），强化生活主题课程，优化自主区角活动，引导儿童研学旅行，开展综合社会实践活动；秉持"生活即教育、家庭即学校、陪伴即课程"理念，探索推进家庭保教专业化，鼓励家长自主专业学习，积极参加园所发起设立的"家庭学前教育联盟"、教师家长联谊会、家长委员会、父母爱心志愿团、母亲会所（美食妈妈、故事妈妈、特殊儿童妈妈等）、家长助教团、亲子平行小组、家庭小队（或家庭学习小组）、家长研讨会、父母课堂和亲子活动等合作保教组织或丰富的活动；秉持"环境即教育、社区即公域、风俗即课程"理念，探索推进社区保教融合化，应借鉴英国的创新实践经验，考虑支持和指导在社区或家庭中设立"社区学前教育联盟"、联合托儿中心、家庭保育机构、学前教育中心、父母屋、邻里互助小组和社区游戏小组、社区合作保教机构或组织，充分发现幼儿教育与社区教育、老年教育的新时代结合点，更多组织幼儿参观社区生活、文体、创意和科学等方面的合作保教活动。

案例 10-2

五、特别探索与努力推进乡村幼儿园的科学保教融合

各乡村幼儿园应深刻认识自身所处和面临的不同于城镇幼儿园的经济社会环境与保教对象群体，在积极争取国家特殊支持和社会各界关爱的同时，更多探索如何自力更生与艰

苦奋斗，努力走出一条求真务实的科学保教融合道路。主要建议举措为：一是特别强调优先做好科学保育工作。根据近年来国际组织和国内慈善组织支持的"乡村幼儿园教育"和"一村一园计划"等宝贵经验，应考虑依次采取营养改善—体育改善—游戏改善—区角改善—整合改善的策略，优先改善乡村幼儿园中幼儿（特别是留守幼儿）的身体素质和心理健康状况，为其认知、情感和社会性等方面奠定身心正常发育的良好基础。二是优先考虑积极消除普遍存在的隔代保教负面影响。各乡村幼儿园应认真借鉴河南省辉县市川中幼儿园的先行经验，可以探索采取举办社区大学、祖父母课堂和社区学习互助小组等方式，大力加强对幼儿祖父母群体进行科学保教意识、知识和技能教育培训。三是重点加强乡村幼儿园的幼小双向衔接课程建设。在深刻了解乡村幼儿园科学保教力量与中小学师资力量均相对薄弱的实际情况下，不宜机械、片面性地理解国家关于幼儿园"去小学化"政策，应聚焦于幼小双向衔接难题，采取至少区分年龄段的办法，慎重处理幼儿园的自主游戏活动、区域活动与集体教学活动的时间、内容和方式等科学安排，其中应特别加强作为薄弱的社会教育领域和科学教育领域的系统适宜性课程建设。四是深入探索非正规学前教育领域科学保教融合发展问题。目前的非正规学前教育领域主要包括贫困地区的学前教育，少数民族地区的学前教育，贫困家庭与特殊社会群体的学前教育，特殊儿童、留守儿童和流动儿童的学前教育，这些领域的科学保教融合发展问题值得我们今后在深入调查的基础上开展精细化研究。

热点讨论

1．结合学前教育思想史的学习，讨论应当如何认识和处理幼儿园科学保育工作与科学教育工作的关系。

2．结合本人保教管理工作实际，讨论如何进一步开拓并树立广义科学保育观。

3．分组交流讨论如何加强幼儿园科学保教管理工作并提出自己的策略和主张。

拓展阅读

1．唐淑．学前教育思想史[M]．北京：人民教育出版社，2018．

2．仓桥惣三．幼儿园真谛[M]．李季湄，译．上海：华东师范大学出版社，2014．

3．高杉自子．幼儿教育的原点[M]．王小英，译．上海：华东师范大学出版社，2014．

4．林宏．学前儿童保育学[M]．北京：高等教育出版社，2014．

研修建议

1．结合本讲学前保教思想演变历史的学习，深入研读1～2种学前教育史著作，充实本人的专业史学素养。

2．结合更多的相关文献阅读，认真思考和理解国内外科学保教管理的历史经验及其对改进本园科学保教管理的重要启示。

3．结合本人保教管理工作实际，深化对幼儿园科学保教管理核心内容的理解并明确可以参考借鉴的主要举措。

4．根据本讲提出的五个方面的科学保教管理策略优化建议，认真思考今后如何改进本园科学保教战略管理并拟订一份发展规划大纲。

参 考 文 献

[1] 王萍．学前儿童保育学[M]．北京：清华大学出版社，2015．

[2] 万钫．学前卫生学[M]．北京：北京师范大学出版社，2012．

[3] 涂艳国．中国儿童教育 30 年（1978—2008）[M]．长沙：湖南师范大学出版社，2008．

[4] 庞丽娟．中国教育改革30年（学前教育卷）[M]．北京：北京师范大学出版，2009．

[5] 张燕．幼儿园管理[M]．北京：人民教育出版社，2009．

[6] 刘萍，阮素莲．学前教育管理[M]．北京：北京出版社，2014．

[7] 朱清．幼儿园班级管理[M]．南京：江苏凤凰教育出版社，2015．

[8] 汤志民．幼儿园环境创设[M]．上海：华东师范大学出版社，2013．

[9] 刘小青．日本学前教育[M]．北京：文化艺术出版社，2017．

[10] 和建花．部分发达国家幼儿照看和教育体制及其新政策概述[J]．学前教育研究，2007（Z1）：111-115．

[11] 杨琨，孙佳．日本幼儿"游戏"保育观理论基础及内容特点[J]．科技资讯，2015，13（28）：221，223．

[12] 王幡．论日本保育思想的形成、发展及其现状[J]．衡阳师范学院学报，2014，35（1）：148-153．

[13] 李敏谊，张晨晖．从布莱尔到布朗：英格兰幼儿教育和保育政策的发展历程与新进展[J]．外国教育研究，2010，37（9）：57-64．

[14] 严冷，夏婧．美国伊利诺伊州幼儿保育和教育投入政策分析及其启示[J]．学前教育研究，2015（2）：15-21．

[15] 蔡迎旗，凯瑟琳·斯尔科．美国幼儿保育与教育中的政府职能[J]．外国教育研究，2011，38（7）：40-44．

[16] 陆萌．加拿大安大略省21世纪早期儿童保育服务改革研究[D]．重庆：西南大学，2019．

[17] 刘颖，冯晓霞．澳大利亚幼儿保育政策的演变及启示[J]．学前教育研究，2012（8）：11-18．

[18] 张家勇，朱玉华，肖毅．农村贫困地区幼儿保育和教育现状及其发展政策建议：以中部某省某国家级贫困县N镇为个案[J]．学前教育研究，2010（4）：23-28，33．

第十一讲　幼儿园课程领导力建设

本讲要点

> 1. 遵循发展性、适宜性、生活性和有效性等基本原则，科学推进幼儿园课程建设。
> 2. 幼儿园课程领导力是指为了切实提升幼儿园的课程品质而统筹规划、有效实施与合理评价本园课程体系建设过程中体现的提纲挈领与因势利导的能力。
> 3. 课程规划、课程实施和课程评价是幼儿园课程领导力中的三个核心领导能力要素。
> 4. 幼儿园课程资源开发应严格审议和精心筛选，以便有效支撑课程设计与实施工作。

关键词

幼儿园课程建设　课程领导力　课程规划　课程评价　课程资源开发

第一节 幼儿园课程领导力概论

一、幼儿园课程建设概述

1. 深刻认识幼儿园课程的基本特征

较之中小学等各级各类教育的狭义课程，幼儿园课程主要属于广义课程范畴，是实现幼儿园教育目的的手段，是有目的、有计划地引导幼儿生动活泼、主动活动的多种形式的教育过程，更是帮助幼儿获得有益的学习经验，促进身心全面和谐发展的各种活动的总和，不仅包括课表上的所有有计划的学科教学活动，还包括所有幼儿自发的、生成的活动，更包括各种游戏活动和生活活动。

幼儿园课程具有以下基本特征：一是基础性与启蒙性。幼儿园课程应使幼儿在原有发展水平的基础上得到初步的身心锻炼和启迪，使幼儿在享有快乐童年的同时，身心得到与其发展水平相适应的发展和提高，因此不应追求过高的认知目标。二是全面性与整合性。幼儿园课程必须以实现幼儿在身体、认知、情感、个性和社会性等方面的全面和谐发展为目标。由于幼儿的生活是整体的，幼儿认识世界的方式也是"整体的"，这就决定了幼儿园课程应该高度整合五大教育领域，实现各领域内容的有机联系与相互渗透。三是生活性与直接经验性。幼儿感性、形象、直观的思维决定了他们最有效的学习是感兴趣的学习，最有效的学习内容是可感知的、具体形象的内容。因此幼儿园课程不能以传授系统的学科知识为主要任务，而是强调引导和支持幼儿积累周围世界的有益经验。四是活动性和游戏性。幼儿园课程实施的关键在于为幼儿创设丰富的活动情境，创设有利于幼儿自发主动活动的氛围，为幼儿提供各种互动的机会。从活动形式方面来说，游戏是最适合幼儿身心发展特点的活动，也是幼儿最愿意从事的活动。因此，《纲要》指出，幼儿园的教育要"以游戏为基本活动，寓教育于各项活动之中"。

2. 科学推进幼儿园课程建设

简而言之，幼儿园课程建设是指依据幼儿培养目标、发展需要、园内外教育资源，对现行国家课程、地方课程和园本课程进行整合重组，进而构建适应幼儿发展的、高效的、具有园所特色的课程体系的过程。

幼儿园课程建设应遵循以下基本原则：一是发展性原则。幼儿园课程建设应遵循儿童身心发展的客观规律，既要保证幼儿达到现阶段发展的应有水平，又要依据儿童的"最近发展区"为幼儿的终生发展奠定基础。二是适宜性原则。幼儿园课程建设应在观察幼儿兴趣、需求的基础上，以幼儿身心发展规律为依据，以关注幼儿情感、态度、价值观的发展为理念，以尊重幼儿的需要为前提，以还原幼儿现实经验为手段，构建适宜幼儿可持续和谐发展的课程体系。三是生活性原则。幼儿园课程建设应注重幼儿的生活情境，使幼儿园课程生活情境化，让幼儿在自然、丰富、有序的生活情境中构建有价值的经验知识体系。

四是有效性原则。幼儿园课程建设应充分尊重幼儿的兴趣、需要和发展，应引导和支持幼儿主动参与和主动构建适宜各自身心发展的系统。五是整合性原则。幼儿园课程建设应以幼儿的一日生活为载体，有机整合幼儿教育观念、教育目标、教育内容、教育资源和实现方法，构建支持幼儿完整全面发展的课程体系。

幼儿园课程建设应遵循以下基本流程：一是立足园所特点，把握课程方向。对幼儿园发展所处的内外环境影响进行系统分析，在充分了解幼儿园类型、规模、组织结构、办园条件、师资队伍、财政资源、幼儿家庭背景、幼儿及家长特点、社区状况、区域教育教学改革与发展状况及其社会文化风尚等影响因素的基础上，确定具有鲜明地域特色的课程建设方向。二是广泛调研评估，明确目标定位。根植幼儿与教师的发展、社会需求与课程本身的发展，紧密依托幼儿园领导、教师、幼儿及幼儿家长、课程专家、社区人士等广泛展开调查评估来合理确定课程建设目标。三是依据幼儿特点编制课程内容。根据幼儿的身心发展特点和幼儿园课程的基本特点，围绕拟实现的课程目标，选择适宜幼儿与幼儿园发展的核心内容，合理组织一日生活，强调儿童在活动中的主动性以及幼儿与环境和教师的相互作用。四是提升教师能力，开展园本培训。幼儿园应通过各种形式的园本培训，帮助教师更好地适应角色的转换，更深入地研究课程实施的对象、条件与方法，更加准确有效地理解课程。五是关注幼儿体验，推进课程实施。幼儿园课程实施主要包括课程内容的具体组织与课程活动的具体安排。同样的课程内容可以由不同的教师根据不同幼儿采用不同的方法，以不同的组织形式去实施。教师应善于将活动过程中幼儿对课程的体验作为自己调整课程组织形式的依据，在基本忠于课程本意的前提下，鼓励幼儿在具体的教育教学情境中生成课程，为幼儿的个性化发展创设条件。六是重视多元取向，完善课程评价。课程评价是评价者依据对课程建设中各项活动的调查分析，揭示课程建设的各个环节所具有的价值与效果，为课程建设提供有效的信息，是改进与完善课程的依据。课程评价的主要内容包括：对幼儿发展的评价，对教师发展的评价，对课程本身的评价。课程评价存在不同的价值取向。其中，目标取向的评价关注将课程计划或教学结果和预定课程目标相对照的过程，追求课程评价的客观性与科学化；过程取向的评价关注幼儿与教师在课程开发过程中的经验，强调教师、幼儿与教学情境的交互作用；主体取向的评价关注评价者与被评价者共同建构意义的过程。课程评价应注重目标、过程、主体兼顾与整合，实现课程评价的多元化。

二、完整准确理解幼儿园课程领导力

1. 幼儿园课程领导力的基本内涵

幼儿园课程领导力是指以幼儿园高层管理者为核心、以专业教师队伍为主体、以其他保教管理人员为辅助的课程建设团队，为了切实提升幼儿园的课程品质而统筹规划、有效实施与合理评价本园课程体系建设过程中体现的提纲挈领与因势利导能力。其中，课程规划、课程实施和课程评价是幼儿园课程领导力的三个核心领导能力要素。

长期以来，大家曾习惯性地认为幼儿园课程领导力建设的责任主体是园长群体。必须指出的是，幼儿园课程建设从来都是一个复杂而艰巨的系统工程，这决定了幼儿园课程建设需要全员参与和人人尽责。其中，园长群体当然是幼儿园课程建设的核心领导力量，但是并非唯一领导力量。除了园长群体，全体幼儿园教师、其他保教管理人员以及政府主管部门、幼儿家庭和社会力量都是密切相关领导力量[1]，都迫切需要提升自身的课程领导力并通过加强相互协同提高幼儿园课程建设与发展整体领导力。

幼儿园课程领导力的基本构成要素包括四个方面：一是协商达成共同课程愿景，明确课程发展的基本方向、定位、目标、路径和步骤等战略部署，以此统一各方的课程建设思想。二是探索形成政府主管部门指导治理、园长群体主导治理、教师群体合作治理、其他保教管理人员和幼儿家庭和社会力量参与治理的公共治理合力。三是切实加强课程规划、课程实施和课程评价等课程建设核心工作环节的科学引领导航工作。四是更好实现幼儿发展、园所发展、社会发展和事业发展等多元化、多层次的课程建设目的。

2. 幼儿园课程领导力建设的总体要求

明确各类课程建设主体的领导责任。对于政府主管部门来说，主要需要承担课程建设制度安排和财政保障方面的宏观领导责任。对于园长群体来说，主要需要承担课程建设战略规划、实施监管和考核评价方面的高层领导责任。对于专业教师群体来说，主要需要承担本园课程建设具体计划（含班本课程计划[2]）、协调执行和评价改进的直接领导责任。对于幼儿园其他保教管理人员群体来说，主要需要承担课程建设配合保障和协调执行的辅助领导责任。对于幼儿家庭和社会力量来说，主要需要承担课程建设联合保障和评价改进的合作领导责任。

建立健全幼儿园课程公共治理体系。幼儿园应秉持开放合作和民主协商等办园理念，在政府主管部门的大力指导支持下，以园长群体为领导核心，以实现各方面共同发展为课程建设目的，以协商达成共同课程愿景为核心工作目标，统筹推进课程建设所涉及的制度设计、法规政策、质量标准、战略规划、体制机制、经费投入、师资保障和科技支撑等方面的要素培育，重点考虑创建各级各类联盟或伙伴关系性质的合作组织与工作机制[3]，加快形成幼儿园课程建设的"统一战线"。长远看来，应尽快建立健全幼儿园课程领导力评价指标体系[4]，优先开展园长课程领导力评价工作[5]。

稳步提高各类课程建设主体的自身领导能力。幼儿园应秉持正规学习与非正规学习相结合的现代广义学习理念，特别是正规教育和非正规教育相结合的现代广义教育理念，紧密依托各级各类联盟或伙伴关系性质的合作组织与工作机制，统筹推进远程、社区、老年、场馆、职场和社交等非正规学习或教育方式，重点面向园外幼儿家庭和社会力量普及科学保教常识，并通过引导和支持各方力量具体参与幼儿园科学保教实践活动来转化和更新各合作伙伴的课程观念，并逐步培养提高各方在课程规划、实施和评价等方面履职行动的基本能力。

---

[1] 王诗尧，黄瑾. 论幼儿教师课程领导力的提升路径[J]. 盐城师范学院学报（人文社会科学版），2018，38（4）：118-120.
[2] 姚健. 幼儿教师课程领导力提升实践：班本化课程[M]. 上海：华东师范大学出版社，2020.
[3] 吴婷. 有效提升幼儿园教师课程领导力的支持性策略研究[J]. 内蒙古教育，2019（36）：34-35.
[4] 贺蓉. 幼儿园课程领导力评价指标体系的构建[J]. 上海课程教学研究，2019（Z1）：105-109.
[5] 张运超，袁娇. 幼儿园园长课程领导力的结构与测量[J]. 教师教育学报，2018，5（6）：67-74.

第二节 幼儿园课程的核心领导能力建设

一、课程规划

幼儿园课程规划是指对本园全部课程（包括国家课程、地方课程和园本课程）的设计、实施与评价等关键事项进行整体谋划安排，一般包括"课程愿景""组织制度""课程方案""行动方案""评价方案"五方面的内容。

1. 课程愿景

幼儿园课程愿景是指幼儿园作为课程规划的主体，依据课程理论，从幼儿园发展现状出发，对自身课程未来发展的远景预测与期待。通过现状调查，幼儿园将与课程密切相关的内部优势因素、弱点因素、机会因素和威胁因素等依次按矩阵形式予以排列，然后运用系统分析思想，把各种因素予以匹配，从中得出"幼儿园课程应该是什么"的总体框架性结论。

2. 组织制度

幼儿园组织制度是指为维系幼儿园人群集合体内部关系，按一定形式和层次构建的机构和制度体系，旨在解决"幼儿园应以怎样的组织制度去规划课程"的问题。幼儿园组织制度设计的目的是建立能够规划出高品质课程并高效实施的合作型团队。该团队的成员主要包括园长、教师以及其他成员；组织制度设计的具体内容包括团队的组成、权责制度、教师培训制度、团队考评规则等，以使团队工作聚焦于提高课程质量。

3. 课程方案

幼儿园课程方案是幼儿园整体性地规划课程体系并以书面形式确定下来的纲领性文件，是幼儿园课程规划今后实施的前提与依据，并直接决定着幼儿园课程规划的质量与实施水平。课程方案是一个由宏观和微观等不同层次内容构成的复杂系统，涉及幼儿园课程诸多内容的总体设计，主要包括课程开发方案、课程实施方案、课程评价方案以及园本教研方案等。其中，课程开发方案是幼儿园在开发课程时各种工作方案的统称，是幼儿园课程标准的配套方案，主要包括课程规划方案和课程纲要两个层面。课程规划方案是幼儿园关于本园课程开发总体思路的概括性描述，一般包括课程规划的基础、总体目标、课程结构与门类、实施与评价建议以及保障措施等内容。本园课程结构是课程规划方案的核心内容，包括课程门数、课时要求以及限制性条件等。课程纲要是由教师个体或小组合作设计的，并以纲要的形式呈现出某一门课程的具体方案。它相对完整地呈现着课程的各种要素，包括课程目标、幼儿背景与资源情况分析、学习主题或活动安排、相应课时以及评价建议等。课程实施方案主要关注幼儿园课程资源的开发与利用、课程实施的组织形式与进程以及考查标准等。课程评价方案主要关注课程实施的效果，包括评价标准、评价内容、评价方式等。园本教研主要关注对本园课程实施的反思策略，包括课题拟订和教研团队的组织，等等。

4. 行动方案

课程行动方案关注"如何有效地执行课程方案"问题，通常以国家课程标准为基础，立足于本园目标，通过学情分析进一步使之细化。课程行动方案应当符合五个方面的可行性标准[1]：一是具体，必须详细阐述要达成的目标、任务以及实施行动、监控和检查所需要的时间、成本等；二是量化，即每一目标和行动都应有清晰的成功标准，可分为学期、学年乃至三至五年规划时期的具体行动目标；三是各方认同且可实现，即行动方案是全体成员共同探讨的结果，确定后应向教师公布并通过多种形式讨论方案的进展，以督促课程规划的落实；四是真实，即各项行动方案的制订要建立在对本园客观而全面分析的基础上；五是确定时限，即确定每项方案完成的具体时限。

5. 评价方案

课程评价方案是对幼儿评价、保教工作评价和方案评价等方面的整体设计。幼儿园应在课程标准的指导下，制定科学的、可操作的学习评价标准，设计评价工具，支持教师系统地对幼儿的发展进行评价。方案评价则主要包括对国家课程组织实施方案的评价和对园本课程的评价，其目的在于通过对课程开发和实施情况的周期性分析，促进课程方案的改善和课程的革新。

【案例11-1】　　　　　　国际理解教育课程规划与实施

国际理解教育是以"国际理解"为教育理念，开展相关教育活动的总称，其目的是让幼儿在了解和认同本民族文化的基础上，体会、接纳各国的异质性文化，懂得互相理解与尊重，形成平等、友爱、宽容、合作的优秀品质。自20世纪末，经济全球化趋势不断加强，直到今天"一带一路"倡议的提出，国际社会日益成为一个你中有我、我中有你的"人类命运共同体"，培养具有国际视野、适宜全球化发展的人才，日益成为教育的重要目标。

一、紧跟时代步伐，创新课程理念

当今社会，无论是国家未来发展战略还是个人的职业发展需求，都将培养孩子的创造力、协作力、批判性思维、解决问题的能力放在重要位置。为此，我们紧跟时代步伐，借鉴国际经验，将STEAM教育理念融入课程建构，创新课程体系。STEAM即科学、技术、工程、艺术和数学的整合，旨在让儿童在实践中形成完整、连贯、立体的知识体系，在科学与人文的贯通中提升处理问题的能力和创新精神。依据STEAM理念，我们对国际理解教育进行深入思考，明确了"传承、接纳、实践、创新"的课程新思路，即让儿童在多元环境和体验中发展跨文化适应能力与合作创新的学习品质。

二、高位平台培训，构建课程体系

以民族性、时代性、科学性为原则，通过基础研究、应用研究、专家论证科学构建课程体系。首先，我们构建专家团队，在专家的引领下，形成以幼儿为核心，多元主体共同参与的课程建设共同体，进行课程的开发、审议、实施与评价。建立课程研发、资源调配、活动反馈、课程评价的课程制度，形成了权责共享、平等参与的协商合作机制。其次，我们开展了优秀传统文化的培训、国外先进理念的系列讲座与时代背景下的多元文化的系列培训，提升教师的课程建设素养。同时，我们带领老师走出国门访学，了解和把握国际教

---

[1] 陈建华. 作为发展过程的学校发展规划[J]. 教育发展研究，2004（11）：14-17.

育的方向和特质，并开展专题教研和基于现场的教育实践，帮助教师将新理念形成可操作的经验，落实到课程执行中。

三、明确课程定位，完善课程结构

依据"传承、接纳、实践、创新"的课程理念，创设传统文化课程、多元活动课程与生态艺术课程。

1. 弘扬民族精神的传统文化课程

我们以传统文化课程为基点，以"和为美，德养善"为课程定位，结合国学、民俗、节气等内容，通过多领域的渗透和整合，让儿童在体验中感受传统文化的魅力，培养爱国爱家情怀和孝亲有礼的优良品质。例如：在我们的茶香棋社，茶艺师优雅的动作和轻柔的语言、有礼的行为吸引了小朋友。小茶艺师们在模仿学习中躬身邀请、双手奉茶、轻拿轻放与轻声饮茶形成了待人接物的良好行为礼仪。

2. 拓宽国际视野的多元活动课程

我们以"融于美，真为善"为定位，通过亲职教育、节日体验、社会实践等活动，让孩子感受多元文化，提高探究能力。例如：① 开展亲职活动：和警察爸爸玩交通安全游戏，和英国厨师家长一起做西餐自助。② 开展名人讲堂系列活动：将体育界、文艺界的知名人士请入课堂，激发孩子学习的兴趣，奠定幼儿健康、乐观的良好素养。③ 开展感恩节活动：通过跳火鸡舞、自制火鸡艺术品等系列活动，让孩子们寻找材料、同伴，让节日从单纯的庆祝变为了参与式的探究。

3. 绽放生命色彩的生态艺术课程

生态艺术教育以艺术为基点，让儿童在自然、社会、人相互贯通的生态关系中，通过感观、知识、情感等的碰撞产生智慧。我们以"悦于美，乐以善"为课程定位，以无稿剪纸为途径，让孩子在生活中探寻灵感，在跨领域的技术应用中学会表达、合作与创新。

二、课程实施

课程实施是指通过有效开发和利用教育资源将课程规划付诸实践的过程，是达到预期的教育目的和课程目标的基本途径。课程实施研究应重点关注课程计划的价值取向、课程实施的基本途径和基本形式等关键因素，切实帮助课程编制者了解、分析和评定课程计划与教育实际之间的契合度，理解课程变革失败或成功的原因，从而及时调整计划，进一步推动完善课程编制。

1. 价值取向

课程实施的取向是指对课程实施过程本质的认识，以及支配这些认识的相应的课程价值观[1]。美国课程专家辛德尔、波林和扎姆沃夫将课程实施归纳为三个取向：忠实取向、相互适应取向和课程创生取向。忠实取向是指把课程实施过程看作忠实地执行课程计划的过程。这种课程取向的基本假设是：课程实施要忠实地反映课程设计者的意图，从而达成预定的课程目标。因此，课程变革是教师实施课程专家制定的课程变革计划的过程，课程变

---

[1] 江诚，余南宁. 幼儿园课程[M]. 安徽：安徽大学出版社，2012：122.

革是否成功，主要取决于教师是否不折不扣地实施课程专家设计的课程变革计划。相互适应取向是指把课程实施的过程看作课程计划者与实施者之间通过协商而相互作用的过程。这种取向的基本假设是：课程实施不可能预先规定精确的实施程序，课程实施的过程应由实施者自己把握和决定，由实施者根据自己的实际情况做出最为适当的选择。因此，课程实施不是教师按照课程专家的课程计划不折不扣地去做，而是要考虑课程实施者的兴趣和需要，还要考虑教育现场中的各种条件和状况，并对专家的课程计划做出调整。课程创生取向是指把课程看作教师与幼儿联合创造教育经验的过程。这些经验是教师和儿童在实际中体验到的，是情景化的和人格化的。这种取向的基本假设是：课程实施是在具体教育情境中创生新的教育经验的过程，而已有的课程计划只是为这个经验创生过程提供的平台而已。因此，尽管教师可以运用由课程专家设计的课程和建议，但是真正创生课程并赋予课程意义的还是教师和幼儿。

2. 基本途径

一般认为，幼儿园课程主要是通过幼儿园一日活动或一日生活中的各种活动完成的。长期以来，很多幼儿园根据本园保教实践，将一日活动划分为日常生活活动、教学活动、区域活动和游戏活动四种基本类型。近年来，不少地方的"幼儿园一日活动指引"又将一日活动划分为生活活动、体育活动、自主游戏活动和学习活动等几种基本类型。从便于幼儿园课程实施角度，我们曾在第十讲中，把幼儿园一日活动更为细致地划分为生活活动、体育活动、游戏活动、集体教学、区域活动和工作体验六个基本类型，其中，集体教学、区域活动和工作体验这三个基本类型是对狭义的幼儿学习活动的具体再划分。

3. 基本形式

从课程实施中参与的幼儿人数来看，课程的实施形式可分为三种：集体活动（或大组活动）形式、小组活动形式和个别活动形式。集体活动即全班活动，其实施形式是全班幼儿在同一时间内参与教师安排的活动，教师进行组织和指导，进行集体活动。集体活动最大的特点是效率高，也有利于培养幼儿的集体观念和纪律观念。但是，由于幼儿的人数多、幼儿间的个别差异大，集体活动难以发挥幼儿的主体性，也难以照顾到每个幼儿的兴趣和需要，因此，集体教学活动在幼儿园课程实施中不能过多使用。

小组活动即幼儿被分成若干组群，分散地参与教师安排的活动。小组活动的学习内容既可以是同样的，如集体教学的内容让幼儿分小组自己去探索；也可以是不同的，如区角活动的内容。就分组形式而言，有幼儿自由分组及教师指定分组两种情况。小组活动最大的特点就是既为幼儿提供了和同伴及教师交流、讨论、合作的机会，又让幼儿以自己的速度和方式活动和学习。活动中既有教师的指导、同伴之间的交往，又有幼儿自己学习和操作的机会。但是，小组活动的组织相对比较松散，这给教师的组织和指导带来了一定难度。

个别活动即幼儿自发、自由的活动。一般在自主的游戏活动中，幼儿以个别活动的形式为主，可以自由交往、自由结伴、自由互动。个别活动最大的特点是满足了幼儿的个体需要，给幼儿提供了自主活动的机会。同时，教师可以因材施教，对幼儿进行个别指导。但是，个别活动中由于活动内容和活动方式的不同，教师的指导需要具有针对性，这对教师的指导能力来说是一个挑战。

案例 11-2

三、课程评价

课程评价是对课程理念、课程目标、课程内容和课程实施等方面适宜性和有效性的系统认识和价值判断，实质上是一个反思、批判、调整和提高的过程，是提高幼儿园教育质量的关键环节。

1. 基本原则

为了确保课程评价质量，必须遵循以下基本原则：一是科学性原则。幼儿园课程评价应有正确的指导思想和评价标准，讲求实效性，为改善和提高教育质量提供有用的信息。具体应做到以下几点：① 评价技术适宜，所获信息可靠；② 评价过程符合社会道德准则，尊重机构或个人的权益；③ 评价结果具有实用价值，对课程的发展和应用有一定的影响作用；④ 评价切实可行，并增加评价的透明度和对评价过程的监督。二是发展性原则。幼儿园课程评价的最终目的是要促进幼儿的全面和谐发展，因此在对幼儿的学习情况与发展水平的课程进行评价时应特别注意：① 全面了解幼儿的发展状况，防止片面性，尤其要避免只重知识技能的掌握，忽略情感、社会性和实际能力的倾向；② 应承认和尊重幼儿的个体差异；③ 要注意多渠道、多方面地收集资料，客观地加以整理和分析；④ 课程评价要在日常活动与教育教学过程中，采用自然的方法进行。三是全面性原则。应针对学前课程的特点和组成要素，通过收集和分析比较全面的资料，对课程理念、课程目标、课程内容、幼儿发展结果、教师的观念态度、活动组织形式、师幼互动质量等做出全方位的评价，科学全面透视课程各方面的价值。四是多样性原则。在课程评价中，为了使评价更具科学性，需要运用多种方法和手段。要坚持量化评价和质性评价相结合，他评与自评相结合，形成性评价与总结性评价相结合。通过各有侧重和特点的不同评价方式的有机结合，形成一个整体的评价系统，为课程的改善提供比较全面的资料和信息。

2. 基本类型

根据评价的作用和性质的不同，可以将幼儿园课程评价划分为关注课程问题起因的形成性评价和关注课程问题程度的总结性评价。形成性评价是指在幼儿园课程实施过程中，对实施过程中所表现出的各种现象进行评价，用于了解课程实施过程的不足，为进一步改进课程、完善课程提供依据。总结性评价对幼儿园课程实施所取得的效果进行整体判断，用于获得对所编制出来的课程质量的一个"整体"的看法，以验证课程的成功程度和推广价值[①]。

根据课程评价与预定的课程目标之间的关系，可以将幼儿园课程评价分为目标本位评价和目标分离评价。目标本位评价主要以课程目标为依据判断课程目标的实现程度，往往要求精心描述可以辨别的目标。其显著特点是标准清晰、任务重点集中、易于把握，但其过分强调目标，往往会窄化评价的内容并压抑教师生成课程的自主性。实施目标本位评价的典型代表是泰勒的评价模式和布卢姆的评价体系。目标分离评价针对目标本位评价的缺陷，提出课程评价应适当脱离预定目标，坚持以课程计划或活动的实际结果为评价对象并

[①] 施良方. 课程理论[M]. 北京：教育科学出版社，1996：154.

尽可能全面客观地展示这些结果。因此，倡导事先不把课程的目的、目标告诉评价者，而让评价者全面地收集关于课程实际结果的各种信息。

根据评价主体和视角的不同，可以将幼儿园课程评价划分为内部评价与外部评价。内部评价是由课程设计者或使用者对照课程评价标准，对课程实施状况与效果做出分析和判断的一种评价方式。教师对自己的课程进行某个方面或整体的反思，就属于内部评价。外部评价又称他人评价，是由有关人士或专门人士组成评价小组，对幼儿园课程的整体实施情况做出判断的一种评价方式。

3. 基本模式

课程的评价模式是评价人员或研究工作者依据某种教育理念、课程思想或特定的评价目的，选取一种或几种评价途径所建立起来的相对完整的评价体系。具有代表性的课程评价模式主要有目标达成评价模式、差距评价模式、CIPP 评价模式、外观评价模式。目标达成评价模式是泰勒在他的"八年研究"中采用的一套课程评价模式，泰勒将评价程序分为七个步骤：① 确定目标；② 根据行为和内容界定目标；③ 确定目标的情境；④ 设计呈现情境的方式；⑤ 设计获得记录的方式；⑥ 确定评价时使用的计量单位；⑦ 设计获得代表性样本的手段[1]。目标达成评价模式的主要关注点是确定课程预设的目标与课程实施的结果之间的契合程度。首先，强调评价从目标入手，对课程目标进行明确的阐述；其次，确定课程评价的情境，使幼儿有机会表现出课程目标指向的行为；最后，强调评价的工具和手段，因为它们直接影响评价结果的信度和效度。目标评价方法有测试、观察、交谈和问卷调查等。

差距评价模式由普罗弗斯提出，旨在揭示课程计划的标准与课程实际运行状况之间的差距，以此作为改进课程的依据。差距评价模式包括五个阶段：① 设计阶段。即界定课程计划的标准。课程计划的标准包含三个成分：课程的目标（预期结果）、实现目标所需的人力和物力（前提条件）、为达到目标所从事的活动（教育过程）。② 采集阶段。收集课程的运行资料，包括所采用的课程目标、前提条件和教育过程，并与评价标准进行对照，了解所执行的课程与计划的课程之间的符合程度。③ 测量阶段。了解中间目标是否达成，并进一步了解前提条件、教育过程和教育结果之间的关系，以便做出调整。④ 评价阶段。判断所实施的课程计划的最终目标是否达成。⑤ 分析阶段。对已完成的课程与其他相当的课程做比较，确认哪种课程最经济有效。

CIPP 评价模式是美国教育家斯塔费尔比姆在 1967 年提出的以决策为中心的教育评价模式。该模式包括背景评价（context evaluation）、输入评价（input evaluation）、过程评价（process evaluation）和结果评价（product evaluation）四个基本环节，强调课程评价是为做出某种课程决策而描述、获得和提供有用信息，而不应该将评价局限于评定课程目标达成的程度。输入评价是课程计划的可行性评价，为决策者提供如何利用资源达到教育目标的信息；过程评价着眼于教育计划的操作和实施，它的目的是鉴别课程设计中的不足；结果评价是试图测量和解释教育计划所产生的结果。这种评价不仅要在教育计划结束时进行，通常在其进行的过程中也要加以评价，因此，有利于整体性反馈和控制课程质量。

---

[1] 江诚，余南宁. 幼儿园课程[M]. 合肥：安徽大学出版社，2012：137.

外观评价模式由斯塔克针对目标评价模式的弊端而提出。为了克服正式评价突出存在的只注重少数因素而忽视先在因素、实施条件对教育结果影响的狭隘性，主张考察评价活动的全部影响因素，重视收集有关课程的各类资料：一是先在因素，即在课程实施之前已存在的某种条件，如幼儿的年龄、态度、知识和经验、智力状况、教育机构的资源、师资条件、课程内容等；二是过程因素，即课程实施过程中评价对象的各类活动和交往，如师幼之间和幼儿之间的交往、教学活动、游戏、环境气氛等；三是结果因素，即课程实施所产生的影响，如幼儿从教学过程中获得的能力、成绩、态度和积极性，教学对于教师、幼儿学习环境、设备材料等方面的影响作用等。该模式要求评价者采用真实自然和非正规的方法回应评价方法，对以上几方面的各种因素既做出详尽描述，又进行适宜评判，从而实现对课程的全面评价。

4. 基本方法

常用的课程评价方法包括以下六类。

（1）观察法是指研究者根据一定的研究目的、研究提纲或观察表，用自己的感官和辅助工具直接观察被研究对象，从而获得资料的一种方法。一般应采用自然观察法进行课程评价，即教师或评价人员走进教室、走进课堂，对课堂上真实发生的情况进行观察、记录与评估。

（2）访谈法是指评价者有目的、有计划地与幼儿以及教师进行交谈以搜集评价资料的一种方法。在使用该方法时，教师或评价人员也可以与幼儿家长、幼儿园工作人员进行交流，让其充分表达自己的想法以及感受。

（3）幼儿表现评价法强调把生活中幼儿的实际表现作为评判幼儿发展的有效资源。教师通过观察、记录及系统地搜集幼儿能做什么和如何做的材料，清晰地了解幼儿的需求与发展。

（4）作品分析法是指评价人员搜集幼儿在课程上所制作的作品作为评价的资料，以获得幼儿发展水平与课程的效果的一种方法。

（5）问卷调查法是指评价人员设计、编制严密的问卷，以书面的形式分发给课程相关人员，通过广泛搜集课程资料来分析课程实施效果的方法。

（6）档案袋评价法是教师或评价人员有意地将各种有关幼儿表现的材料收集起来，并进行合理地分析与解释，以反映幼儿在学习与发展过程中的努力、进步状况或成就。

案例 11-3

第三节 幼儿园特色课程资源开发

幼儿园课程资源是指设计与实施本园课程所依据和运用的必要保教条件因素集合。幼儿园课程资源开发应秉持特色性、价值性、适宜性和操作性等基本原则，严格审议和筛选各类教育资源，用于有效支撑课程设计与实施工作。

一、基本分类

园内课程资源主要包括：户外和室内环境资源（自然景观、人文景观和各类场馆空间等）；各类科学保教设施设备工具（安全设施、游戏设备、玩教具、音像制品、图书资料和手工材料等）；园所组织体系与规章制度；园所文化传统；教职工队伍（基本结构、综合素质、专业能力和精神状态等）；幼儿群体（基本结构、身心发展和经验积累等）。

园外课程资源主要包括本土物质与文化资源（自然环境、优势产业、文物古迹和民风民俗等）、各类信息基础设施（广播电视、移动网络和邮电通信等）、各类医疗卫生保健机构与设施（医院、疾控中心和妇幼保健机构等）、各类公共教育科学文化服务机构与设施（学校、动物园、植物园、图书馆、科技馆和博物馆等）、家庭资源（经济基础、政治面貌、文化程度、综合素质和宗教信仰）和社区资源（基层管理机构、企事业单位、新闻媒体、科研机构和文化娱乐场所等）。

二、基本原则

《纲要》指出，幼儿园应与家庭社区密切合作，综合利用各种教育资源，共同为幼儿的发展创造良好的条件。科学开发幼儿园课程资源应当遵循以下基本原则：一是密切联系幼儿生活经验。幼儿园应当选择性开发与幼儿生活密切相关且在支持幼儿发展中必须使用的教育资源。二是充分满足幼儿需要和兴趣。针对幼儿天生具有活泼好动、兴趣广泛、好奇心强、喜欢动手操作等特点，幼儿园应充分遴选并联系附近的游乐场、公园、动物园和植物园等幼儿心仪场所，经常组织幼儿前往游览和参观学习。三是因地制宜和就地取材。幼儿园应依据所处区域的自然条件禀赋和历史人文积淀，积极开发富有地方特色的教育资源，以丰富幼儿的地方性知识，激发幼儿热爱大自然和热爱家乡的美好情感。四是积极挖掘和灵活运用物力、人力、产业、社会、知识、文化和数字等多元资本力量，显著拓展幼儿园课程资源开发的广度和深度，更好支持幼儿园课程建设过程。

三、基本流程

总体来说，幼儿园特色课程资源的开发应根据幼儿生长发育的特点和规律，循序推进遴选、挖掘、整理和加工园内外特色教育资源，精心配置并运用到各类科学保教工作中[①]。为此，应严格执行包括四个环节的基本流程。

1. 基于调查评估发现特色教育资源的价值性

调查评估幼儿园特色教育资源的主要步骤是：明确调查目标，编制调查工作手册或方案，制订调查工作计划，组织开展实地调查，整理和分析调查资料，撰写调查报告。其中，资料分析是在资源调查的基础上，系统地将幼儿园的特色教育资源从优势、劣势、机遇和潜在危机四个方面进行综合评估，从而对幼儿园有较高价值的特色教育资源有一个大概的了解和掌握，在实施课程过程中就可以根据实际需要加以整合利用。

2. 通过甄选梳理确保特色教育资源的适宜性

所有特色教育资源都有鲜明的地域性和时代性，以及由此产生的局限性。以地方民间

---

① 李子健，杨晓萍，殷洁. 幼儿园园本课程开发的理论与实践[M]. 北京：人民教育出版社，2009：209.

童谣为例，有些童谣虽然读起来朗朗上口，但其中部分词句明显不够文雅，同时在内容上有部分封建迷信的色彩。因此，幼儿园特色资源开发必须从对幼儿的认知、情感、审美、人格等多个方面的可能影响着眼，严肃进行保教内容是否适宜的课程审议。应本着"以幼儿发展为本"的科学保教理念，坚持从幼儿的生活经验、认知发展水平及情感兴趣出发，对已经发现的可利用特色教育资源进行取其精华、去其糟粕的甄选，然后确定适宜课程实施的特色教育资源名目。

3. 通过重组改造促进特色教育资源的易用性

园本课程创生是以幼儿园领导为引领核心，以全体教师为开发主体，动员儿童、行政人员、课程专家、家长和社区人员等广泛参与，充分协调各方面力量对某一个具体的课程展开广泛而深入的研究的过程。在课程创生过程中，幼儿园需要成立专门的园本课程研究小组，经常定期或不定期地开展园本教研活动、观摩活动、评价与反思活动等，形成紧密的教研共同体，需要充分考虑幼儿身心发展特点，大胆采用重组与改造的方法，对特色教育资源进行适度变通与创新，以更加接近幼儿现实的生活背景，也更为符合幼儿全面持续的需要。

4. 通过课程评价提升特色教育资源整合利用的有效性

对特色教育资源整合利用效果进行专项评价是幼儿园课程评价的重要内容。幼儿园课程评价不仅需要充分关注特色教育资源整合利用状况对幼儿发展、对教师专业、对社会服务发展和对国家事业发展的影响程度，更需要现场或回溯诊断对特色教育资源整合利用过程中突出存在的问题，例如：调查评估是否全面深入、课程审议是否严格规范、资源重组是否精准恰当和开发成本是否控制节约（含物资、经济与时间成本等），还有，是否全员参与整合利用过程；该过程是否同时是一个研究和反思的过程；是否显著提升了本园的课程品质；等等。

案例 11-4

热点讨论

1. 结合本园课程建设现状与突出存在的问题，分组讨论为何要大力提升幼儿园课程领导力。
2. 分析讨论为什么说园长群体并非幼儿园课程领导力建设的唯一责任主体。
3. 结合本园课程规划、实施和评价现状，分组讨论如何大力提升幼儿园课程领导力。

拓展阅读

1. 上海市教育委员会教学研究室. 幼儿园课程图景：课程实施方案编制指南[M]. 上海：华东师范大学出版，2013.
2. 上海市教育委员会教学研究室. 幼儿园，课程领导力在生长[M]. 上海：上海科技教育出版社，2019.
3. 苏婧，成勇，刘峰峰. 为教育涂色：园长课程领导力的提升[M]. 北京：北京师范大学出版社，2017.
4. 姚健. 幼儿教师课程领导力提升实践：班本化课程[M]. 上海：华东师范大学出版社，2020.

5．李子健，杨晓萍，殷洁．幼儿园园本课程开发的理论与实践[M]．北京：人民教育出版社，2009．

研修建议

1．密切联系本园课程建设过程中的主要思想困惑，进一步认真研读若干幼儿园课程理论著作，深刻理解幼儿园课程建设的基本内涵。

2．完整准确理解幼儿园课程领导力的基本内涵，明确提升课程规划、实施和评价三大核心领导力的总体思路与主要举措。

3．深入研读相关园长课程领导力的测评研究文献，尝试用于自我测评与反思改进。

4．运用所学课程领导力理论，尝试修订完善本园课程发展战略规划。

5．拓展阅读幼儿园课程评价理论，尝试修订完善本园课程评价方案。

6．运用所学特色课程资源开发理论，尝试拟订一份幼儿园特色课程资源开发与利用方案。

参 考 文 献

[1] 吉兆麟，夏如波．幼儿园课程[M]．南京：南京大学出版社，2015．

[2] 朱家雄，胡娟．幼儿园课程概论[M]．上海：复旦大学出版社，2015．

[3] 田波琼．幼儿园课程权力运作研究[M]．北京：科学出版社，2016．

[4] 高敬，周洪飞，陈雪．上海市幼儿园课程领导力的现状与思考[J]．上海教育科研，2014（11）：47-50．

[5] 卢美贵，陈慈娟．幼儿园园长课程领导历程分析[J]．内蒙古师范大学学报（教育科学版），2004（10）：7-11．

[6] 姚莉娜．课程领导力视域下项目课程实践探索[J]．教育评论，2020（4）：150-152．

[7] 姚健．班本化课程建构对提升教师课程领导力的启示[J]．上海课程教学研究，2017（10）：5-9．

[8] 袁娇．幼儿园园长课程领导力指标体系开发与应用[D]．温州：温州大学，2018．

[9] 高敬，王梳园．台湾幼儿园园长课程领导力指标的研究[J]．上海教育科研，2016（1）：68-71．

[10] 鄢超云．学前教育评价[M]．北京：高等教育出版社，2019．

[11] 霍力岩，潘月娟，黄爽，等．学前教育评价[M]．3版．北京：北京师范大学出版社，2015．

[12] 虞永平．幼儿园课程评价[M]．南京：江苏教育出版社，2009．

[13] 刘旭东．校本课程与课程资源开发[M]．北京：中国人事出版社，2002．

[14] 王春燕．浙江民间文化与幼儿园课程：浙江民间文化幼儿园课程资源开发的研究[M]．杭州：浙江大学出版社，2011．

第十二讲　幼儿园环境创设与一日活动管理

本讲要点

> 1. 根据《纲要》明确的环境创设总体目标，切实加强和改进幼儿园户外环境、内部环境、区域环境和心理环境创设管理，并探索采用专门量表科学开展幼儿园环境创设评价工作。
> 2. 完整准确理解幼儿园一日活动中各基本活动类型的独特功能价值，切实提高幼儿生活活动、体育活动、游戏活动、集体教学活动、区域活动和工作体验活动的科学管理水平。

关键词

科学保教　保教管理　环境创设　一日活动

第一节 幼儿园环境创设管理

一、环境创设总体目标

《纲要》中明确规定，幼儿园环境创设的总体目标主要包括以下五个方面：① 幼儿园的空间、设施、活动材料和常规要求等应有利于引发、支持幼儿的游戏和各种探索活动，有利于引发、支持幼儿与周围环境之间积极的相互作用；② 幼儿同伴群体及幼儿园教师集体是宝贵的教育资源，应充分发挥这一资源的作用；③ 教师的态度和管理方式应有助于形成安全、温馨的心理环境，言行举止应成为幼儿学习的良好榜样；④ 家庭是幼儿园重要的合作伙伴。应本着尊重、平等、合作的原则，争取家长的理解、支持和主动参与，并积极支持、帮助家长提高教育能力；⑤ 充分利用自然环境和社区的教育资源，扩展幼儿生活和学习的空间。幼儿园同时应为社区的早期教育提供服务。

二、幼儿园户外环境创设

各幼儿园应秉持突出儿童文化特征、支持幼儿感官统合、吸引幼儿互动参与、整体规划设计和总体风格协调一致等基本理念，首先加强室外环境创设。主要包括园门造型、建筑外墙涂饰、围墙综合装饰、园内道路布局、自然景观设施、人文景观设施、运动和游戏设施等多方面构成元素的户外环境创建设计。其创设操作要点是：① 应当依据幼儿园办园理念，特别是结合园标来设计新颖别致的园门造型（见图12-1）；② 密切配合园门造型，可以采用绘画、镶嵌画、浅浮雕等艺术手法对建筑外墙喷涂或装饰儿童画或卡通画（见图12-2），并全面做好围墙综合功能装饰（如设置花草长廊和涂鸦墙）（见图12-3和图12-4）；③ 严格执行《托儿所、幼儿园建筑设计规范》和《幼儿园标准化建设基本标准（试行）》等国家标准，在幼儿园种植常青树和藤本植物，修建花坛和草地等，包括集中绿地、种植园地和房前屋后、道路两侧的零星绿地，人均绿地面积不低于 $2m^2$，绿地覆盖率不低于35%；④ 着眼于象征性表现办园理念，可以在庭园前、树荫下、草坪上、花圃内、花坛边、水池中等位置，设立水泥、塑胶、木材、石材、陶土、青铜等材质的若干小动物或卡通人物造型的雕塑艺术作品（见图12-5），以及小喷泉、小假山、小凉亭、小木屋甚至小树屋等小型功能性基础设施（见图12-6）；⑤ 在确保园内道路安全便利连通的基础上，可以精心铺设或安装有利于吸引幼儿观赏互动的几何形石块、动物图案、造型边界栏、垃圾桶和装饰性路灯等（见图12-7和图12-8）；⑥ 严格执行《规程》规定，可以利用建筑物围合、绿化围合、建筑连廊分隔、屋顶空间开发等方式设立全园共用或各班独用的游戏和体育活动场地并充足配置功能设备或游戏材料（见图12-9和图12-10），以及创造条件开辟沙地、水池、种植园地等专用功能场所。

图 12-1 结合园标设计的园门造型 　　图 12-2 采用艺术手法装饰的外墙

图 12-3 花草长廊 　　图 12-4 涂鸦墙 　　图 12-5 雕塑艺术作品

图 12-6 小型功能性基础设施 　　图 12-7 造型边界栏 　　图 12-8 装饰路灯

图 12-9 游戏活动场地 　　图 12-10 游戏材料

案例 12-1

三、内部环境创设

幼儿园内部环境创设主要包括大楼门厅、建筑走廊、楼梯通道、班级墙面和寝室布局等美化装饰或集中展示等方面。其创设操作要点是：① 根据本园大楼门厅空间规模特征，一般应设立幼儿园主题文化墙，集中展示其办园理念，同时适当考虑布置为师幼临时休闲

活动区域；② 充分考虑幼儿的视角感受，应对深长建筑走廊按照所在班级虚拟分割成若干部分，由各班根据幼儿兴趣适当悬挂或镶嵌具有浓郁地方特色的师幼绘画作品、手工饰品（见图12-11和图12-12）、卡通风格的楼层索引或场所知识地图等。若走廊比较宽敞，可在走廊一边或两边由各班创设各种活动区域，也可以由幼儿园统一考虑创设某一主题的区域环境。如楼层间转厅比较宽敞也可以布置为师幼临时休闲活动区域；③ 班级墙面一般应采用柔和色调，并与室内家具、地毯和窗帘等设施色彩保持协调一致。为了密切配合完成当前保教工作任务，应积极动员幼儿参与互动并及时更新班级墙面设计内容，强调各领域教育主题内容的整合表现；④ 以冷色调的景物图案或表现安静的人物图案为主来布置幼儿寝室墙面及寝具设备，应配置合适窗帘严格控制光线强度，门窗和附属设备能够确保幼儿寝室空气流通与温度适宜。

图 12-11　师幼绘画作品　　　　　图 12-12　师幼手工作品

四、区域环境创设

各幼儿园应秉持计划性和灵活性相结合、积极动员幼儿参与和建立区域活动规则等基本理念，至少要创设以下八类基本保教活动区域：① 生活区。主要支持幼儿进行抓、推、转、倒、挤、夹、敲、剪等基本动作的技能训练；培养幼儿穿脱衣服、整理衣物、梳头、系鞋带、洗手帕等生活自理能力；鼓励幼儿折叠餐巾、分碗筷、切水果、刨瓜皮、浇花等美化生活环境的能力。② 语言区（或阅读区）。主要支持幼儿开展阅读绘本、听录音动手操作、合作猜谜、故事表演、剪贴废旧图书、自编故事、跟"磁带老师"讲故事、下语言棋（如表情棋）、卡片找朋友（字画配对）等语言活动。③ 科学区。主要支持幼儿开展按数取物、认识几何形状、按规律排序、实物与数配对、下数学棋、找单数双数游戏、玩算式题套圈、运用测量工具等数学活动，以及开展电池为什么发光、沉与浮、玩磁铁、放大镜、斜坡实验、沙漏、天平、会变的颜色等科学探索活动。④ 美工区。主要支持幼儿开展泥工、纸工（折、剪、撕、贴、玩）、绘画、涂鸦、废旧物品制作等手工或艺术活动。⑤ 建构区。主要支持幼儿开展堆高游戏、玩拼图、智力拼板、七巧板、木工、大型积木、建造"主题公园"等空间结构活动。⑥ 装扮区。主要支持幼儿开展娃娃家、超市、小商店、美容院等角色扮演游戏活动。⑦ 文化区。主要支持幼儿初步认识各地民俗风情、服饰与语言、交通工具、人种与肤色、七大洲与四大洋、各国国旗等社会文化。⑧ 运动区。主要支持幼儿在户外或室内开展玩球、投篮、平衡、钻爬、垫上运动、跳绳和自制体育用具等体育活

第十二讲　幼儿园环境创设与一日活动管理

动。各幼儿园可以根据本园建筑面积和课程建设的实际情况，自主进行区域合并或拓展设置，特别是大力推进创建特色主题场馆、集成化功能区域和户外种植园区等。

五、心理环境创设

幼儿园心理环境是指对所有师幼心理活动直接产生影响的幼儿园整体氛围，是整个幼儿园环境创设的重要组成部分。进一步分析来看，该整体氛围主要由以下五个维度的条件与事件综合影响或效应构成：一是自然物质条件与事件的综合影响（或自然景观效应）；二是人文物质条件与事件的综合影响（或人文景观效应）；三是人文精神与事件的综合影响（或文化背景效应）；四是组织制度条件与事件的综合影响（或规则约束效应）；五是社会人际关系条件与事件的综合影响（或社会交往效应）。

根据辩证唯物主义认识论，幼儿园心理环境的实质是一种在作为客观物理事实系统的物质环境基础上进一步形成的作为"准物理事实系统"的意象环境。因此，幼儿园心理环境与物质环境相互交织并共同影响所有师幼心理活动及其行为表现。相关心理学实验研究成果指出，在幼儿园物质环境达到一定要求后，对师幼主体心理活动起决定性作用的将是幼儿园心理环境[1]。因此，为了做好幼儿园科学保教工作，必须高度重视面向所有师幼开展良好的心理环境创设工作。

关于各幼儿园开展良好心理环境创设的主要思路性建议有：一是坚持从提升科学保教品质的高端定位，统筹部署和循序推进本园的物质环境与心理环境协同创设工作。二是坚持科学理论武装头脑的高层起点，善于学习消化与转化运用国内外知名评价量表（如《国际儿童教育协会全球指导性评估量表》[2]、美国的《幼儿学习环境评价量表（修订版）》[3]、中国的《幼儿园教育环境质量评价量表》[4]等相关模块及指标），用于直接指引或诊断并改进本园心理环境协同创设工作。三是坚持从本园发展阶段与资源禀赋的基层实际出发，大力弘扬科学务实的工作作风，从自然景观、人文景观、文化背景、规则约束和社会交往等基本效应维度，在深化、细化和量化良好心理环境创建目标基础上稳步推进落地。四是坚持创建具有鲜明时代特征与地域特色的良好心理环境，优先加强中华优秀传统文化、革命传统文化和中国特色社会主义先进文化等文化背景效应的空间体现，改革并推进公共治理体系与治理能力现代化思维引领下更加开放、公正、自由、平等的规则约束效应的日常体现，重点完善中国学生核心素养框架理论指导下更加包容、诚信、友善、和谐的社会交往效应的行为体现。

六、环境创设评价

国内外幼儿教育界高度重视幼儿园环境创设评价工作，先后开发并设计出了从整体环

---

[1] 虞永平，王春燕. 学前教育学[M]. 北京：高等教育出版社，2012：274-279.
[2] 李明军，文明.《国际儿童教育协会全球指导性评估量表》述评[J]. 陕西学前师范学院学报，2015，31（1）：54-59.
[3] 哈姆斯，克利福德，克莱尔. 幼儿学习环境评量表（全三册）[M]. 上海：华东师范大学出版社，2015.
[4] 刘焱，潘月娟.《幼儿园教育环境质量评价量表》的特点、结构和信效度检验[J]. 学前教育研究，2008（6）：62-66.

境、专项环境（安全环境、运动环境、物质环境等）到班级环境等不同层级或维度的一系列专门评价量表。其中，国际上有代表性的专门整体环境测评量表有美国的《幼儿学习环境评价量表（修订版）》（ECERS-R），它共有43个项目，包含空间与设施、个人日常照料、语言—推理、活动、互动、课程结构、家长与教师七个子量表。可以与之配套使用的另一个版本是《幼儿学习环境评量表（课程增订本）》（ECERS-E），与之密切相关的另外三个量表分别是《家庭日托评量表》（FDCRS；Harms & Clifford，1989）、《婴儿学习环境评量表》（ITERS；Harms，Cryer & Clifford，1990）及《学龄儿童照顾环境评量表》（SACERS；Harms，Jacobs & White，1996），它们均采用了 ECERS 的格式，但各自做出了改进和完善[1]。国际上有代表性的专项环境测评量表有英国《运动环境评量表》（MOVERS），它包括运动、体能、身体发展三个关键概念，4个子量表和11个项目，涵盖支持儿童身体发展的硬件设施、软性资源（如发展计划、课程活动、家园支持等）、批判性思维[2]。此外，可以参考使用《国际儿童教育协会全球指导性评估量表》中的"环境与空间领域""环境与物理空间""激发儿童发展的环境"3个子类和17个项目指标[3]。截至目前，我国研究者已经对上述有关量表在本土的适用性问题做了初步的实验研究，建议关注本土文化适宜性问题，并紧密联系对幼儿发展增值评价量表进行必要的项目指标及其测评方式改造[4][5]。刘焱、潘月娟等学者借鉴 ECERS-R 和 ECERS-E 的结构形式并依据《规程》和《纲要》等，编制了《幼儿园教育环境质量评价量表》，它包含物质环境创设、人际互动、生活活动和课程4个领域共25个项目的5级测评。此外，李克建、胡碧颖编制了《中国托幼机构教育质量评价量表（试用版）》[6]。经网络文献检索可知，我国不少地区或幼儿园还自行编制了一些简单实用的幼儿园环境评价量表，其中代表性的评价量表如表12-1所示。

表12-1 幼儿园环境评价量表

一级指标	权重	二级指标	权重	三级指标	权重	评价等级 A(95)	B(80)	C(65)	D(50)	评价结果
户外环境	0.4	幼儿园基本情况	0.2	幼儿园位于安全区域，环境优美，布局科学合理，建筑符合幼儿年龄特点，整体和谐，富有美感，远离工厂及闹市区，交通便利	0.5					
				幼儿园办园目标明确，宣传栏能体现办园特色和文化内涵，具有艺术性和教育性	0.5					
		绿化	0.1	能根据园舍情况进行绿化，花草树木立体种植，错落有致，具有欣赏性和装饰性	1					

---

[1] 哈姆斯，克利福德，克莱尔. 幼儿学习环境评量表（全三册）[M]. 上海：华东师范大学出版社，2015.
[2] 阿切尔，西拉杰. 运动环境评量表（MOVERS）：通过运动和身体活动促进身体发展[M]. 张丹丹，刘萌然，译. 南京：南京师范大学出版社，2019.
[3] 刘焱，何梦焱，李苏，等. "托幼机构环境评价量表"述评[J]. 学前教育研究，1998（3）：18-20.
[4] 魏凡.《运动环境评价量表》（MOVERS）的本土适宜性探究[D]. 南京：南京师范大学，2019.
[5] 沈婷婷. ITERS-R 在计时制亲子早教机构婴幼儿学习环境评价中的试用研究[D]. 金华：浙江师范大学，2019.
[6] 陈佳丽.《中国托幼机构教育质量评价量表（试用版）》的试用研究[D]. 金华：浙江师范大学，2012.

续表

一级指标	权重	二级指标	权重	三级指标	权重	评价等级 A(95)	评价等级 B(80)	评价等级 C(65)	评价等级 D(50)	评价结果
户外环境	0.4	室外活动场地与设备	0.7	有足够的活动场地，以开展各项活动，安全性能高，地面平坦，人均面积不少于4平方米	0.3					
				有适宜的区角，空间利用合理，用具齐全，有定期活动安排	0.2					
				室外大型器械有三件以上，根据幼儿特点，为幼儿提供钻、爬、平衡、攀登的活动器械，种类多样，满足幼儿需求，并保持卫生，有定期活动安排	0.3					
				有休闲区，并放置具有装饰性和实用性的桌子和椅子	0.2					
室内环境	0.6	门窗设置	0.2	根据幼儿年龄特点设置主题，利用自有作品进行布置，体现园文化及本土特点，具有教育性及装饰性	0.5					
				设有家园联系栏，材料丰富多样，教育目标、教育内容具有可读性，家园联系、亲子内容体现互动性	0.3					
				楼道口有安全提示语，有作品展示及保护措施	0.2					
		室内墙面	0.1	根据课程要求，结合季节变化，设置有可变性的内容丰富和谐的墙面，色彩明快，具有美感，重视幼儿的主体性和创造性的培养	1					
		活动区布置	0.4	活动室、睡室安全卫生，空气流通好，光线充足，整洁无灰尘，各类玩具及用具按时消毒，区内无锐利、有毒、易碎物品	0.2					
				活动室或活动区空间设置丰富，符合班级特征与教育要求，根据幼儿特点投放丰富且具有可操作性的各类物品及材料，幼儿可根据自身能力及意愿选择游戏内容	0.2					
				桌椅等设备符合国家标准，开放式玩具区、图书架、各类橱柜安全无尖角	0.2					
				有钢琴、一体机等设备	0.1					
				活动区创设动静区分，考虑便利性与幼儿需求，有可变性、开放性，有活动区标识，以便于发挥隐性的环境育人价值	0.3					

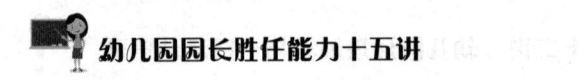

续表

一级指标	权重	二级指标	权重	三级指标	权重	评价等级 A(95)	B(80)	C(65)	D(50)	评价结果
室内环境	0.6	其他室内布置	0.3	盥洗室地面防滑，水龙头高度适宜幼儿，保证一人一巾一杯且应有标志，便于幼儿取放，厕所干净无异味，深度、高度、宽度适宜幼儿	0.2					
				厨房卫生整洁，用具齐全，生熟分开，标志明确，工作人员衣帽整洁美观	0.2					
				保健室常用药品、设备齐全，保健人员工作衣帽整洁美观，指导班级日常保健、预防工作，幼儿膳食营养工作有效果记录	0.3					
				园长室、会议室、教师办公室各类用具整洁卫生，制度可见，档案齐全	0.2					
				幼儿作品栏高度适合幼儿视线，布置美观有特色，及时更换作品	0.1					

评价等级：

A. 符合三级指标标准，且有实用性和价值；
B. 符合三级指标标准；
C. 符合三级指标标准，但仍有问题需要改进；
D. 不符合三级指标标准。

第二节　幼儿园一日活动管理

一、生活活动科学管理

幼儿生活活动主要包括幼儿入园、进餐、饮水、盥洗、如厕、睡眠、离园等环节，旨在帮助幼儿发展生活自理、与人交往、自我保护等能力，逐步养成健康的生活习惯。其科学管理要点是：① 重视培训并规范保教人员的言行举止并提升其表现能力；② 合理安排幼儿一日生活作息时间并持续优化各环节规范操作流程以及与其他活动的弹性衔接；③ 重视对幼儿生活活动的赋权增能并支持幼儿自主决策与协商合作解决生活冲突现象；④ 尊重幼儿个体差异并因人实施保教措施，特别做好特殊幼儿和问题行为幼儿的科学保教工作；⑤ 重视观察幼儿个体和群体行为表现并予以随机指导或支持服务；⑥ 循序组织幼儿轮流参与集体服务并积极渗透社交礼仪教育。

二、体育活动科学管理

幼儿体育活动主要包括基本体操、体育游戏、集体体育、区域体育、室内体育、户外运动和运动会等具体活动类型，旨在增强幼儿运动能力、身体素质、心理品质和认知发展等。其科学管理要点是：① 重视培训提升保教人员的体育素养与施教能力，适当充实男幼儿教师从事幼儿体育教育活动；② 尊重幼儿身体发育规律，严禁对幼儿开展专项竞赛技能训练；③ 严格遵循安全性、日常性、多样性、全面性、差异性、适量性、循序性和趣味性等基本原则，稳妥组织开展各类体育活动；④ 明确幼儿体育的总体目标和分类目标（见表 12-2），合理安排幼儿体育活动时间，精心选择与审慎组织特定类型体育活动或组合式体育活动；⑤ 定期开展幼儿健康检查、体质测定和生长监测，重视幼儿运动风险评估，大力引导和支持幼儿自主选择参与适宜类型特别是混龄体育活动，并积极学习协商若干运动规则和解决活动中的人际冲突；⑥ 重视及时开展幼儿运动过程表现性评价，定期实施较为系统的幼儿体育活动效果评价并持续精准改进。

表 12-2 《指南》中幼儿动作发展水平目标

动 作	小 班	中 班	大 班
走和跑	上体正直、自然地能按照指定的方向走和跑，能一个跟着一个地走、跑，能双脚交替着走	能听信号按节奏上下肢协调地走和跑，倒退跑，越过障碍物，走跑交替 200 米左右	能轻松自如地绕过障碍物进行曲线跑和走，快跑 30 米左右
跳	能同时向前、向上跳，能从 25 厘米高处自然跳下	能自然摆臂连续纵跳，能立定跳远	能从 35 到 40 厘米高处自然跳下，能双脚熟练地向前、后、左、右、转身跳
投掷	能将物品自然地向前、上、后等方向抛	能将物品自抛自接，能左右手拍球	能将物品抛出 4 米远，能抛、接高低球等
平衡	能在平行线中间走，能在宽 25 厘米、高 20 厘米的平衡木上走	能在宽 20 厘米、高 30 厘米的平衡木上走，能闭目前行至少 10 米	能在平行线中间走，能在宽 15 厘米、高 40 厘米的平衡木上走，能双手平举闭目转五圈
钻和爬	能在 65~70 厘米高的障碍物下钻爬，能手脚并用	能够在 60 厘米高的障碍物下钻爬，能手脚并用	能够在 50 厘米高的障碍物下钻爬、翻滚等，能手脚并用
平衡能力和灵敏度	能沿直线或在较窄的低矮物上走，能双脚交替走，在跑时能躲避他人的碰撞	能在较低、较矮物体上平稳地走一段距离，能自抛自接球等	能连续跳绳、连续拍球等
耐力和力量	能双手抓杠悬空吊起 10 秒，能单脚连续向前跳 2 米，快跑 15 米左右	能双手抓杠悬空吊起 15 秒，能单脚连续向前跳 5 米，快跑 20 米左右	能双手抓杠悬空吊起 20 秒，能单脚连续向前跳 8 米，快跑 20 米左右，会简单使用劳动工具

三、游戏活动科学管理

幼儿游戏活动主要包括亲子游戏、徒手游戏、假装游戏、角色游戏（戏剧游戏或表演游戏）、建构游戏和规则游戏（教学游戏、体育游戏或音乐游戏等）等具体活动类型，具有促进幼儿身心健康发展和预备适应未来生活的双重价值，即作为鲜活童年精神存在的儿童本体价值（以顺应儿童天性、守护童年精神和完善儿童人格）以及作为综合性活动存在的教育工具价值（以达成外部的教育教学目标）。其科学管理要点是：① 秉持德智体美劳"五育并举"和健康语言社会科学艺术"五育同构"的科学保教理念，正确认识与处理游戏活动与其他活动类型的互补结构关系，审慎推进课程游戏化与游戏课程化工作，强调循序渐进组织开展适宜不同年龄段幼儿的学习性游戏活动（包括混班、混龄游戏活动），采取直接指导、交叉指导、平行指导等方式给予适当指导，着力提升幼儿游戏活动的教育品质。② 坚持从区域资源条件和幼儿园发展阶段实际出发，因地制宜、合理设计与创建优质的游戏环境，根据幼儿年龄特点和兴趣，及时配备具有本土特色、安全卫生、种类丰富（含购置与自制类别）和层次多样（含低结构与高结构层次）的游戏材料及器械。③ 秉持"中和位育"的科学保教理念，正确认识和处理幼儿本体性游戏与教育性游戏的动态平衡与互补结构关系，切实加强课程的弹性管理。例如，《浙江省学前教育保教管理指南》建议"每天确保有不少于 2 小时户外活动时间（其中 1 小时的户外体育锻炼时间）；1 小时的自由活动时间；教师组织的游戏活动不少于 2 个；每周开展区域活动或创造性游戏不少于 2 次，每次 1 小时左右"。应给予幼儿自主游戏以及自主参与机会，让幼儿自由选择、自主协商展开游戏与自发交流分享，支持其发展想象力、创造力、交往合作能力以及提升好奇探究的品质。④ 幼儿教师应密切观察记录和及时评价幼儿游戏活动的有趣性、有用性和有效性，理解幼儿的游戏行为并以适当方式支持幼儿分享游戏体验。⑤ 幼儿园应重视联合和组织家庭社区开展亲子游戏和社交游戏，特别是支持其在家庭、社区中自主开展各类游戏活动。⑥ 为了更好引导与支持幼儿自主游戏并促进其深度学习与垂直发展，幼儿教师和家长均应当加强其自主游戏环节之前的经验与条件准备工作和环节之后的经验拓展与能力提升工作。

案例 12-3

四、集体教学活动科学管理

集体教学活动是幼儿教师有目的、有计划地引导全班幼儿同时全面学习相同内容的活动，具有促进幼儿在扩大社群交往中实现他育与自育结合，差异互补与榜样激励[①]，进而产生平行与前景影响的独特教育价值，因此是经久检验且普遍采取的促进幼儿有效学习和达成幼儿园各领域教育特别是领域整合教育目标的主要活动组织方式之一。其科学管理要点是：① 坚决防止和纠正集体教学活动的"小学化"倾向，避免使用小学课程和教材及以奥数、珠心算、书写拼音和专门的识字等内容进行教学，避免开展抽象讲授、单调学习和机械背诵为主的教学活动，避免布置书写和计算类的家庭作业；② 坚持幼儿为本，应充分了解和积累幼儿的前期经验，科学制订集体教学活动计划，并根据当天实际情况适当调整具体的教学方案，应灵活采用游戏、谈话、实验、操作、实地参观、听赏、表演等多种方式，加强师幼多层次互动，有效开展集体教学活动；③ 坚持实现预设内容和生成内容有机结合，重视观察幼儿的行为表现及情绪状态，耐心倾听和积极回应幼儿的意见和想法，清楚提出问题并给幼儿一定思考时间，充分满足幼儿观察、操作、体验的需要，积极引导幼儿发现问题，鼓励幼儿尝试通过合作解决问题；④ 坚持推进集体教学活动与幼儿小组活动或个别活动有机结合，并合理分配这三种活动的时间。其中，严格控制每天集体教学总体时间不

---

① 章丽. 集体教学活动为何不可或缺[N]. 中国教育报, 2018-06-03.

超过 1 个小时，每次教学单元时间中，小班不超过 10 分钟，中班不超过 15 分钟，大班不超过 20 分钟。例如，《浙江省学前教育保教管理指南》还建议"原则上，每周开展语言、科学、数学、音乐、美术、体育、社会等集体教学活动各 1~2 次，每周的集体教学活动小班宜开展 5~8 次，中班 8~10 次，大班 10~15 次"。

五、区域活动科学管理

区域活动是幼儿园根据幼儿发展需求和特定教育目标，有计划地创设活动环境，投放活动材料，组织和支持幼儿自主选择活动内容和合作伙伴，主动进行学习与发展的活动方式。它具有较为全面和强大的保教功能，是新时代推进幼儿园保教工作优质发展的重要途径。其科学管理要点是：① 在具体营建优质幼儿学习空间与机构教育空间的总体目标下，充分利用各类已有或可用教育资源，合理在室内和户外设置立体集成化的专门或综合主题活动区域，特别加强新时代地域特色主题场馆建设和不同区域活动的关联整合与流动利用。有条件的幼儿园应加快人工智能技术应用，积极探索智慧区域建设，为幼儿提供更多真实与虚拟相融合的生活工作场景。② 坚持以儿童为中心的科学保教立场，秉持赋权增能的新保教理念，有效运用集体（大组）、小组（同龄或混龄）活动和个别等多类型组织方式，建立健全幼儿之间和师幼之间的多类型层次的互动交流渠道，引导和支持幼儿实施自主选择、合作交往、探索发现、"玩中学"和"做中学"等多类型学习方式。③ 幼儿园教师应深刻认识所有区域都是一个"小微社会"，应当充分给予幼儿自我认识社会、角色扮演、行为调整和适应社会的机会。除了特殊安全保护原因，原则上不宜更多现场介入幼儿个体或群体发起的自主区域活动。但是，务必有"教师在场与表现性评价"意识，需要密切观察与记录所有幼儿在各个区域活动中的总体或细节行为表现，特别是发生在幼儿之间的合作性、竞争性和冲突性等关键事件及其解决方式，从而为本次区域活动之后的其他保教活动拓展以及下次区域活动提供一手评价与决策依据。

六、工作体验活动科学管理

工作体验活动是幼儿园根据幼儿学习方式特点和特定教育目标，有计划组织、安排幼儿在园内或园外集体或小组或个体参与体验各类生活自理、生产劳动、职业服务、科学探究和文艺创作等综合社会实践活动。由于它特别有利于幼儿亲近工作对象、促进直接感知、进行实际操作和获得亲身体验，因此是一种非常重要的科学保教活动类型。其科学管理要点如下。

（1）充分依托和整合利用现有各类活动材料与区域环境，重视加强支持幼儿开展各类主题工作体验活动的专门场地（如生态农场）、综合场馆（如儿童职业体验馆）和"微社会场景"建设（如广东省南海师范学校附属幼儿园在本园开发设计的大型综合社会实践基地——"快乐小镇"[①]），为幼儿提供真实或模拟场地、真实或仿真设施道具，扮演各行业成人职业角色，更好地支持幼儿全面自主参与和沉浸体验。

[①] 李丽云. 幼儿园里的"快乐小镇"：幼儿园社会实践区域探索[M]. 上海：华东师范大学出版社，2017.

（2）在"深度学习"理念引领下，正确认识和处理幼儿工作体验与幼儿生活、幼儿体育、幼儿游戏、集体教学和区域活动的辩证统一关系，应当充分依托和灵活运用整合式的单元主题、区域主题和项目主题等综合主题活动方式，切实培养幼儿在生活自理、生产劳动、职业服务、科学探究和文艺创作等方面的初步意识、关键经验和基本能力，特别是促进其学习品质、道德情感、审美水平和思维能力的提升。

（3）积极学习贯彻新时代党和国家教育方针，重申儿童教育和生产劳动相结合的必要性，强调坚持实行德智体美劳"五育并举"，深刻认识到因地制宜组织幼儿工作体验活动是实施幼儿劳动教育的基本方式，应把劳动教育纳入幼儿园基本教育目标任务。应重点关注和围绕地域特色优势产业链，在"课程叙事"新理念引领下，重新统筹规划设计特色园本课程链建设，务实化横向整合幼儿园、政府部门、企事业单位、家庭、社区、社会团体和其他社会组织的教育资源，专业化垂直整合生活自理、生产劳动、职业服务、科学探究和文艺创作等工作体验内容，积极探索构建和完善注重培养幼儿动手实践能力、劳动情感和价值观以及密切联系生活、凸显劳动体验性和感受性的新型课程体系。

热点讨论

1．联系幼儿的独特学习特征，深入讨论为什么说精心创设的环境系统是幼儿园的隐性课程。

2．分组交流讨论本园创设和运用幼儿园户外环境、内部环境、区域环境和心理环境，科学开展幼儿园环境创设评价工作的心得体会。

3．联系所在区域的实际情况，深入讨论在去小学化治理背景下如何正确开展幼儿园集体教学活动。

4．结合本园实际工作，分组讨论如何有效整合幼儿生活活动、体育活动、游戏活动、集体教学活动、区域活动和工作体验活动，以显著提高科学保教水平。

拓展阅读

1．科扎．幼儿园班级环境创设和一日生活[M]．曹晓旸，译．南京：南京师范大学出版社，2013．

2．汤志民．幼儿园环境创设[M]．上海：华东师范大学出版社．2013．

3．宋文霞，王翠霞．幼儿园一日生活环节的组织策略[M]．北京：中国轻工业出版社，2012．

4．秦元东，王春燕．幼儿园区域活动新论：一种生态学的视角[M]．北京：北京师范大学出版社，2008．

研修建议

1．重新解读《纲要》《指南》等保教法规，深化对幼儿园环境创设总体目标和基本功能的理解。

2．紧密联系本地和本园实际，认真思考在幼儿园环境创设过程中如何充分体现民族、传统或区域文化特色，特别是充分体现独特的办园理念。

3. 认真搜集、学习和转化运用国内外专业量表，积极探索开展幼儿园环境创设评价工作。

4. 牢固树立"中和位育"的科学保教观，完整准确理解幼儿园一日活动中生活活动、体育活动、游戏活动、集体教学活动、区域活动和工作体验活动等基本活动类型对于幼儿学习与发展的独特功能价值。

5. 联系本园一日活动管理实际情况，对照本讲提出的各基本类型活动科学管理要点，反思和改进相关管理策略。

6. 深入思考如何弹性组织一日活动各基本环节，特别是如何做好各环节的过渡衔接工作，切实提高对一日活动的整合管理水平。

参 考 文 献

[1] 钟运红，周文婕. 生命的在场：幼儿园户外环境创设的实践与思考[J]. 教育科学论坛，2019（15）：78-80.

[2] 周嘉琳，罗雅婧，罗冬梅. 行为地图在幼儿园户外活动环境与幼儿身体活动关系研究中的应用[J]. 中国体育科技，2018，54（2）：91-97，104.

[3] 吴志勤. 近十年来我国幼儿园户外环境设计研究述评[J]. 科教导刊（中旬刊），2015（3）：185-186.

[4] 孙娜. 幼儿园户外环境设计探讨[D]. 重庆：西南大学，2013.

[5] 刘奕霏. 幼儿园室内环境营造研究[D]. 天津：天津科技大学，2017.

[6] 吴冬梅. 幼儿园室内环境的教育价值及其创设[J]. 学前教育研究，2009（10）：57-59.

[7] 杨晓丽，罗欢，潘月娟. 幼儿园室内物质环境评价效果调查研究[J]. 陕西学前师范学院学报，2020，36（3）：8-14.

[8] 陈建华. 追随儿童学习发展的区域环境创设[J]. 教育观察，2019，8（3）：43-44.

[9] 郑非非. 基于多元智能理论的幼儿园区域环境创设与活动指导研究[D]. 济南：山东师范大学，2016.

[10] 伏书琦. 乡土资源在幼儿园区域环境的开发和利用调查研究[D]. 淮北：淮北师范大学，2019.

[11] 方芳. 幼儿教师创设宽松语言交往心理环境的策略研究[D]. 哈尔滨：哈尔滨师范大学，2017.

[12] 侯英妮. 幼儿园心理环境的建构[J]. 现代交际，2009（9）：20-21.

[13] 潘洌. 心理·环境·行为：幼儿园交往空间构成模式分析[D]. 重庆：重庆大学，2005.

[14] 周毅东. 营造幼儿园良好的心理环境[J]. 教育导刊，1997（S5）：17-18.

[15] 吴文艳. 幼儿园一日生活过渡环节的组织策略[M]. 北京：中国轻工业出版社，2014.

[16] 党彩红. 幼儿园一日活动中过渡环节的优化与组织[J]. 学周刊，2016（26）：249-250.

[17] 赵敏. 对幼儿一日活动时间自主管理的研究[J]. 课程教育研究，2017（36）：224.

[18] 卢勤. 幼儿园一日活动时间管理问题研究[D]. 广州：广州大学，2016.

[19] 梁秋立. 城乡幼儿园一日活动情境中的师幼互动研究[D]. 桂林：广西师范大学，2015.

[20] 魏洪鑫. 幼儿园一日活动中幼儿违反规则的体验与反思[D]. 济南：山东师范大学，2011.

[21] 舒黎纳，李红. 多元智力理论指导下的幼儿园一日活动[J]. 教育导刊，2002（20）：16-18.

[22] 张捷. 上海市幼儿园科学集体教学活动设计现状的文本研究[D]. 上海：上海师范大学，2019.

[23] 王永艳. 幼儿园集体教学活动的优化设计[J]. 现代教育科学，2018（S1）：92-94.

[24] 邓莹. 幼儿园集体教学生命意义的审视[D]. 长沙：湖南师范大学，2015.

[25] 秦玉芳. 幼儿园集体教学活动中的公平性问题研究[D]. 金华：浙江师范大学，2012.

[26] 朱正香. 幼儿园集体教学中教师有效介入策略[J]. 基础教育研究，2012（4）：53-54.

第十三讲　幼儿园教师专业发展管理

本讲要点

> 1. 加强幼儿园人力资源管理，助力幼儿园健康持续发展。
> 2. 科学制订和组织实施幼儿园教师队伍发展规划，引导支持幼儿教师科学制订和努力实施专业发展规划，高度重视和大力加强幼儿园教师师德师风建设。
> 3. 高度重视园本研修工作，科学制订园本研修计划，大力创新园本研修实施途径与策略。

关键词

幼儿园教师　专业发展　人力资源管理　职业生涯规划　园本研修

第一节 幼儿园人力资源管理

【案例 13-1】 为何两则招聘启事发布后效果大不同？

某幼儿园在QQ群上公布了一则招聘启事："本园亲子班因教学需要，现招聘教师20名，要求幼儿教育相关专业毕业，具有幼儿园教师资格，口齿伶俐，吃苦耐劳，对孩子有爱心，热爱幼儿教育工作，有2年及以上亲子班教学经验的老师优先考虑。有意者请与李老师联系，欢迎应聘本园教师。"自启事公布之后，一连几天过去了，没有一个人前来应聘。幼儿园保教主任李老师犯愁了。到底是什么原因导致老师们都不愿应聘呢？李老师决定深入了解这次"招聘危机"的真实原因。经过深入了解调查，李老师发现教师们不来应聘的原因大致如下：一是来自家庭的困难，如要照顾孩子、老人等；二是个人原因，如自学本科、与朋友约会等；三是时间不足，亲子班的工作得占用下班时间来完成准备工作，亲子班在时间安排上确实让人为难；四是薪酬和配套制度缺乏吸引力。李老师向幼儿园领导汇报并商议确定了新的招聘政策。

第二天，幼儿园在QQ群公布了一则新的招聘启事："亲子班需要你的加盟，只要你具有一颗热爱孩子的心，愿意为更多家庭带去最新育儿观念。如果你是一位有宝宝的老师，可以在亲子班享受宝宝免费参与活动的优惠；如果你是一位年轻老师，可以享受每年两次以上的外出培训机会，职称评定优先考虑，提前掌握婴儿的教养方法，免费参加婴儿教养方法的教研活动，借最新育儿书刊等；另外，你还可以有自选授课时间、对象的权利，以时薪计，续聘人员享受期终一次性奖励。欢迎加入这个大家庭！"这则启事公布没多久，李老师就陆续接到许多咨询电话，有询问借阅书刊手续的，有询问授课时间的，有询问培训计划的……仅用了一个下午就顺利完成了招聘任务。

案例分析：该幼儿园第一次招聘失败与第二次招聘成功的根本原因是，能否认真考虑并充分发挥人力资源招聘政策的显著激励功能。其主要启示是，所有幼儿园要实现持续健康发展，必须高度重视和统筹加强人力资源管理。

一、基本任务

被誉为"现代管理学之父"的彼得·德鲁克于1954年在其《管理的实践》一书中首先提出加强现代人力资源管理的思想[①]，强调人力资源应拥有当前其他资源所没有的素质，即"协调能力、融合能力、判断力和想象力"。所谓幼儿园人力资源管理是指根据幼儿园发展战略的要求，有计划地对人力资源进行合理配置，通过对幼儿园教职工的招聘、培训、使用、考核、激励、调整等一系列过程，调动教职工的积极性，发挥教职工的潜能，创造最

---

① 德鲁克. 管理的实践[M]. 齐若兰，译. 北京：机械工业出版社，2018.

优绩效,实现幼儿园发展目标的一种管理行为。简而言之,其基本任务是:把合适的人配置到适当的工作岗位上,控制劳动力成本;培训教职工适应工作环境和工作岗位,开发每名教职工的工作技能有助于提高其工作绩效;保护教职工的健康,建立和谐的工作关系,调动教职工的工作积极性。

二、基本过程

（一）新教职工招聘与选拔

幼儿园应根据幼儿园岗位实际需要,制定和完善人力资源管理政策特别是富有激励功能的教职工招聘政策,定期或不定期招聘新教职工。坚持公平、公开、公正的原则,通过面试、笔试、试讲、活动组织、情境模拟等流程,择优选拔录用应聘人员。

（二）幼儿园与新录用教职工签订劳动合同

幼儿园应强化依法办园意识和大力弘扬现代契约精神。为了保护幼儿园与新录用教职工的合法权益,双方必须根据国家有关法规,就工资、福利、工作量、工作条件和环境等事宜达成协议,然后签订劳动合同。

（三）帮助教职工制订或完善职业生涯发展规划

职业生涯发展规划是指组织或者个人把个人发展与组织发展相结合,对决定个人职业生涯的个人因素、组织因素和社会因素等进行分析,做有关个人一生中在事业发展上的战略设想与计划安排。幼儿园人力资源管理部门和管理人员应了解每一名教职工的素质状况、能力水平,结合其岗位职责要求,帮助每位员工特别是新入职员工制订或完善职业生涯发展规划,重点是引导和支持员工做好自我评估、职业环境分析和确定各职业生涯发展阶段的奋斗目标。

（四）建立健全和贯彻落实教职工教育培训制度

幼儿园应建立健全教职工教育培训制度（例如导师教练制度、职业进阶培训制度等）,定期制订人力资源建设发展规划,并据此制订和实施年度教职工教育培训提高工作计划,有重点、针对性地组织开展多层次、多形式岗位技能培训、工作诊断和团队研修等活动。尤其应重视对年轻教师良好思想品质的培养,帮助年轻教师树立职业思想、自信心和独立意识,注重心理素质的培养、责任心的培养。加强年轻教师科学文化知识和教育教学能力的培养,要求教师在掌握专业知识的同时,还必须有较深厚的教育理论知识和相关的科学知识。总之,应通过教育培训更好建立教职工的集体归属感,切实促进其专业发展和个人成长,显著激发其工作积极性和创造性。

（五）切实加强教职工综合评价和绩效考核工作

幼儿园应坚持以人为本原则，建立健全针对全体教职工的综合评价制度，并通过建立健全整个幼儿园的组织体系和工作机制来予以贯彻落实，重点监测和检查各类发展规划和各项规章制度的执行情况。对教职工工作绩效考核主要是对教职工在一定时间内所做的贡献和工作取得的绩效进行考核和评价，及时做出反馈，以便提高和改善工作绩效，为教职工的培训、晋升、计酬等人事决策提供参考和依据。

（六）重视和加强教职工综合档案管理

幼儿园人力资源管理部门应为每一名教职工建立个人工作档案，对于教职工在幼儿园的工作表现、工作成绩、工资报酬、职务升降、奖惩、接受培训和教育等情况的书面记录材料，作为其考核、评价、任用的基本依据。

三、基本策略

（一）务实选人与用人

幼儿园应严格执行《幼儿园教师专业标准（试行）》等行政法规，同时应根据自己的实际情况，创建一套适合本园的选人与用人机制，需要坚持全面了解、宁缺毋滥、发现长处的原则，切忌注重外在形象和技能技巧，而对知识结构、发展潜力以及个性品质等方面考虑不足，应当全面考虑选聘教师的思想道德素质、知识文化素质、教育观念方法和专业胜任能力等方面，努力做到用其所长、人尽其才。

（二）注重综合培养提高

幼儿园人力资源管理应不断强化对全体教职工特别是新入职教职工二次培训和二次开发的培养意识，深入研究综合培养提高的内容、方法和途径，不仅可以根据教职工的实际情况组织参加由外部教育机构开展的培训，如学历培训、上岗培训、专题培训、专题观摩和专题研讨会等，还可以直接根据工作与员工发展的需要，组织园内培训，如工作主题培训、案例分析培训和教育科研培训等，不仅要重视其技能方面的教育培训，还应该加强包括人际交往、行为规范、社会道德等诸多方面的教育培训，逐步形成相对完善的正规方式和非正规方式相结合的人才培养工作体系，为教职工提供广阔的专业成长平台，创造良好的学习环境。

（三）切实加强激励驱动

幼儿园应重点考虑大力推进有利于加强党的领导、依法办园、科学保教和民主监督等方面内容的幼儿园治理体系与治理能力现代化建设。应在大力加强幼儿园文化建设，特别是加强教职工思想政治工作的基础上，定期和不定期研判本园综合发展态势，大力加强调查研究工作，力争全面了解和把握教职工的思想动态，基本明确教职工都在想些什么和需要什么。应在建立健全各项综合评价制度和绩效考核工作机制的基础上，及时研究出台更加灵活的有利于激发教职工积极性和创造性的激励政策和关键举措，重点做好公平而科学的日常绩效考评和年度综合绩效考核工作。

第二节 幼儿园教师队伍建设管理

幼儿园教师队伍是幼儿园教职工队伍的主体组成部分，是提高幼儿园科学保教质量的关键因素。因此，加强幼儿教师队伍建设是幼儿园人力资源管理的核心内容。

一、科学制订和组织实施幼儿园教师队伍发展规划

幼儿园教师队伍发展规划是指立足于幼儿园教师队伍的发展现状，着眼于幼儿园教师队伍未来发展的目标，分析影响教师队伍发展的关键因素，通过对制订目标、分析因素、选择措施、明确步骤、人员参与、监督评价等方面的问题进行整体思考与顶层设计的一个过程（见图 13-1）。一般认为，幼儿园教师队伍发展规划是推动幼儿园教师队伍专业发展的行动指南，通常是幼儿园发展规划的重要组成部分，更是贯彻落实幼儿园发展规划的主要载体，不仅有利于全体教师明确幼儿园的总体发展方向和核心工作任务，更有利于全体教师明确本人职业生涯发展方向和阶段奋斗目标。

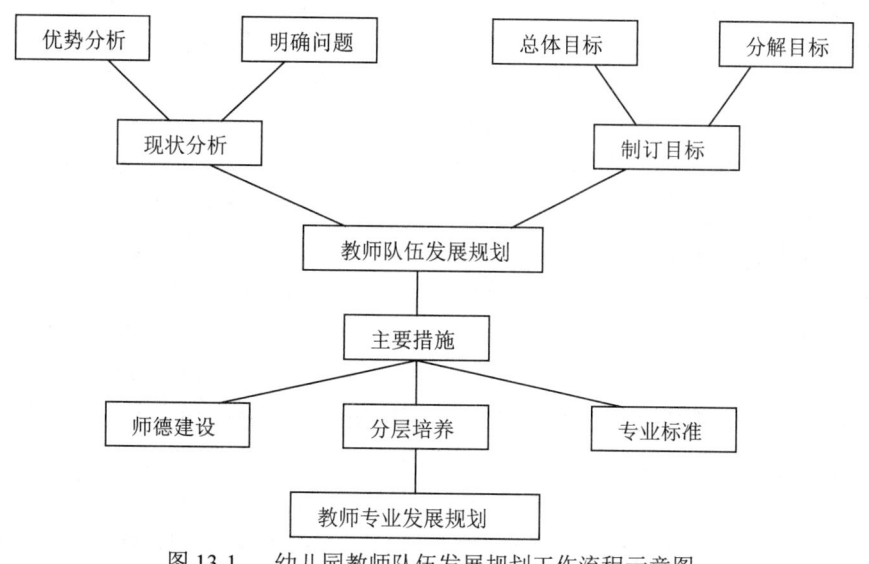

图 13-1 幼儿园教师队伍发展规划工作流程示意图

案例 13-2

二、引导支持幼儿教师科学制订和努力实施专业发展规划

个人职业生涯规划是指对一个人一生的工作经历所进行的规划，针对的是职业、职位

的变动及工作理想实现的整个过程。教师的专业发展是指教师从一个非专业人员成为专业人员,并且不断提升自己的专业水平的发展过程。幼儿园教师的专业成长实际上是幼儿园教师在其专业生涯中,学习并掌握幼儿教育的专业知识与技能、内化幼儿教育专业规范、形成幼儿教育专业精神、表现专业自主并履行专业责任的历程。在一定程度上,幼儿园教师职业生涯发展规划等同于幼儿园教师专业发展规划。对于每一位幼儿园教师来说,从踏入幼儿园那天起,就应给自己制订一个未来发展的规划,按照既定的目标不断向前发展。

根据前人研究结果,幼儿园教师专业发展可以分为四个阶段(卡茨,1972),即适应期(1~3年)、探索期(4~9)年、成熟期(10年以上)、学者期(15年以上)[1]。由于诸多综合因素的制约,每一位幼儿园教师在每一个阶段专业发展的特点及重点发展的内容都有所不同。

(1)在"适应期"要重点规划解决环境、心理和能力三个方面的适应问题,定位在努力成为一名合格的幼儿园教师,其专业发展规划主要内容包括:尽快熟悉幼儿园物质、社会、文化和心理诸方面的内外环境;尽快调整心态并加强情绪管理,要谦虚谨慎地拜师请教和交友切磋;尽快学习并掌握基本专业技能,持续提高自身综合素质。

(2)在"探索期"要重点规划解决专业自主、专业策略和理论修养等方面的问题,定位在努力成为一名幼儿园骨干教师。其专业发展规划主要内容包括:熟练掌握并灵活运用专业理论知识;熟练掌握和运用班级管理、教育活动组织和园所家庭社区合作教育等方面的多元化工作策略;切实提高教育反思与文字表达能力;提高幼儿园教育科研能力。

(3)在"成熟期"要重点规划解决克服职业倦怠心理、专业发展高原现象、科研能力提升瓶颈等方面的问题,定位在努力成为一名幼儿园教学能手或专业群体带头人。其专业发展规划主要内容包括:总结反思和坚定专业发展理想信念,发现和培育自身领域专业优势;更多坚持问题导向,大力推进理论联系实践,更加重视提高本身的教育科研能力;尝试系统化总结完善和初步建构特色教育观点与方法体系;积极指导新手教师开展科学保教工作,以及指导骨干教师开展教育科研工作。

(4)在"学者期"要重点规划解决克服安逸满足心理、专业特色风格不够鲜明、科研造诣不够深厚等方面的问题,定位在努力成为一名幼儿园学科带头人或特级教师或区域行业名师。其专业发展规划主要内容包括:加强和扩大对外学术和实践经验交流,进一步开阔思想和理论视野;更加广泛深入幼儿教育一线调查研究和总结提炼,努力形成自己独特的教育教学思想、观点和方法体系;自觉开展专擅领域的教育科研工作,强调理论指导实践工作,更多写发论文、著书立说和宣讲传播;积极成为本园和区域教研的指导专家,大力弘扬专业精神和传播专业文化风尚,更多发挥区域学术引领和培养优秀青年教师的作用。

幼儿园教师制订专业发展规划可以包括以下七个步骤:① 确定志向;② 自我评估(主要自我分析、认识和了解本人成长历程和现在所处阶段,进行专业知识、教育教学能力、职业道德、个性特征、身体素质及其他方面的优势、不足、类型和风格分析);③ 生涯机会评估(主要分析社会与教育事业、社区与幼儿园、家庭环境对自己生涯发展的影响);④ 幼儿园教师职业生涯路线选择(包括总体路线和具体路线);⑤ 确定目标(包括短期、中期、长期等总体目标和教育、教学、班级、科研等方面的具体目标);⑥ 制订行动计划

---

[1] 李海芬. 教师职业生涯规划与设计[M]. 重庆:重庆大学出版社,2014.

第十三讲　幼儿园教师专业发展管理

（自身素质改进、客观条件改善、专业发展模式和途径、专业发展策略、实践与经费预算和预期结果及评价）；⑦ 评估与反馈。

三、高度重视和大力加强幼儿园教师师德师风建设

幼儿园教师师德师风是教师职业素质的根本和核心，决定着教师职业活动的过程、目标和效果，也是促进教师专业发展的必要条件。幼儿园在教师队伍质量建设中首先要高度重视和大力加强教师师德师风建设，努力提升教师师德师风修养。

幼儿园教师师德师风建设的主要内容包括幼儿教师思想品德和专业伦理规范。其中，幼儿教师思想品德主要包括：

（1）政治品德。核心内容是提高政治觉悟，热爱与献身幼儿教育事业，关心与促进幼儿整全发展。

（2）职业道德。幼儿园教师通过日常生活、教育教学实践及专业理论学习获得对于学前教育活动规律和幼儿发展的理性认识，并形成对幼儿园教师这一职业基本道德规范的认同与内化。根据《新时代幼儿园教师职业行为十项准则》，应当坚定政治方向、自觉爱国守法、传播优秀文化、潜心培幼育人、加强安全防范、关心爱护幼儿、遵循幼教规律、秉持公平诚信、坚守廉洁自律和规范保教行为。

（3）家庭美德。应当尊老爱幼、夫妻和睦、勤俭持家和邻里团结。

（4）社会公德。应当文明礼貌、爱护公物和保护环境。幼儿园教师专业伦理规范是基于幼儿教育的共同价值观而提出的处理保教工作中各种人际关系的行为规范，其核心功能在于对内帮助每个幼教从业者关注保教行为的适当与否，为工作中遇到的道德困境的解决提供依据以及对外用以彰显幼儿教育的专业责任和维护幼教专业声誉，其主要内容包括正确处理与幼儿、与幼儿家长、与同事、与社区的关系，必须明确并承担相关的伦理责任。

幼儿园加强师德师风建设的主要思路和举措包括：

（1）加强系统规划工作，坚持从改进道德认识、激发道德情感、锻炼道德意志、坚定道德信念、养成道德习惯五个方面对幼儿教师进行积极引导和影响干预。

（2）坚持引导学习和实践体验相结合，努力实现知行统一。例如，邀请相关专家学者座谈或开展师德培训讲座，组织学习模范人物和师德榜样，开展读书交流分享活动，等等。

（3）建立健全包括园内民主监督、社会家长监督、教师自我监督等在内的师德师风监督机制，并充分发挥其预防、诊断、矫正、改进和教育等功能。幼儿园应成立专门师德师风监督组，可以通过发放问卷调查、设立意见箱、公示园长电话、设立园长接待日等方式广泛听取社会及家长的意见，此外通过组织学习教育，帮助教师重视自律监督，切实增强教书育人、以身立教的社会责任感和使命感。

（4）顺应国际教师专业化的一般趋势，更加重视和加快推进从职业道德转向专业伦理、从美德伦理转向规范伦理、从外在规约转向内在自觉，全面加强幼儿教师专业伦理规范建设。在专业伦理责任方式上，强调幼儿教师应与幼儿积极互动，坚持在一日生活中合理实施保教，应有计划地开展个别教育，能够关注特殊幼儿，经常反思自己保教工作的有效性；应与本班教师和其他教师友好合作，能够支持园长和其他幼儿园管理者以及保育员的工作；应深刻认识幼儿是社区的一分子，社区的各种资源是幼儿最初的生活经验之源，务必重视

187

推进幼儿园与幼儿家庭的合作教育，充分利用自然环境和社区的教育资源，积极推进幼儿园文化与社区文化的融合，充分发挥各自优势，合力呵护和推动孩子的健康成长[①]。

（5）重视考核激励，实行奖惩并重。根据《教育部关于建立健全中小学师德建设长效机制的意见》（教师〔2013〕10号），幼儿园应把"将师德考核作为教师考核的核心内容摆在首要位置……考核结果公示后存入师德考核档案并报学校主管部门备案。师德考核不合格者年度考核应评定为不合格，并在教师资格证定期注册、职务（职称）评审、岗位聘用、评优奖励和特级教师评选等环节实行一票否决。""将师德表彰奖励纳入教师和教育工作者奖励范围……把师德表现作为评选教书育人楷模、模范教师、教育系统先进工作者、优秀教师、优秀教育工作者、中小学优秀班主任、中小学德育先进工作者等表彰奖励的必要条件。在同等条件下，师德表现突出的，优先评选特级教师和晋升教师职称。"

第三节 幼儿园教师园本研修管理

【案例13-4】 重视园本研修，弥补地域差距，提升保教质量

有两所城市公办幼儿园集团同时根据上级要求，各接收领办了两所状况堪忧的农村幼儿园，一年后，农村园虽然地处偏僻，但生源爆满，供不应求。两年后，其中一所城市园领办的两所农村幼儿园同时面向全省开放观摩活动，一所幼儿园呈现了民间体育游戏的活动特色，一所呈现的是田园中的快乐学习，两所农村园虽然地理和硬件条件都不优越，但是它们为幼儿创设的环境条件与开放活动都受到了与会专家和同行的高度肯定，之后又迎来了一批又一批的参观者。同行们非常感兴趣的问题是：一样是条件不好、地理偏僻和生源有限的农村园，而且该园办园之初教师基础和生源来源都非常薄弱，其中一所开园时80%的教师是中职应届毕业生，为什么在短时间内取得了这么显著的办园成效？领办园方给出的答案是：狠抓园本研修和课程建设。

案例分析：彼得·圣吉指出，"学习型组织的三个关键指导思想是整体优先、自我的社群本质、语言的生成性作用。在许多土著文化中，人的本质就是和别人产生联系。乌班图人打招呼时说：'我看到你了。'如果我们把他人看作可以一起学习和变革的伙伴，那么我们有可能使自己更完美[②]。"重视园本研修，可以切实提高农村幼儿园教师的专业水平，进而显著改善农村幼儿园的质量与发展状况。这是因为，园本研修可以明显影响农村幼儿园教师的心态和观念，使教师开始真正认识自己的差距，而且了解缩小这些差距的方法，从而提升自信心。其次，园本研修为农村幼儿园教师专业成长疏通了进步路径，让教师真正开始认知幼教职业专业性，促进教师丰富专业知识和提高专业技能的积极性。再次，园本研修可以为农村幼儿园教师提供丰富的教育资源，也开阔了他们的教育视野，特别是其专业引领缩短了他们"瞎子摸象"的成长阶段，使他们的专业成长更为高效。最后，园本研修加强了农村幼儿园的学习型和研究型团队，促进了教师之间的交流，也让教师获取比自

[①] 步社民，姬生凯，李园园. 幼儿园教师专业伦理[M]. 上海：复旦大学出版社，2019.
[②] 圣吉. 第五项修炼：学习型组织的艺术与实践[M]. 北京：中信出版集团，2018.

我学习更多的经验方法，更加重视依托课程提高科学保教水平。

一、高度重视园本研修工作

1. 园本研修的发展简史

园本研修的思想来源是"校本研修"，特别是"校本培训"。"校本培训"思想最初起源于美国 20 世纪 60 年代倡导的"以能力为基础的师范教育"运动。该运动认为，要提高教师的教学质量，必须到学校教学现场和教师中去观察分析、了解和掌握具体教学问题。因此，主张由学校自身组织和领导教师培训，依靠校内优秀教师的传帮带作用提高教师队伍的素质。1972 年的英国《詹姆斯报告》中提出教师三阶段培训理论（即普通高等教育、教育专门训练和在职进修），并指出在职进修应始于学校，"每所学校都应该把对本校教师的继续培养作为其他任务中的一个重要部分，所有的教职员对此都负有责任"。1989 年，美国全美教师联合会发表的《着眼于未来的师资教育》的报告中指出教师培训从根本上是要满足教师的不同需要，主张把培训随时随地渗透到教师真实的教学情景和过程中。基于此，美国的许多大学、教师培训机构、中小学及教师专业团体纷纷尝试在中小学开展师资培训，希望探索出"学校本位师资培训模式"。1992 年，时任英国教育大臣的克拉克在教育会议上正式提出"使师资培训以中小学为基地"，要"给第一线的最优秀教师以培训他们队伍的新成员的真正的职责"。2002 年，中国学前教育领域的文献中出现了"园本研修"的提法。《上海市学前教育课程指南》曾明确要求"建立园本研修机制，以鼓励教师自我进修、自我提高，适应课程改革与发展的需要，优化教师的整体素质"。

2. 园本研修的简明定义

简而言之，园本研修是指以幼儿园发展过程中所遇到的实际问题为研究和改进对象，以幼儿园教师为主体，运用一定方法开展的旨在促进幼儿园发展和教师专业发展的研究和改进活动的总称。主要内容包括园本培训、园本教改和园本教研等基本类型。一般认为，园本研修应秉持教研训一体化的基本理念。首先，应充分发挥各基本类型研而知真、训而能合、教而效行的各自独特功能；其次，应明确各基本类型在园本研修体系中以教为根、以训为本、以研为魂的各自功能地位；最后，应明确各基本类型之间以研促训、以训优教、以教带研的相互促进功能，进而总体实现以教提质、以质兴园的总体目标。幼儿园内的每个教职员工都可以通过钻研构建自己的理论体系并付诸实践，从而提高幼儿园整体办学实力和教育质量，促进幼儿园的可持续发展，让幼儿园的特色日益凸显。在园本研修的过程中，每个人都是学习的主体，都可以发起园本研修的话题并逐步形成适合幼儿园发展的园本研修制度。

3. 园本研修的基本特征

园本研修区别于其他研修方式的关键在于"园本"，可以概括为"在本园中""基于本园"和"为了本园"这三个基本特征。

"在本园中"是指园本研修以本园和幼儿教师实际为根本起点。本园实际包括幼儿园根本条件、资源、师资、本园所处区域的教育发展现状等，是园本研修根植的土壤。如果不考虑幼儿园实际,就会出现园本研修"不落地"的情况。例如:一个农村偏远的幼儿园,园本研修的计划是请专家经常到园跟踪指导,但是无论从经费上还是资源上都不能实现。而本园幼儿教师的实际更是园本研修的依据,如不考虑教师需求或实际情况,就会出现有的幼儿园园本研修就是次次读文章、回回学文件的情况。

"基于本园"是指园本研修以幼儿园教师专业发展为根本需求。园本研修的主体是幼儿园教师,每个教师都可以自主发起研修活动。园本研修强调解决实际保教过程中的突出问题,以本园教师需求为确定学习内容的依据,以本园教师各有所长和钻研作为学习培训的师资,以学习者、研究者、培训者和实践者的四重角色激发教师学习的积极性,以紧密联系科学保教实践的内容和任务促进科学保教效果的实现。

"为了本园"是指园本研修以提高幼儿园教育质量为根本目的。提高幼儿园教育质量主要内容包括促进教师专业持续发展、遵循幼儿园科学保教规律和提高科学保教活动质量。其中,促进幼儿园教师的专业成长是为了更高质量地做好科学保教工作。园本研修的有效性依赖于研修制度和研修计划的执行与坚持程度,因此园本研修必须以提高科学保教质量为标准,鼓励组建各种学习型组织或团队,积极开展基于伙伴关系激活的团队合作型学习,强调除了幼儿园本身的团队,还应吸纳专家和社区资源的参与。园本研修应坚持从保教实践中来,到保教实践中去,让教师的学习成长伴随幼儿的学习成长,并优化教育双方学习成长全过程。

二、科学制订园本研修计划

1. 加强对目前园本研修现状与实际需求情况的调查分析

幼儿园对目前园本研修现状的调查分析的主要内容应包括:

(1)幼儿园教师队伍的实际情况。包括教师个体性别、民族、年龄、籍贯、学科、专业、学历、学位、从业年限、专业特长、兴趣爱好和专业前期发展情况,以及教师队伍的性别、年龄、学缘、学科和专业等结构情况。

(2)幼儿园研修资源的实际情况。包括人力资源(专家导师、引领性骨干教师、互助团队等)、财力资源(财政、自筹和专项经费等)、物质资源(办公条件、网络平台、信息管理系统和优质课程资源库等)、课程资源(课程体系结构、管理体制机制、教师科学保教状况和幼儿学习发展状况等)。

(3)幼儿园研修工作进展的实际情况。包括园本培训(外部专家内部培训、园内专家培训、区域联合培训、对口帮扶培训等)、园本教改(教育教学改革、诊断、总结和反思等)和园本教研(实践研究、课程研究、事业研究和理论研究等)等实施的基本效果与突出问题。

幼儿园对目前园本研修需求调查分析的主要内容应包括:

(1)幼儿园教师对园本研修的基本需求。包括研修时间、内容、方式和个性要求等。

(2)幼儿园课程建设对园本研修的基本需求。包括研修任务、内容、重点和难点以及需要帮助教师解决的突出问题等。

(3)幼儿园建设与发展对园本研修的基本需求。包括公共治理体系建设、科学保教内涵建设、管理政策发展、教师队伍建设和教育质量评价等。

幼儿园对目前园本研修现状调查分析可采用主要方式方法包括：

（1）问卷调查。具体可以分为个人问卷与集体问卷、长效问卷与临时问卷、综合问卷与专题问卷等。问卷调查的关键是对调查结果进行汇总分析，应分类发现全园的普遍性问题、个性化问题、关键性问题、阶段性问题以及难点问题，为制订园本研修计划提供基本依据。

（2）实际考察。主要通过园长、业务主管和教研组日常听评课等方式，对教师保教工作进行现场评价与诊断。

（3）访谈调查。具体可以分为个人访谈或集体访谈，主要针对需要了解的问题和需求进行面对面的沟通交流。

（4）查阅教师专业发展规划。具体可以分为个别查阅或群体查阅，用于了解教师的个性需求和发现教师队伍的共性需求。

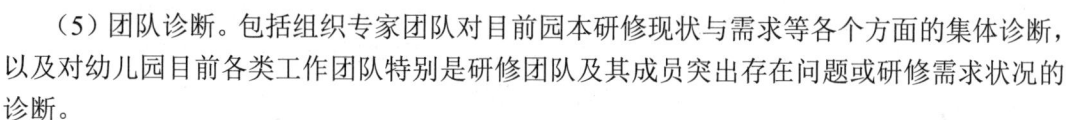

（5）团队诊断。包括组织专家团队对目前园本研修现状与需求等各个方面的集体诊断，以及对幼儿园目前各类工作团队特别是研修团队及其成员突出存在问题或研修需求状况的诊断。

2. 科学制订积极回应幼儿园事业与教师专业发展实际需求的园本研修计划

从时间阶段上看，园本研修计划可以划分为3~5年的中长期研修计划、学年研修计划和学期研修计划等。从对象群体上看，可以划分为新教师研修计划、骨干教师研修计划和专项研修计划等；从基本路径上看，可以划分为培训研修计划、教改研修计划和科研研修计划等。从目标功能上看，可以划分为共通型、特色型、选择型和辅助型研修计划等。其中，共通型研修计划主要根据本园教师、保教、幼儿发展共通性问题和需求，为以团队为主要对象的学习设置的研修内容。特色型研修计划主要根据幼儿园特色文化、特色课程、课程改革等的需要，设置专题性研修内容。选择型研修计划主要针对个别性问题和需求设置研修内容，教师可以根据自我的需要进行选择。辅助型研修计划主要在专业知识和技能之外，根据教师专业素养提升需要，灵活设置太极课、化妆课、美食课等研修内容。

从组织方式上看，园本研修计划可以区分为分类分层式研修计划、全员覆盖式研修计划和项目主题式研修计划等。其中，分类分层式研修计划的突出优点是具有较强的教师群体针对性，主要不足是难以满足教师的个性需求，同时很难进行精准跟踪评价。全员覆盖式研修计划的突出优点是具有较强的可操作性和广泛的收益性，主要不足是难以体现教师的主动参与性，同时研修效果具有较大的个体差异性。项目主题式研修计划的突出优点是有利于促进教师自主参与与反思提高，主要不足是难以保证研修内容的系统性。

为了提高园本研修计划制订水平，一般应在系统分析幼儿园事业与教师专业发展实际需求的基础上，采取"时间阶段+对象群体+基本内容+目标定位+组织方式"的全面类型组合或局部类型组合的方式来具体实施。

（1）以时间阶段类型为主的园本研修计划制订要点。当前幼儿园一般以学期或学年为阶段制订园本研修计划，首先，应当特别注意与中长期研修计划相结合，做好中长期研修目标的学年或学期分解（见表13-1）。其次，应对目标、对象、时间、内容、策略、资源和评价等方面都有充分研究与合理匹配，做到需求与对象对应、目标与内容对应、项目与落

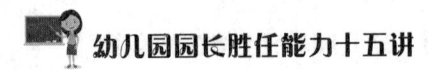

实挂钩，一般应在基础模板（见表 13-2 和表 13-3）上统筹安排具体计划内容，然后根据实际情况进行调整和完善。

表 13-1　学年园本研修计划目标分解

	3~5年园本研修目标	学年园本研修目标
园本研修目标	1. 形成教师个体的省思能力	第一学年：建立教师个人的教学档案；学会撰写教学反思，每周至少1篇 第二学年：能对自我的教学方案进行跟进修订，每月提供一篇优秀教案进幼儿园课程资源库 第三学年：有参与的专题研究题目，撰写的论文能够获得区级以上奖励或发表
	2. 教师会观察分析幼儿，即时跟进教学策略，有效整合课程教学活动	第一学年：学习《儿童学习与发展指南》，学会做儿童观察记录，每月对幼儿发展情况进行分析评价；学会为班级幼儿制作档案 第二学年：学会利用幼儿发展评价调整教学计划，生成主题课程；每学期至少完成一次利用档案与家长就幼儿学习情况进行约谈，对每名幼儿的个体学习提供指导 第三学年：学会做课程，完成效果评量表
	……	……

表 13-2　园本研修计划基础模板（一）

一、基本情况分析
幼儿园教师情况分析：
幼儿园幼儿发展情况分析：
幼儿园课程情况分析：
二、园本研修的需求
幼儿园教育的需求：
教师个人需求：
其他：
三、园本研修的年度目标：
四、园本研修的主要安排：

时间段	培训重点内容	培训主要策略	培训资源	负责人

五、园本研修保障机制：
　人员的保障：
　经费的保障：
　制度的保障：
六、园本研修评价：

表 13-3　园本研修计划基础模板（二）

一、园本研修的背景与情况分析：					
二、园本研修的计划安排					
主要问题与需求	重点目标	对应培训项目	培训预设时间段	培训对象范围	负责人
三、园本研修的主要策略与方法：					
四、园本研修的保障机制：					

（2）以目标功能类型为主的园本研修计划制订要点。幼儿园通常可以采取整合式设置（见表 13-4）和专题式设置（见表 13-5）两种方式制订学年或学期园本研修计划。专题式园本研修计划既可以自成体系，又可以作为整合式研修计划的组成部分。

表 13-4　"四型"整合式园本研修计划（部分）

"四型统整"项目的内容与策略：					
1. 共通型项目：					
参培对象：					
分项目主题	重点目标	次数/时间段	培训形式	负责人	资源保障
项目评价：					
2. 特色型项目：					
参培对象：					
分项目主题	重点目标	次数/时间段	培训形式	负责人	资源保障
项目评价：					
3. 选择型项目：					
参培对象：					
分项目主题	重点目标	次数/时间段	培训形式	负责人	资源保障
4. 辅助型项目：					
参培对象：					
分项目主题	重点目标	次数/时间段	培训形式	负责人	资源保障

表 13-5　专题式园本研修计划（案例）

一、园本研修项目名称 　　基于农村幼儿园民间体育游戏的开展，提升教师的创设游戏条件与统整教学的实践能力。 二、教师队伍与幼儿园教学现状分析 　　……

续表

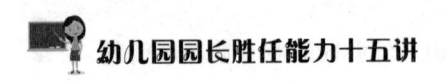

三、问题的提出

我园的园本研修将根据所处的体育城和农村资源优势,为了扬农村儿童运动之所长,将教学目标更好地与运动整合,构建幼儿园的民间体育特色。本学年的园本研修将从"基于农村幼儿园民间体育游戏的开展,提升教师的创设游戏条件与统整教学的实践能力"方面入手,引导教师挖掘农村民间游戏资源,为幼儿创设游戏条件,打造幼儿园民间体育游戏特色,将民间文化融入教学,切实发挥园本研修的作用,为特色教学提供支持,提升教师的专业技能。

四、园本研修目的

(1)以"基于农村幼儿园民间体育游戏的开展,提升教师的创设游戏条件与统整教学的实践能力"为主题开展园本研修,协助教师有效地利用农村资源,挖掘与开发民间体育游戏玩具,提高教师创设与制作教玩具的能力。

(2)以"全园自主性民间体育游戏的开展"为主要培训内容,有效开展教育实践,提升教师的团队教研能力、活动的生成与实施能力。

(3)以"幼儿在民间体育游戏中的发展"为培训研究的关键,提高教师观察幼儿、及时反思、调整活动指导的能力,促进教师个体专业化发展。

五、培训对象

全体在职教师。

六、培训内容

培训项目	重点内容	主要培训形式	培训量预设	负责人
专业理念:民间体育游戏与幼儿园教育	幼儿园为什么要开展民间体育游戏?	专题学习	1课时	
专业知识:关于民间体育游戏	民间体育游戏是什么?	参与式研训	2课时	
	关于本地民间体育游戏资源	团队分享	2课时	
专业技能:关于民间体育游戏条件的创设	关于民间体育游戏玩具的制作	实做分享	6课时	
	幼儿园民间体育游戏大环境创设	现场研讨	4课时	
专业能力:关于全园自主性民间体育游戏的开展	幼儿怎样玩民间体育游戏	参与式研讨、角色体验	4课时	
	如何创设有利于全园自主选择的游戏规则?	案例研讨	4课时	
	如何培养幼儿自主选择参与游戏的能力?	行动研究	3课时	
	……	……	……	

七、培训保障措施与制度

(3)以对象群体类型为主的园本研修计划制订要点。新手教师(1~3年教龄)的园本研修可以分为三个阶段:首先是入职初的新手上岗培训,其次是适应期的基本教学达标性培训,然后是合格性培训。其园本研修的主要任务是:①为解决新教师入职适应期中的问题提供帮助,支持新教师顺利度过适应期;②帮助新教师融入幼儿园团队,建立职业的归属感;③树立正确的专业理念,巩固专业知识,学习专业技能,促进新教师工作的达标入格;④营造幼儿园专业成长氛围,建立学习型的教师队伍。其园本研修的主要目标是:①第一年会做事,明是非。通过园本研修学会幼儿园专业工作的具体事务,知道作为教师角色自我行为的对与错,树立正确的儿童观、教师观、教育观。②第二年会教学,知好坏。通过园本研修基本掌握幼儿园的教育教学方法,知道反思自己教育教学中的优点与问题,了解好的教学是什么样的。③ 第三年会设计，能融入。通过园本研修基本掌握幼儿园教学设计、课程计划，能实施一日活动中的教育，将教育融入幼儿生活。《幼儿园教师专业标准（试行）》中关于园本研修的主要内容包括：① 专业理念的学习：对幼儿教师职业的认识与理解；对相关法律法规的学习；正确的儿童观、教学观。② 专业知识的再学习：对《纲要》和《指南》的学习；掌握幼儿园各领域教育的特点与基本知识；具有一定的现代信息技术知识。③ 专业能力的培养：幼儿园班级常规的建立；建立良好的师幼关系，让幼儿感到温暖和愉悦；如何观察儿童，如何做记录；如何进行班级环境的创设；如何做好幼儿保育；如何做家长工作；如何与家长有效沟通；等等。④ 专业协同：如何完成各种文案工作；园所文化，园所制度；等等。适宜新手教师的园本研修方式包括老带新、师带徒的全过程跟岗培训、集中培训、个人省思、一课多研和专家指导等。

青年教师（3～9 年教龄）的园本研修的主要任务是：① 为青年教师搭建专业成长的鹰架，促进专业提升与发展；② 建构青年教师共同成长的团队，形成团队学习的氛围；③ 帮助骨干教师创造性地开展教学工作，使其从合格走向优质；④ 促进青年教师树立课程意识，能对已有的课程内容进行整合和生成；⑤ 帮助青年教师开展行动研究，做学习型、研究型教师；⑥ 协助青年教师熟练掌握教育观念与教育行为的融合。其园本研修的主要目标：① 懂儿童：帮助青年教师深入了解幼儿，清楚每一个阶段幼儿的发展规律和发展特点；② 知标准：对课程标准、幼儿发展标准、教育教学标准等清楚，会用标准评价自我的教学；③ 会整合：通过园本研修熟练整合幼儿园一日中的教育，能对课程进行再创造、适宜性实施，提高课程的实践能力；④ 能研究：通过园本研修养成省思的习惯，会发现与研究教学中的问题，能参与课题研究。其园本研修的主要策略：① 多支持、防止步；② 挑担子，多锻炼；③ 重团队，齐成长；④ 多省思，促专业。

骨干教师（10～15 年教龄）园本研修的主要任务是：① 帮助骨干教师开展研究性工作，了解客观规律，使其教学更科学；② 帮助骨干教师挖掘和形成自我的教学风格，使其向专家型教师发展；③ 帮助骨干教师逐步形成自己的经验成果，达成自我成长的价值取向；④ 发挥骨干教师效能，做团队专业的引领者，开展传帮带工作。其园本研修的主要目标是：① 知规律：通过园本研修，会主动发现规律，能不断研究儿童与教学；② 能创新：通过园本研修，有自己的课程主张，在班级建设、教育教学中不断创新，追求教育的科学性和效能；③ 能为师：在园本研修中能成为青年教师和培训活动的导师，将自己的实践创新传播给青年教师；④ 会研究：通过园本研修熟练掌握行动研究策略，承担课题研究的主要任务，成为幼儿园教科研的中坚力量；⑤ 出成效：在专业成长方面建构自我的特长、优秀的素养，在专业发展上有成就感。其园本研修的主要策略：① 搭鹰架，促跨越；② 重研究，强专业；③ 多为师，带团队；④ 广角度，增厚度。

资深教师（15 年以上）园本研修的主要任务是：① 帮助资深教师应对倦怠意识，推进专业水平不断向前发展；② 发挥资深教师引领作用，树立稳定的价值感；③ 协同资深教师形成自我的教育教学成果，满足自我实现的需求；④ 帮助骨干教师完善自己的专业特长，做专家型教师。其园本研修的主要目标是：① 懂本质：通过园本研修，能不断追求教育的本质，有稳定的科学教育观和儿童发展观，会主动纠正传统教学中的一些弊端；② 会创造：通过园本研修，有自己的课程主张，能统整幼儿园课程，对幼儿园园本课程的开发与实施做出自我的贡献；③ 善为师：在园本研修中能成为幼儿园的专家力量，具备教学的评价与指导能力；④ 勤研究：能自我开发专题或课题研究，习惯用研究的方法解决教育教学中的问题,能主持、主导幼儿园教科研;⑤ 出成果:能将自我的教育教学经验、研究形成物化成果,在园本研修中发挥更大的辐射作用。

三、大力创新园本研修实施途径与有效策略

为了切实提高园本研修质量,应坚持整合性、结构性和发展性等基本原则,大力推进以下三个认识和行动上的深刻转变:从追求单次培训效果转向追求长期研修效益;从完成研修内容转向影响教师思维方式和学习习惯;从促进教师学习迁移转向促进教育教学专业能力发展。然后,大力创新以下园本研修实施途径与有效策略。

1. 充分开发与合理配置园本研修所需资源

首先,应充分开发园本研修所必需的人力资源。其中,最为关键的是要站在幼儿园文化建设的高度,重视优先开发研修管理者(包括幼儿园的园长、业务主管、中层干部等)资源,不仅需要始终牢固树立园本研修思想,坚持先学先行和以身示范,更需要以强烈的责任心和使命感,能够根据园本研修的实际需要,一方面积极建设培养本园"草根专家团队",另一方面能加强对外联系与合作交流,开拓建设"外援专家团队"。其次,应充分开发园本研修所必需的物质资源与信息资源。为此,需要坚持"为我专有专用"与"为我兼有兼用"相结合的原则,积极改善本园教职工的科学保教、日常办公和专用场所等工作条件,大力推进现代园本研修所需要的自动化、网络化、数字化和智能化的互动学习平台系统建设,特别是文献资源和课程资源数据库建设。再次,应充分开发园本研修所必需的制度资源。应深刻认识园本研修制度建设的重要价值,优先建立健全园本研修制度体系,持续改革完善园本研修管理体制与工作机制。最后,应坚持依法合规、多渠道、多形式筹措园本研修所需专用经费。其中,幼儿园必须预算和落实支持各类培训、教改和教研工作的充足专项经费。此外,还需要考虑积极争取上级主管部门或行业组织专项经费补贴、申请课题经费资助、企事业单位经费援助以及其他社会力量经费捐助等。

2. 引导与支持教师养成自主学习思维方式

园本研修应优先解决的问题是引导幼儿园教师的自主个性化学习思维与方式。首先,应引导教师制订参研计划。主要内容包括:确立本次参培的内容与目标;提出自我学习需求点1~3个;提出1~2个有待解决的问题;查阅与本次研修主题相关的资料,预先学习;准备好学习资料和记录工具;等等。其次,引导教师全程做好研修记录。应为教师的学习设计提供指导性的观察、记录、省思的资料或工具(见表13-6),使每一位教师都能至少掌握基础性学习方法,保证学习效果。再次,引导教师养成自我省思的习惯。在督促集体讨论和反思的基础上,更重视安排个人省思环节。然后,重视安排教师参研后承担相应的培训者任务。着眼于解决"过程很激动、结束很懵懂、工作就不动"研修成果应用转化问题,应倡导并安排一种类似"我在班级做培训"等同伴分享性研修环节。最后,引导教师养成参研后在日常科学保教工作中应用转化的习惯。实践证明,只有坚持以引导教师学习方式和思维方式改变,建立自我成长模型的园本研修模式,才能促进教师有思想、有灵魂的主动发展及其专业素养的真正提高。

表 13-6　园本研修教师参研过程记录表

园本研修教师参研过程记录表（课例研讨式）		
教师姓名：　　　　　　　任教班级：　　　　　　　参研时间：		
主题：		
方式：		
个人参研前的计划：		
我的参研需求：	参研后是否解决问题？（进行省思性的描述）	
问题一：		
问题二：		
我找到的学习资料：		
参研听课记录		
与参研问题有关的教师行为	与参研问题有关的幼儿行为	参研者的省思
关于参研还有什么观点？		

3. 引导与支持教师重点建构科学保教核心经验

科学保教核心经验就是教师在实施科学保教过程中必须掌握的一些基础性的、规律性的专业知识与专业技能。园本研修不需要一味追求新、难、深、高，应在固本强基思想指导下，首先面向全体保教人员组织开展科学保教核心经验方面的培训。例如，集体教学活动方面的核心经验包括：一次集体教学只安排 1~2 个重点目标，目标要小，指向性明确；先设计幼儿的学习方式，再设计教师的教学方式；必须为幼儿学习准备直观的教具和操作材料；组织教学一般为三段式结构：导入部分要能引出问题，中间部分能层层深入完成重点与难点目标，结束部分要能够产生延伸学习；组织教学应该用游戏法、情境法和故事法等；应该为目标的达成设计评价工具；等等。游戏指导方面的核心经验包括：为幼儿准备游戏材料是第一步，保证每个幼儿都有至少一份；从自由选择开始，尽量保证幼儿自主参与游戏；不要告诉幼儿怎么玩，而是观察他们在怎么玩，发现幼儿的学习特点；幼儿投入游戏时不要介入，如果他投入地旁观也可以，老师做一个观察记录者可以；幼儿向你求助的时候，不要漠视，是你提供帮助的时候了，但是切记不要帮着做完，幼儿能做了就放手让他们做；幼儿的习惯比接下来要进行什么活动重要，因此不要忘了让幼儿整理自己的玩具；等等。然后，应引导和支持教师个体形成科学保教的核心经验，并能够灵活迁移应用，学会引导幼儿贯通习得的各领域的核心经验，例如：数学领域的核心经验就是分类、对应、匹配、比较和测量等，可以在一日活动的各个环节中贯通习得。

4. 建立健全多元化园本研修模式

园本研修的基本路径包括培训研修、教改研修和科研研修，常见方法有理论学习、案例分析、主题研讨、头脑风暴、话题讨论、现场观摩、专家指导、说课、听课、评课等。各幼儿园应根据自身实际情况，支持创设各类学习团队或组织，建立健全多元化的园本研修模式，大力推进教师专业学习共同体建设。

（1）讲授培训模式。讲授培训是指主要通过各类专家讲授指导的方式开展园本培训。具体培训方式有专题讲座、教学会议、经验交流、研究报告和网络视频学习等。其优势是教师受益范围广、培训时效快、组织较为容易、内容聚焦且信息量相对较大和理论讲解较为深入等，不足是教师被动参与和难以回应教师个性研修需求。

有效实施讲授培训模式的主要策略是：首先，善于发现和聚焦教师的集体需求，重点定位在提升教师的基础性专业知识技能、解决面临的共通性问题和传播国内外先进课程理论或思想。其次，善于发现良好培训契机，能够显著引发教师参训兴趣。例如，幼儿园新课程改革培训可以显著激发教师参训兴趣。再次，应优化遴选主题，经常组织教师开展教学分享会、经验总结会、研究报告会等经验交流活动，引导和支持教师在受训者与培训者之间发生双向身份转换。最后，精心组织各类讲授活动，检查落实培训记录，做好参训效果反馈工作。

（2）研训整合模式。根据教研与培训的偏重度，研训整合模式可以分为三种结构类型：以训带研、以研带训、研训结合，分别应用于不同的研修目标和主题需要。以训带研结构类型以培训为主，以研讨为辅，包括确定主题、文献检索、培训学习和实例佐证等高结构性工作环节，主要用于园本培训新教法和新课程以及解答共性疑难问题，适宜的研修方式有参与式培训、专题研训和课题研究等。以研带训结构类型以研讨为主，以培训为辅，包括实例观摩、讨论交流、反思提升、再实践、再讨论和再反思等低结构性工作环节，主要用于课例观摩、一课多研和同课异构等，适宜的研修方式有头脑风暴、话题讨论、听课、评课、赛课和技能考核等。研训结合结构类型包括确定主题、了解分析实例、头脑风暴、聚焦主题内涵、迁移内化、解决问题和提炼提升等中等结构性工作环节，主要运用于解决教师专业技能性问题或满足教师个性学习需求，适宜的研修方式有案例研究、情境模拟、实践探究、导引式教学、辩论和演示等。

有效实施研训整合模式的主要策略是：首先，重视聚焦研训主题，应定期征集并确定共同关注的突出问题。其次，充分做好研讨实例准备，切实帮助教师具体理解研训内容。再次，支持教师全程自主参与，使其能够主动思考、主动操作、主动反馈和主动评价。例如：在"集体教学中，教师如何有效回应幼儿"的研训中，主题生成环节是根据教师的反应对教师进行调研；准备环节是选择研讨案例，由教师讨论推荐；研讨活动环节主要包括：① 主动观察：针对性观察现场课例中教师对幼儿的回应。② 主动思考：课例中教师有哪些有效的回应？无效的回应有什么？③ 头脑风暴与经验反馈：集体教学活动中有哪些回应方式？④ 迁移内化与省思疑难：有哪些教师难以解决回应问题？⑤ 现场模拟与解决问题：教师现场模拟示范有效回应的方式，其他参训者模仿；等等。再次，充分发挥团队合作学习的优化作用。为了使研训活动中的每一个人都能充分地参与活动，保障个体与群体的互动和个体主动参与的程度，可以适当进行自由式、游戏式、随机式和需要式等分组，每次3～5组，每组4～6人，可以采用推选法、指定法、抓阄法、考核法和游戏法等方法产生组内成员角色分工，以广泛调动每个人的工作积极性。最后，坚持以共同研究问题为研训导向，以研究性学习为根本研训方式，以帮助教师提升专业知识与技能为最终目的，广泛采用头脑风暴、案例分析、角色扮演、实践模拟和现场省思等方式，支持教师将研究与培训切实结合起来。

（3）辅助支持模式。辅助支持研修是指依托导师、专家或同伴的专业指导、专业协同或专业支持提升教师专业知识和技能的工作模式，具体可以分为三种结构类型：师傅带徒、专家指导和同伴协同。师傅带徒的主要方式有跟岗观摩、工作指导和工作协同等，适用于幼儿园班级教师的以老带新、以强带弱配置，能够切实帮助新手和青年教师成长。其中，跟岗观摩是指作为徒弟的教师到师傅教师的工作岗位跟随师傅模仿性学习，实地观摩师傅教师的教育方式、方法和手段等，遴选同化到自我的专业技能之中。工作指导是指师傅教师面对面、手把手指点徒弟教师的科学保教工作。工作协同是指师傅教师与徒弟教师共同完成特定科学保教工作并对徒弟教师进行细节指导以及互相学习启发。专家指导是指幼儿园遴选聘请的园内外专家为本园教师专业发展做出专业引领、专业诊断和专业指点。各幼儿园应善于发掘利用专家资源，探索长期顾问制、短期课题引领制、名师工作室（坊）制、直接与间接指导结合制等，致力于形成常态化的专家指导工作机制，为教师培训品质的提升创设条件。同伴协同是指与结成同伴关系的教师协同开展保教会商、保教观察、保教记录、保教研究和保教项目等，互促互进专业成长。教师同伴的结对方式主要包括班级同伴、学习小组、沙龙社团、朋友同伴、项目协同等。班级同伴是指以幼儿园班级两教一保的三位保教人员为基本的同伴关系；学习小组就是以教研小组、读书会、课题组等具体工作为主结成的共同研习小组；沙龙社团就是以教师的沙龙或社团活动组成的活动小组；朋友同伴是教师与自己的好朋友自然结成同伴关系；项目协同是以当前项目活动为需要结成的工作同伴。这些结对方式为教师搭建了丰富的同伴资源，可以帮助教师在与同伴协同中更主动、清晰地促进自我专业的成长与发展。

（4）其他灵活研修模式。各幼儿园应引导教师树立全民学习、终身学习、泛在学习和深度学习等现代学习理念，除了创设相对正规的各类研修团队，积极参与区域研修活动和拓展网络研修等新形态，还应鼓励教师自主组建结构松散、时间灵活、场所便捷和议题广泛的沙龙式学习团队，大力支持教师利用移动网络、QQ群、微信群、微博和小程序等现代媒介构建团队学习平台，积极开展读书分享会、项目体验小组和丰富多彩的文化体育娱乐活动。此外，应特别鼓励、帮助和监督教师制订与实施个人专业研修计划，逐步养成以专业阅读为基础、以全面全程省思为核心、以同伴协同为辅助的良好研修习惯。其中，幼儿园应为教师创造良好的读书条件，坚持长期购置适宜书籍，经常为教师推荐好书，组织读书演讲会、荐书交流会、心得分享会和名著研讨会等活动。

热点讨论

1．诊断分析本园人力资源管理存在的突出问题，讨论其对本园教师专业发展的直接影响。

2．诊断分析本园教师队伍建设规划与教师个体专业发展规划存在的突出问题，讨论如何进一步予以完善。

3．讨论为何今后要加快推进从关注教师职业道德建设转向教师专业伦理建设。

4．结合本园前期探索和目前工作实际，讨论如何科学制订与更好实施园本研修计划。

拓展阅读

1．练集财．幼儿园人力资源管理实战手册[M]．北京：中国农业出版社，2016．

2．高慧斌．教师专业标准与专业成长·幼儿教师[M]．广州：广东世界图书出版公司，2013．

3．沈建洲．幼儿园教师专业发展[M]．北京：北京师范大学出版社．2015．

4．步社民，姬生凯，李园园．幼儿园教师专业伦理[M]．上海：复旦大学出版社，2019．

5．李雪艳．教师专业发展与园本研修[M]．长春：东北师范大学出版社，2015．

研修建议

1．结合文献拓展阅读反思本园管理现状，尝试制订或修订本园人力资源管理战略规划。

2．根据本讲建议，在进一步调查研究的基础上，修订本园教师队伍建设规划。

3．参阅更多幼儿教师专业伦理研究文献，思考如何进一步加强本园教师专业伦理规范建设。

4．深入思考如何充分开发与合理配置园本研修所需资源，更好引导与支持教师养成自主学习思维方式，重点构建科学保教核心经验，以显著提升目前园本研修效果。

5．在深入分析本园教师队伍建设现状的基础上，思考如何建立健全多元化园本研修模式。

6．统筹运用讲授培训、研训整合、辅助支持和其他灵活研修模式，提高园本研修工作水平。

参 考 文 献

[1] 石柠，陈文龙，王玮．生涯规划与自我实现[M]．广州：广东世界图书出版公司，2010．

[2] 李海芬，吴锋民．教师职业生涯规划与设计[M]．重庆：重庆大学出版社，2014．

[3] 彭兵．成就专业的幼儿教师：幼儿教师专业发展阶段研究[M]．北京：北京师范大学出版社，2012．

[4] 赵学菊，梅养宝．幼儿园教师专业标准知与行[M]．芜湖：安徽师范大学出版社，2015．

[5] 庞丽娟，洪秀敏，姜勇．中国学前教育发展报告：幼儿园教师队伍建设[M]．北京：北京师范大学出版社，2017．

[6] 李聪睿，陈彩玲．幼儿教师的专业化成长[M]．天津：天津教育出版社，2012．

[7] 刘健．幼儿教师职业道德[M]．上海：华东师范大学出版社，2015．

[8] 左志宏．幼儿园教师职业道德[M]．北京：北京师范大学出版社，2014．

[9] 教育部教师工作司．师德突出问题典型案例评析：幼儿园教师读本[M]．北京：北京师范大学出版社，2014．

[10] 教育部教师工作司．幼儿园教师专业标准解读[M]．北京：北京师范大学出版社，2013．

[11] 尹坚勤，管旅华．《幼儿园教师专业标准（试行）》案例及解读[M]．上海：华东师范大学出版社，2013．

[12] 张燕．幼儿园管理[M]．北京：北京师范大学出版社．1997．

[13] 茅茵．园本研修实例[M]．大连：辽宁师范大学出版社，2016．

[14] 刘敏，李沿知．园本研修与幼儿园教师专业成长[M]．成都：四川教育出版社，2015．

[15] 王萍．幼儿园园本研修方法、步骤与案例[M]．北京：中国轻工业出版社，2017．

第十四讲　幼儿园信息化建设与管理

本讲要点

> 1. 当代幼儿园应全面认清、积极顺应信息社会发展和学前教育信息化的总体趋势并有所作为。
> 2. 当代幼儿园信息建设与管理应制订科学发展规划，优先加强基础设施建设，多渠道配置数字化保教资源，加强幼儿园信息管理体系建设，稳步提升幼儿教师信息素养，重视培育幼儿基本信息素养，积极探索推动信息技术与课程建设的深度融合与创新发展，重视推进园所家庭社区合作，切实做好信息化建设与管理的科学评价工作。
> 3. 幼儿园信息资源应用常用路径与方法有：自媒体传播和塑造幼儿园品牌形象增强基于专业信息管理系统应用的精密科学保育能力，有效支持集体教学活动，助力提升园所家庭社区合作保教工作水平，健全幼儿园教师开放融合研修体系。

关键词

信息化建设　家园互动　多媒体课件　数字校园　教育信息化2.0

第一节 幼儿园信息化建设与管理概述

一、幼儿园信息化建设与管理的时代背景

物质、能量和信息被公认为人类社会赖以生存与发展的三大资源。从生产力发展的角度看，人类社会从20世纪中期开始已经从之前的强调物质和能源主导资源功能的农业社会和工业社会步入了更加强调信息资源主导功能的信息社会阶段。所谓信息社会，也即信息化社会，是指以电子信息技术为基础，以信息资源为基本发展资源，以信息服务性产业为基本社会产业，以数字化和网络化为基本社会交往方式的新型社会，其深远影响了人类社会发展的历史进程。以2006年起确定每年5月17日为"世界信息社会日"为重要标志，世界各国都高度重视并纵深推进信息化社会建设。例如，美国政府相继发布《21世纪信息技术计划》《网络与信息技术研究开发计划》《网络空间安全国家战略》等。中国先后发布了《2006—2020年国家信息化发展战略》《国家信息化发展战略纲要》等。随着信息技术的继续变革与发展，全球信息化已经进入全面渗透、跨界融合、加速创新、引领发展的新阶段。所有国家、地区、组织及其成员都需要全面认清、积极顺应信息社会发展总体趋势并主动有所作为。

1. 社会信息化

社会信息化，是指信息技术和信息产业在经济和社会发展中的作用日益加强并发挥主导作用的动态发展过程，通常以信息产业在国民经济中的比重、信息技术在传统产业中的应用程度和信息基础设施建设水平为主要标志。其主要内容包括信息产业化（包括通信设备、计算机、软件和消费类电子产品制造等方面）、产业和社会领域信息化（利用信息技术改造和提升农业、制造业、服务业等传统产业，促进人类生活方式、社会体系和社会文化发生深刻变革）和信息保障能力（包括基础设施建设、信息安全保障机制、信息科技创新体系、信息传播途径和信息能力教育等）。"知识社会""智能社会""智慧社会"依次是建立在更加深刻广泛的社会信息化水平基础之上的高级发展阶段。社会信息化是一把"双刃剑"，其正面积极影响是：信息和知识生产成为重要的社会生产方式，适度分散型生产方式逐步普及，信息技术显著提升劳动生产效率，信息产业与服务成为国家支柱产业，参与、协商民主兴起，网络组织管理结构加快形成，信息资源管理价值日益彰显，等等。其负面消极影响是：国家和区域之间的数字化差距或数字鸿沟逐步出现，一定程度引发结构性失业和贫富差距扩大，社会生活环境更加敏感脆弱，信息污染、信息犯罪、信息侵权和信息侵略等成为新的高发社会问题。

2. 教育信息化

教育信息化，是指在教育中普遍应用现代信息技术，开发教育资源，优化教育过程，以培养和提高学生的信息素养，促进教育现代化的过程[①]。教育信息化始终是中国社会信息

[①] 南国农. 教育信息化建设的几个理论和实际问题（上）[J]. 电化教育研究，2002（11）：3-6.

化建设的重要内容，更被列为推进中国教育发展的重大战略主题。2012 年，教育部颁布了《教育信息化十年发展规划（2011—2020 年）》，明确提出要将教育信息化摆在支撑引领教育现代化的战略地位，强调建设覆盖城乡各级各类学校的教育信息化体系，促进优质教育资源的普及共享，推进信息技术与教育教学深度融合，实现教育思想、理念、方法和手段的全方位创新，提高教育质量，促进教育公平。2018 年，教育部再次印发《教育信息化 2.0 行动计划》，提出了建成"互联网+教育"大平台的发展目标。2019 年，中共中央、国务院颁布了《中国教育现代化 2035》，明确提出"加快信息化时代教育变革"。截至目前，我国教育信息化已经取得了历史性的重大进展，主要体现在：战略地位已经基本确立，教育信息基础设施已初具规模，综合治理体系初步建立，人员队伍保障显著增强，建设机制有所突破，管理应用得到普遍推进，空间与平台建设取得重要进展，优质资源共享正在稳步扩大，信息技术与教育教学实现初步融合，在构建网络化、数字化、个性化、终身化的教育体系方面发挥了重要作用。与此同时，我国教育信息化还存在以下突出问题：对教育信息化的思想认识不够深入全面，基础设施建设有待继续完善，东西部和城乡之间发展尚不均衡和不充分，优质资源建设与共享平台尚显不足，建设、管理和服务等体制机制还需健全，教师信息素养与应用能力有待提升，信息安全防护意识和公共治理能力亟待加强，等等。我们应清醒地认识到，与世界发达国家相比，我国教育信息化依然处于起步阶段，应坚持"五看"，即向后看（回顾历史）、向前看（寻找目标）、向上看（中央要求）、向下看（地方实际）、向外看（从发达国家借鉴经验），大力推进从"教育+互联网"（以信息技术、互联网技术为手段，使得既定教育教学逻辑运转得更加顺畅）向"'互联网+'教育"（深度应用"互联网思维"，将信息技术与教育教学深度融合再造、变革现有教育的既定逻辑）的总体建设思路转变，努力实现"五个紧密联系"，即注重与一线教学、管理实际的紧密联系，注重与学习科学的紧密联系，注重与教育教学革新的紧密联系，注重与校内外教育及各利益攸关方的紧密联系[1]，加快推进信息化与教育教学的深度融合。

3. 学前教育信息化

学前教育信息化，是指在学前教育领域中适当应用信息技术，整合学前教育资源，助力教师专业成长，支持各方合作治理，优化科学保教活动，进而促进幼儿全面发展的过程[2]。在看到学前教育信息化已经取得成绩的同时，我们更应发现和反思其存在的突出问题与面临的特殊挑战。由于复杂的社会和历史方面的原因，特别是由于学前教育工作开展的特殊性（幼儿学习与发展方式的独特性、低龄幼儿使用信息技术的适宜性、接受科学保教干预的被动性、教师与家长在信息技术与保教活动融合中的中介性[3]和国家观念形成的滞后性等），较之其他学段教育信息化，其总体发展水平相对落后，面临更多的发展挑战，主要体现在：信息建设基础设施与治理体系普遍薄弱，基本理论问题研究不够系统充分且与实际结合不足，幼儿教育软件与课程资源开发及其应用评价亟待加强，关注管理应用较多但对于促进科学保教系统革新不足，关注幼儿正规学习领域教育活动较多但对于幼儿非正规

---

[1] 任友群，陈超，吴旻瑜. 从"开创局面"到"全面推动"：从两次"全国教育信息化工作会议"看中国教育信息化的走向[J]. 远程教育杂志，2016，35（2）：19-25.
[2] 汪基德，朱书慧，张琼. 学前教育信息化的内涵解读[J]. 电化教育研究，2013（7）：27-32.
[3] 钱怡. 学前教育与信息技术的融合：重要他人能做什么？[J]. 陕西学前师范学院学报，2020，36（6）：67-73.

学习、信息素养教育、保育活动特别是保教融合支持不足,幼儿教师信息素养与综合应用能力不够高[1]。

二、幼儿园信息化建设与管理的目标任务

根据《规程》的定义,幼儿园是对3周岁以上学龄前幼儿实施保育和教育的机构,应贯彻国家的教育方针,按照保育与教育相结合的原则,遵循幼儿身心发展特点和规律,实施德、智、体、美等方面全面发展的教育,促进幼儿身心和谐发展,同时应面向幼儿家长提供科学育儿指导。因此,幼儿园信息化建设与管理是学前教育信息化的核心部分与关键所在。

1. 指导思想与总体目标

高举中国特色社会主义伟大旗帜,深入学习并贯彻《国家信息化发展战略纲要》,牢固树立幼儿为本的科学保教理念,坚持从幼儿园教育事业发展的实际出发,走中国特色幼儿园信息化发展道路,以信息化提升保教质量为主线,以建设智慧幼儿园为目标,着力加强信息化基础设施建设,增强信息化发展能力,提高信息化应用水平,优化信息化发展环境,推进幼儿园治理体系和治理能力现代化,分步实现信息化减负、网络化增效、智能化提质和智慧化彰显的预期作用,为积极促进幼儿全面发展、教师专业发展、家长科学育儿和社会和谐发展奠定信息素养与基本能力方面的良好基础。

2. 基本内容与主要思路

(1) 加强顶层制度设计,制订科学发展规划。积极呼吁政府主管部门研究制订区域学前教育信息化发展战略规划、工作指导意见或中长期行动方案,为幼儿园信息化建设和管理提供必要的制度保障、经费支持、专业标准和政策依据。充分发挥后发优势,大力加强综合性调查研究与参考借鉴,坚持高起点、高定位和高标准原则,以智慧幼儿园建设为战略目标,科学制订幼儿园信息化中长期规划以及分年行动计划[2]。

(2) 积极创造建设条件,充分做好组织动员。坚持立足自筹,扩大合作,拓宽资金筹措渠道,强化幼儿园信息化建设与管理的经费保障。及时组织学习讨论,加快转变和集中统一领导班子特别是全体教职工对于幼儿园信息化建设与管理的思想认识,形成本园信息化建设与管理的共同奋斗愿景。此外,应呼吁各大高校和专业技术组织,特别是信息技术企事业单位能够加强学前教育信息化建设深度研究,并给予幼儿园必要的理论和技术支持。

(3) 坚持统筹谋划部署,优先加强基础设施建设。在人工智能技术深度应用的时代背景下,教育部在2018年印发了《教育信息化2.0行动计划》,明确提出"到2022年基本实现'三全两高一大'的发展目标,即教学应用覆盖全体教师、学习应用覆盖全体适龄学生、数字校园建设覆盖全体学校,信息化应用水平和师生信息素养普遍提高,建成'互联网+教育'大平台,推动从教育专用资源向教育大资源转变、从提升师生信息技术应用能力向全面提升其信息素养转变、从融合应用向创新发展转变,努力构建'互联网+'条件下的

---

[1] 颜铂为,李敏. 焦点与趋势:我国学前教育信息化研究20年[J]. 陕西学前师范学院学报,2020,36(2):93-99.
[2] 邢西深,许林. 2.0时代的学前教育信息化发展路径探究[J]. 中国电化教育,2019(5):49-55.

第十四讲　幼儿园信息化建设与管理

人才培养新模式、发展基于互联网的教育服务新模式、探索信息时代教育治理新模式"。其主要任务是：继续深入推进"三通两平台"（"宽带网络校校通""优质资源班班通""网络学习空间人人通"教育资源公共服务平台、教育管理公共服务平台），持续推动信息技术与教育深度融合，构建一体化的"互联网+教育"大平台，应实施数字资源服务、网络学习空间覆盖、网络扶智攻坚、教育治理能力优化、百区千校万课引领、数字校园规范建设、智慧教育创新发展、信息素养全面提升八大行动。幼儿园信息化基础设施建设应深入学习贯彻《教育信息化 2.0 行动计划》精神，紧密结合幼儿园科学保教、课程建设、环境创设和教师专业发展等核心工作需求，特别是优先考虑保安、保健、赋权、增能等当代保育工作对智慧幼儿园建设项目及其配套设施的实际需求，可以考虑采取新型 EPC 招标方式①启动儿童身心发育监测平台、儿童虚拟现实学习空间、教育游戏平台、教师网络研修平台和园所家庭社区合作保教平台等工作系统并配置儿童穿戴、互动游戏和异常追踪等设备。

（4）多渠道配置数字化保教资源，切实做好调用保障工作。目前我国很多幼儿园都配备了多媒体设备，但是软件建设与数字资源建设尚未同步跟上。鉴于在较长一个时期内，我国幼儿教育软件总体数量偏少，特别是高质量的软件更少，迫切需要国家有关管理部门大力引导相关企业加大软件开发力度，同时加大对幼儿园信息化建设的专项资金投入（含面向革命老区、少数民族地区、边疆地区和连片贫困地区的政策性倾斜资金投入）。幼儿园应牢固树立基于互联网的大资源观，坚持市场选购和自主开发相结合的原则，遵循特定审议评价程序，首先，应多渠道购置常用数字办公用品、幼儿学习软件和专业保教软件等工具系统，以及较重要的科学保教数字资源，逐步建设社会性或知识性虚拟游戏与电子玩教具资源库（如"娃娃商城""芝麻开门图书馆""亲子俱乐部"等）、多媒体教育资源库（如音乐、歌曲、图片、照片、幻灯片、动画片、视频故事等）、数字文献资源库（如电子绘本、电子期刊、网络数据库等）、五大领域教育课件素材库（如电子教案、电子课件、微课视频等）和教师网络研修资源库等。其次，重视多方合作共建特色园本网络保教数字资源库。幼儿园不仅可以发动教师挖掘免费网络资源，遴选、下载和整理、改造百科图片、优秀案例、微课视频、配套课件等网络素材性资源，也可以通过发动教师参加课件制作、微课评比和技能竞赛等活动来进一步集中园本教研资源，还可以发动家长提供相关的图片、视频、方案和课件等补充性支持资源。再次，应加强幼儿园数字化资源共享的保障工作，在确保幼儿教师、幼儿和家长方便获取基础上，进一步解决其易用性问题。从信息科学的角度看，解决数字化资源可方便获取的关键是支持用户个性化检索发现问题，解决其易用性是缩短用户与数字化资源的信息距离（选择操作频次）问题。

（5）加强幼儿园信息管理体系建设，大力提升管理信息化水平。首先，加强幼儿园安全与保健信息管理子系统建设，充分发挥现代信息技术应用的有效防控和科学保护作用，确保幼儿园安全、健康、稳定运行与发展。其次，加强党群行政信息管理子系统建设，充分发挥现代信息技术应用的战略统筹引领与高效沟通协调作用，有力驱动幼儿园整体工作的创新发展。再次，加强以幼儿一日活动为核心的幼儿园保教信息管理（含师幼档案信息

案例 14-1

---

① EPC 是 engineering、procurement、construction 这三个英文单词的缩写。EPC 招标方式是指公司受业主委托，按照合同约定对工程建设项目的设计、采购、施工、试运行等实行全过程或若干阶段的承包。在该模式中，engineering 不仅包括具体的设计工作，而且可能包括整个建设工程内容的总体策划以及整个建设工程实施组织管理的策划和具体工作；procurement 不仅包括建筑设备材料采购，还包括专业设备、材料采购；construction 包括建设工程的施工和试运行。

管理）子系统建设，充分发挥现代信息技术应用的师幼决策支持和活动实施保障作用，稳步提升幼儿园的课程体系建设与科学保教工作品质。最后，加强园本网络研修信息管理子系统建设，充分发挥现代信息技术的便捷桥梁延伸和伙伴关系激活作用，促进学习型、合作型、研究型、创新型专业团队的建设与能力提升。

（6）稳步提升幼儿教师信息素养，重视培育幼儿基本信息素养。为了充分发挥信息技术在幼儿园各项工作中的核心功能，即设计与选择学习资源以及组织和指导幼儿学习（见表14-1），必须稳步提升幼儿教师与家长信息素养。今后应切实加强幼儿教师的职前信息素养教育，幼儿园在现状与需求调查的基础上，应酌情选取参观学习、专题培训、网络教研和跟岗实践等多种方式，着力在职培养幼儿教师与家长的信息素养，切实提升其微课制作、在线保教和网络研修等现代信息技术应用能力。信息素养（含媒介素养）是幼儿综合素质的重要组成部分，也是影响儿童终身学习、学前教育均衡和公平的重要因素之一。幼儿园应在调查幼儿信息素养状况基础上，主要采取组织主题活动和综合实践活动的方式（有条件的幼儿园也可以开设儿童编程教育或儿童电影教育等特色课程），渗透式培养并提高幼儿的信息意识、情感、态度、技能和信息道德等基本信息素养。

表 14-1 基于信息技术的教育资源的选择标准

标　　准	中心问题	典型问题
交互性	儿童是否对使用该程序的学习活动起了最重要的作用？	• 是否允许儿童主动参与？ • 是否支持批判性、创造性思维？ • 是否可以模拟决策与积极的问题解决的过程？
信息素养	是否能够提高儿童对信息技术的熟悉度，是否能够提高儿童运用信息技术的能力？	• 是否能够帮助儿童认识世界？ • 是否能够教会儿童安全地探索世界？
全球公民意识	是否能够反映全球视野？	• 是否能够模拟全球化的重要性？ • 是否能够反映所有的文化、语言、群体、个人？ • 是否能够鼓励个性发展？
适宜性	目标群体是否为学前儿童？	• 是否允许儿童体验多样化的领域？ • 是否包含明确的内容与目标？ • 使用过程是否带来挑战性而非挫败感？ • 是否呈现了一个积极的虚拟世界？
结果反馈	是否提供儿童可理解的结果反馈？	• 儿童的操作与程序结果之间是否存在清晰的可理解的联系？ • 是否能够有规则地形成评价，并引导儿童的行为，而非仅仅在最后呈现对错？ • 反馈是否易于理解？
参与性	是否能够促进儿童、家长、教师等的共同参与（合作）？	• 程序的各个部分是否能够给父母、老师提供该程序目标的信息、参与的方式、儿童的体验，以及评价儿童体验的方式？ • 当父母、老师和儿童一起参与学习过程时，学习体验是否能够提升？

资料来源：Agneta Ljung-Djrf. To play or not to play—that is the question: Computer use within three Swedish preschools[J]. Early Education and Development, 2008, 19(2): 330-339.

（7）积极探索推动信息技术与课程建设的深度融合与创新发展。首先，应充分利用基本信息技术工具来实现幼儿园一日活动组织中的情境创设、直观演示和互动支持等基本功能，以显著提升日常保教工作效率或效果。其次，应充分考虑幼儿亲近自然、直接感知、实际操作和亲身体验等学习特点，慎重实验和严格评估各类信息技术在幼儿园五大领域教育课程实施，特别是一日活动中生活活动、体育活动、游戏活动、集体教学活动、区域活动和工作体验活动中应用的适宜度和匹配度，坚持计算机可获得性、教育软件选择合理性、人机交互设计优异性和信息技术使用心理适应性等评价标准[1]，稳妥推进并持续优化相关技术应用方式[2]。再次，应借助智慧教室和儿童虚拟仿真学习空间等专业保教平台，通过精心设计与组织实施自主游戏、区域主题和项目主题等活动，充分发挥多媒体、多模态和智能场景等技术优势，更好地引导儿童开展自主性、合作性和研究性学习，支持幼儿情感、认知、语言、社交、想象和创造能力等方面的良好发展。最后，应借助现代信息技术，在深度开发与整合园内外的各种教育资源以及虚实有机结合的优良教育空间创建的基础上，协同设计与更好实施高品质的科学保教活动。

（8）重视推进园所家庭社区合作保教信息化建设与管理工作。首先，应重视加强"家园通"专项信息基础设施建设，具备园所家庭社区之间及时畅通交流的基本保障条件。其次，应优先引导与培训提高家长和社区管理人员的基本信息素养，进而在完善家庭和社区信息基础设施和创建必要环境的基础上，进一步渗透培养幼儿的基本信息素养。再次，加强引导家长和社区管理人员充分运用"家园通"和其他适宜信息技术工具，合理选择和应用优质保教资源，积极参与并互动支持幼儿在家庭和社区中的具体学习与发展过程，切实提升合作保教工作水平。最后，务必引导家长和社区管理人员严格监督与控制幼儿使用适宜信息设施设备与信息技术工具的时间和频率，特别是对于严重依赖网络或特定设施设备的问题幼儿进行必要隔断戒除或问诊康复干预。

（9）切实做好信息化建设与管理的科学评价工作。首先，应在明确基础设施建设相对容易、信息管理制度建设相对更难、信息管理思想建设尤为困难的认知下，学习探索建立健全幼儿园信息化建设评价标准（包括公平与质量等基本准则）及指标体系并定期研判改进建设工作，主要评价指标包括建设基效（含人力资源、建设规模、建设成本和保障体系等）、建设绩效、建设成效和整体效益。其次，应稳步建立和完善幼儿园信息化管理专项评价标准及其指标体系，用于日常评价改进数字化保教资源购置和开发、信息管理系统运行、课程体系建设、师幼家长信息素养提升、数字资源实际应用、园本网络研修进展和园所家庭社区合作保教等专项工作信息化管理水平。例如国外的较为权威且有广泛影响力的 Haugland Shade 发展性软件评价标准以全美幼教协会的"发展适宜性"指导思想为基础，从儿童、教师和技术三个方面提出了十条评价指标，具有较高的参考价值[3]。最后，应站在加强和完善幼儿园现代化公共治理体系和治理能力提升的高度，充分考虑以信息化建设与管理科学评价为突破口，以大力推进系统采集和高效处理全面丰富、可获易得、翔实精准的各类工作数据为支撑点，大力改进目前的幼儿园整体建设与管理的科学评价工作。

---

[1] 钱怡. 学前教育与信息技术的融合：重要他人能做什么？[J]. 陕西学前师范学院学报, 2020, 36（6）: 67-73.
[2] 马宁萍. 论"互联网+"背景下幼儿园教育信息化创新应用[J]. 课程教育研究, 2019（52）: 67.
[3] 于珍, 赵凯新. 我国学前教育信息化研究的回顾与展望[J]. 中国教育信息化, 2018（2）: 10-13.

第二节　幼儿园信息资源应用常用路径与方法

一、自媒体传播和塑造幼儿园品牌形象

媒体是指传播信息的媒介，即实现信息从信息源传递到受信者的工具、渠道、载体、中介物等一切技术手段。传统媒体是指通过某种机械装置或载体定期向社会公众发布信息或提供教育娱乐的大众传播平台或工具，主要包括电视、广播、报刊和通信等。新媒体是指以数字化方式连接信息与用户的一切媒介，即利用数字技术通过计算机网络、无线通信网、卫星等渠道以及计算机、手机、数字电视机等终端向用户提供视频、音频、语音数据服务、连线游戏、远程教育等集成信息和娱乐服务的现代传播形态。新媒体主要包括手机媒体、数字电视、互联网新媒体（网络电视、博客、播客、视频、电子杂志等）和户外新媒体（楼宇电视、公交电视、地铁电视、列车电视、航空电视、大型 LED 屏等）。新媒体先后经历了精英媒体阶段、大众媒体阶段以及个人媒体等发展阶段，其中移动社交媒体是当前的关注焦点。

各幼儿园在新时期，虽然可以继续适当运用自办的广播、报刊、户外和通信等传统媒介加强本园对内对外宣传引导，但是更应自觉坚持正确舆论导向，合理确定新媒体应用方向与管理目标，通过合适渠道及时接受社会和家长反馈，准确把握社会和家长需求，定期研究设立讨论主题，园长带头撰写网络文章并严格发布审核程序，充分运用新媒体全面深入推进幼儿园科学保教品牌形象塑造。首先，幼儿园应善于运用官网网站、微信公众平台、App 客户端等新媒体传播幼儿园的基本情况和各类工作动态信息，积极扩大幼儿园的知名度。其次，幼儿园应善于运用各种新媒体及时推送传播办园理念、特色课程、保教优势、文化传统、名师骨干和优秀团队等内容，积极提升幼儿园的美誉度。再次，幼儿园应善于运用各种新媒体加强对重点群体（幼儿家庭、社区和行业群体等）的联系和沟通，主要采取品牌性课程建设与保教活动协商策划与合作实施的方式，显著增强群体的信任度。最后，幼儿园应鼓励和支持教师运用新媒体把平时教案、教学活动照片、视频和教育叙事随笔等在微信公众号、微博和微信朋友圈中推送，扩大同事、同行和家长群体的知晓与认同度，激励教师提升职业荣誉感；与此同时，可以考虑通过专题培训、组织竞赛和考核奖励等方式，引导教师形成新媒体工作书写与教育科研写作双向转化的良好习惯，帮助教师更好实现专业成长。

二、增强基于专业信息管理系统应用的精密科学保育能力

由于复杂历史和现实原因，特别是人力资源配置规格和保教人员信息素养不高的问题，我国多数幼儿园的科学保育工作较之科学教育工作相对薄弱，同时难以较好推进保教融合工作。因此，在新的历史时期，各幼儿园在统筹规划建设智慧幼儿园的总体目标之下，无论目前是否已经安装使用综合性的幼儿园管理系统软件，均可以考虑优先引进并良好应用

一批专业化的信息管理软件系统,这是加强本园科学保育工作的重要策略。具体做法如下:首先,应尽快安装幼儿园安全管理软件系统,重点发挥面向全体师幼的安全监控和风险预警等功能;其次,应立项安装幼儿园卫生保健管理软件系统以及心理健康管理软件系统,重点发挥面向全体师幼的卫生防疫、保健康养、心理咨询和辅助疏导等功能;再次,应立项安装幼儿园膳食营养管理软件系统以及运动健康管理软件系统等其他相对成熟的产品,重点发挥面向全体幼儿的精密配膳、食育支持、体质监测和健康指导等功能;最后,应在熟练应用和问题诊断的基础上,进一步加强各管理软件系统的集成协同管理,积极探索推进基于保育数据挖掘和知识发现的智能保育管理。

三、有效辅助支持集体教学活动

幼儿教师可以运用现有教学设备和软件系统,从多媒体教育资源库中调用合适素材进行适当导引和穿插互动,较好发挥视听教育资源化虚为实、化静为动、化远为近、化难为易等转化促进功能,更好调动幼儿情绪和兴趣,使其参与活动,配合教师顺利推进集体教学活动。例如,在组织实施《狮王进行曲》音乐欣赏活动中,老师可以播放《狮王进行曲》视频,让幼儿在欣赏动画情节的同时感受音乐旋律的变化。还可以展示多媒体课件呈现以下音乐形象画面:在美丽的森林中,小动物们一个个盛装出行。当小巧的小老鼠出现时,音乐悠闲轻快;当小猴和小鹿等出现时,音乐跳跃活泼;当大老虎出现时,音乐铿锵有力。在这种音乐气氛感染下,幼儿可以初步感知和理解这段音乐的内涵,接下来,老师可以通过组织角色扮演游戏,让幼儿进一步参与体验理解这段音乐的内涵。又如,在美术活动《画太阳》中,老师可以通过轻移鼠标,把"太阳"装扮成不同的角色:一会儿为它带上"博士帽",一会儿又把它装扮成可爱的"太阳宝宝",引导幼儿在观察画面变化的过程中体验新奇与快乐,并打破他们经常画"太阳公公"的习惯思维定势。截至目前,各幼儿园在语言、科学和艺术领域应用信息技术和数字化教育资源较多并取得了不少宝贵经验,但是在社会和健康领域应用较少,迫切需要在加快信息技术与课程建设深度融合理念下,更多考虑借助虚拟现实技术和专业信息管理系统重点分别予以推进和充实。

案例 14-3

四、助力提升园所家庭社区合作保教工作水平

为了整体提升幼儿园科学保教质量,除了依靠幼儿园本身的教育资源,还需要积极利用幼儿家庭及其所在社区的教育资源。为此,应充分发挥现代信息技术的作用,优先解决长期以来制约园所家庭社区合作保教水平的及时沟通交流合作障碍。首先,应积极建设和用好"家园通"信息平台,使之成为支持园所家庭社区合作保教顺利开展的基本沟通合作渠道。其次,应充分运用"微信公众平台""班级 QQ 群""微信朋友圈"等具有及时性、个性化和交互性等显著特征的新媒体手段,与家长和社区建立密切的互动沟通关系,面向家长和社区宣传先进的保教理念,积极争取家长和社区的献计献策与资源支持,特别是引导与支持家长和社区自主开展高水平家庭保教和社区保教活动。再次,在积极创建智慧幼儿园、智慧家庭和智慧社区等平台系统的基础上,大力推进园所家庭社区合作创建具有鲜明本土特色、真实与虚拟有机融合的泛在幼儿学习和教育空间(包含自然、社会、文化和

心理多个主导维度的空间类型），更好支持教师、家长、社区代表和幼儿等建立师家、师社、师幼、亲子、同伴和同侪等多元主体互动关系，重点充实幼儿园在健康和社会教育领域的薄弱环节。最后，深入学习贯彻全民学习、终身教育、泛在学习和深度学习等时代先进理念，积极探索发展基于更加完善的智能社会文化生态环境支持的园所家庭社区合作保教工作新方式。

五、健全幼儿园教师开放融合研修体系

经过长期实践探索，我国各地幼儿园总体上已经初步建立具有垂直贯通、横向互联、依托区域、园本自主等典型特征的传统幼儿教师研修体系。随着信息技术在幼儿园各项工作中的逐步应用，各地幼儿园还在进一步探索建立各种用于开展网络研修的硬件设施、软件系统、工作平台（主要包括信息、资源和交流模块等）、组织架构、课程资源和制度设计等。目前，制约网络教研广泛、深入和有效开展的主体因素是研修理念不够先进、信息素养不够扎实、信息技能不够胜任与动机兴趣不够浓厚等，客观因素则是制度不够健全、机制不够顺畅、激励不够精准、保障不够有力和方式不够灵活等。各幼儿园今后面临的总体任务是建立健全传统研修与网络研修、指令研修与自主研修、区域研修与园本研修、团体研修与个体研修、线上研修与线下研修等有机融合的新时代开放融合研修体系。为此，首先，应继续完善各类网络研修的网站平台，重点是分类充实网络培训、网络教研和网络科研等基本类别的数字化教育资源。其次，应大力创新网络研修组织。在各级学前教育主管部门的大力支持下，应成立各级优秀园长和优秀教师网络研修工作室以及各主题领域的网络研修工作坊，以各幼儿园园本网络研修力量为骨干，加快组建区域网络研修联盟，协商创建更多网络研修主题社区，更加灵活地开展学习沙龙、读书分享、项目体验和文体娱乐等小组活动。再次，应在谨慎评估讲授培训模式、研训整合模式、辅助支持模式和其他灵活研修模式各自优点与不足，在平衡考量研修供求态势的基础上，尽快建立分群分类分层网络管理和纵向横向交织网络驱动的，以研促培、以培促教、以教促质的良性贯通和交互循环的工作机制。最后，应坚持问题导向和融合理念，以优化拟订"时间阶段+对象群体+基本内容+目标定位+组织方式"网络研修计划为基础，继续探索创新网络研修方式。例如：可以考虑以博客群组、QQ 群组、微信群组和微信公众平台为社交载体进行融合联动式主题教研，也可以考虑组织实施共通型、特色型、选择型和辅助型四型整合式网络研修，还可以协商实施师傅带徒、专家指导和同伴协同等网络辅助支持研修。

热点讨论

1．紧密联系所学理论知识，分组讨论如何进一步完善本园信息化建设与管理工作。
2．结合本园实际情况，分析讨论如何加强幼儿园科学保教信息资源应用管理。
3．分析讨论如何大力促进现代信息技术与幼儿园课程体系的深度融合。

拓展阅读

1．吴砥，彭娴．教育信息化标准与应用[M]．北京：高等教育出版社，2015．

2．陈雯．幼儿园教育信息化理论与实务[M]．长沙：湖南教育出版社，2020．
3．何克抗，吴娟．信息技术与课程整合[M]．2版．北京：高等教育出版社，2019．
4．颜荆京．幼儿园园长信息化领导力提升策略[M]．北京：科学出版社，2018．
5．武志丽．幼儿园教师信息技术应用能力提升教程[M]．长春：吉林大学出版社，2017．

研修建议

1．积极参加有关主题会议和展览，主动联系参观考察若干幼儿园信息化建设与管理先进单位，直观感受幼儿园信息化建设与管理的重要价值。

2．认真阅读本讲参考文献与拓展阅读文献，进一步理解幼儿园信息化建设与管理的基本内容和总体工作思路，尝试组织拟订或完善一份本园信息化建设发展规划。

3．积极申报或参与幼儿园信息化课题，扎实研究和解决本园信息化面临的实际问题。

4．积极申请开展智慧幼儿园建设试点工作，重点探索如何加强和提升基于工作数据的幼儿园信息化管理水平。

5．积极创造条件，加快本园信息化建设与管理步伐，重点探索如何充分运用信息技术塑造幼儿园品牌形象，增强科学保教能力特别是课程建设能力，改善园所家庭社区合作保教工作，以及大力推进网络研修与传统研修的开放融合。

参 考 文 献

[1] 苏日娜，张莉．AltSchool信息化管理及对我国幼儿园管理的启示[J]．教育参考，2019（2）：23-27．

[2] 王颖．"互联网+"时代下的幼儿园信息化管理研究[J]．电脑与信息技术，2018，26（5）：79-82．

[3] 赵凯新．城市幼儿园教育信息化现状研究[D]．太原：山西师范大学，2018．

[4] 颜荆京，汪基德．幼儿园园长信息化领导力的内涵及理论模型[J]．现代教育技术，2017，27（4）：52-58．

[5] 赵美华．信息化背景下幼儿园教师专业成长模式研究[J]．教育观察（下半月），2017，6（3）：91-92．

[6] 王正伟．"互联网+"背景下幼儿园教育信息化创新应用[J]．中国教育技术装备，2017（7）：53-54．

[7] 庞玲．幼儿园教学信息化应用的个案研究[D]．石家庄：河北师范大学，2017．

[8] 谢晓鹏，陈丽华．幼儿园信息化教学环境建设研究[J]．中小学电教，2016（3）：17-19．

[9] 颜荆京，汪基德，蔡建东．幼儿园园长信息化领导力现状与提高策略[J]．学前教育研究，2015（10）：41-49．

[10] 殷传杰. 以信息化手段整合幼儿园教育五大领域[J]. 中国教育信息化, 2015（6）: 23.

[11] 赵晓声, 卢燕, 袁新瑞. 中小学和幼儿园教育信息化评价: 教育视野与需求导向[J]. 电化教育研究, 2014, 35（6）: 51-57.

[12] 刘淑新, 刘明霞, 门利艳. 幼儿园信息化建设有效策略的研究[J]. 中国现代教育装备, 2013（20）: 4-7.

[13] 杨璐帆. 幼儿园教育信息化评价指标体系及综合评价模型构建研究[D]. 长沙: 湖南师范大学, 2013.

[14] 梁慧怡, 何绮娜, 吴雪芹. 幼儿园园本信息化主题教学资源库的建设模式[J]. 成功（教育）, 2013（8）: 178-179.

[15] 杨洪琴. 信息化时代下幼儿教师媒体素养研究[J]. 宁波教育学院学报, 2011, 13（2）: 58-61.

[16] 何凡. 多媒体技术在幼儿教学中的应用[D]. 长春: 东北师范大学. 2008.

[17] 张苛. 幼儿园教师网络培训学习支持服务的调查研究: 以"天津市农村幼儿园教师网络培训"为例[J]. 南京广播电视大学学报, 2013（2）: 18-22.

[18] 张俊燕. "网络研修直通车"直通城乡幼儿园手拉手工作[J]. 中国现代教育装备, 2011（20）: 102-103.

第十五讲　幼儿园危机管理

本讲要点

> 1. 幼儿园危机管理主要干预调节的对象是结构性变量（主要包括特定社会环境和幼儿园危机舆论生态）、认知性变量（主要包括管理者的认知与信念和个人性格等特殊因素）和程序性变量（主要包括危机信息的检测与处理和决策机制与程序）。
>
> 2. 幼儿园安全危机管理应牢固树立幼儿优先性、全员参与性、全部过程性和全面协作性思维方式。活动危机管理应以幼儿园一日活动为基本对象，以定期或不定期组织举行的较大规模活动为重要对象。幼儿园园长应深刻认识当代舆情的基本特征，掌握舆情危机管理的常识，大力加强幼儿园舆情危机管理。
>
> 3. 幼儿园园长应深刻认识发展危机是幼儿园始终面临的最为根本的危机类型，切实加强环境、经济、心理和质量等专类危机管理或综合性发展危机的管理。

关键词

幼儿园管理　危机管理　安全危机　活动危机　舆情危机　发展危机

第一节 幼儿园安全危机管理

一、幼儿园安全危机管理概述

幼儿园安全危机是指由幼儿园内外部因素引起的，发生在幼儿园内或与幼儿园有关的，严重损害或可能严重损害幼儿或教职工生命或财产安全，并给幼儿园带来或有可能带来财产、名誉损失的突发或意外事件等。近年来，我国幼儿园安全事故日益增多。

各幼儿园常见的安全危机具体类型有：① 幼儿园灾难防御制度漏洞可能带来的综合安全隐患；② 幼儿来园和离园制度漏洞引发的幼儿人身安全隐患；③ 幼儿园园车接送制度漏洞带来的幼儿人身安全隐患；④ 幼儿园门卫管理制度形同虚设带来的幼儿人身安全隐患；⑤ 幼儿午睡过程中教师掉以轻心带来的幼儿人身安全隐患；⑥ 活动区创设不当，玩教具质量低下、管理不善带来的幼儿人身安全隐患；⑦ 园舍装修、设备配置不符合标准导致的幼儿健康安全隐患；⑧ 幼儿园食品管理制度不完善带来的幼儿健康安全隐患；⑨ 卫生安全制度流于形式（如晨午检、卫生、消毒制度）带来的幼儿健康安全隐患。

幼儿园安全危机管理是管理者根据幼儿园安全管理制度和计划，通过组织、协调和控制对可能存在的安全隐患进行预防、对发生的安全危机过程及其后果进行应对和修复，以减轻风险和危机带来的严重威胁的过程。

加强幼儿园安全危机管理必须牢固树立幼儿优先性、全员参与性、全部过程性和全面协作性思维方式。首先，应坚持幼儿为本，严格遵守法律法规、职业道德规范和保教专业规范，"必须把保护幼儿的生命和促进幼儿的健康放在工作的首位"（《纲要》），最大程度保障幼儿的生命安全和身心健康。其次，应明确幼儿相关主管部门、幼儿园管理者、全体师生、家长乃至社区工作人员都是幼儿园危机管理的主体力量，并通过建立健全的组织网络体系—思想和协同行动。再次，应坚持对危机潜伏、显示和消除的全部过程环节施行危机预防为主、危机及时应对和危机系统修复等针对性干预措施结合的方法。幼儿园应通过日常的教育和管理提高师生自我防护和救护的意识，定期进行真实常态化的防灾减灾演练，培养师生防灾、减灾和保护生命健康安全的知识和技能。此外，在总结经验教训的基础上，对可能发生的种种安全危机事件制定和完善易于操作的危机处理制度，在危机预防、应对和恢复三个环节上都应有具体的应对预案。最后，应及时联系和争取党政、应急、公安、消防、交通、疾控、保健和医疗等部门和相关社会力量的协作配合和大力支持。幼儿园安全危机具有突发性和不确定性，为了防止危机进一步恶化和扩大，幼儿园应该在第一时间启动应急预案，由安全危机应对小组对危机类型、原因进行准确、迅速判断后，按照相关制度和预案，在有关部门配合支持下迅速处理危机事件，顺利解决危机事件。

必须指出的是，幼儿园管理者当然应该具有强烈的安全危机管理意识，但也决不能因此走向"杯弓蛇影"的偏执敏感或"因噎废食"的不敢作为[①]。为了提高幼儿园的科学保教

---

① 丘玉兰. 幼儿园教育性与安全保障之间的冲突研讨：以幼儿园春游为例[J]. 新课程学习. 2014（5）：177-179.

品质，在加强安全预防和制订周密应对预案的基础上，今后应适当扩大组织若干激发幼儿冒险和挑战精神的户外定向运动、社会研学旅行和自然营地活动等。

二、幼儿园安全危机管理策略

（一）安全危机预防阶段管理策略

1. 强化全体人员安全危机意识

长期以来，幼儿园管理者将更多精力放在幼儿园扩大生源、增加创收、提高质量等方面，安全危机意识不够强，或因其自身危机教育不足、职业倦怠、精力有限而使安全危机管理边缘化，直到安全问题发生并造成严重后果的时候，才真正意识到稳定安全是幼儿园一切活动的基础和前提。幼儿园管理者应始终保持对安全危机的适度警惕，促使安全教育常态化和具体化，并通过建立健全立体式信息传达系统，让幼儿园全体教职工、家长以及幼儿意识到自己在消除和避免危机中的责任，切实提升幼儿园全体人员的危机意识和防范能力。

2. 编制安全危机管理通讯录

在幼儿园安全危机发生或可能发生时，幼儿园管理者需要立即与能够应对危机的相关单位和家长或相关监护人取得联系。因此，幼儿园管理者需要常备教育主管部门、医院、消防部门、公安部门、电力部门、保险公司、天然气公司、全园幼儿家长、可以提供援助的共建单位和新闻媒介等部门的电话。此外，每个班的幼儿教师都应该建立一套完善的班级信息系统，包括幼儿的医疗状况、入园当天的身体状态、行为表现、家庭基本情况、家长嘱托事宜和许可标记等内容，需要时便于查阅。

3. 制订安全危机管理计划

园长应依据《中小学幼儿园安全管理办法》，制订幼儿园安全危机管理计划，主要包括制订安全危机管理文本计划、成立安全危机应对小组和构建安全预警机制。首先，幼儿园应制订完备的安全危机管理文本计划（如幼儿园卫生保健室应急能力评价指标，见表 15-1），包括危机预防方案、危机应对方案、危机发生后的评估与心理危机干预方案。该计划的制订应易读易懂、操作性强；管理者应根据幼儿园内的人员结构、规模，选择具有一定判断能力、经验丰富的幼儿园教师、行政人员和家长代表等组成安全应对小组，其中应设置总负责人、助理负责人、后勤人员、医护人员、联络员、新闻发言人、小组长、家长顾问和法律顾问、心理辅导员等工作岗位并明确各自职责。幼儿园还应充分发挥本园电子预警系统等信息技术在处理安全危机中的重要作用。

表 15-1 幼儿园卫生保健室非结构减灾能力评估指标

项目内容	是（1分）	否（0分）	总　　分
是否有必需的急救器材和药品			
是否查验新生的预防接种证明			
是否配备具有从业资格的专职医务（保健）人员			

续表

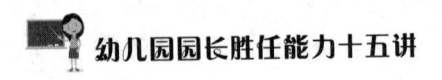

项目内容	是（1分）	否（0分）	总　分
是否建立学生健康档案，定期体检			
在紧急情况下是否能及时与家长/监护人、工作人员联系			
是否提供儿童心理、行为健康服务			
是否定期对医务人员进行专业培训			

备注：总分在 6~7 分，说明卫生室非结构减灾能力较强；3~5 分，说明卫生室非结构减灾能力一般；0~2 分说明卫生室非结构减灾能力较差，亟须加强

资料来源：徐小静，杨安华. 幼儿园非结构性减灾能力的合法性危机与治理研究：基于江苏省100所幼儿园的调查[J]. 当代教育与文化，2018, 10（2）：31-37.

（二）安全危机应对阶段管理策略

1. 牢记生命安全第一，及时进行医疗救助

安全事故发生后，若有人员伤亡，应在第一时间通知急救部门或定点联系医院，并及时把伤员转送出危险区，按照先救命后治伤、先治重伤后治轻伤的原则进行救助。除医疗救助之外，在医护人员尚未到达之前，应进行必要的个体自救和人工急救。

2. 管理人员各司其职，迅速处理危机

安全事故发生后，幼儿园安全危机应对小组成员应各司其职并迅速反应，以保护幼儿园师生的生命为首要原则，立即消除危险因素并妥善安置好师生。

3. 实时监测，评估事态，如实发布应对信息

幼儿园安全危机应对小组应对事故发展事态及影响进行动态监测和预评估，及时排除可能存在的安全隐患并避免安全事故扩大化给师幼带来二次伤害。此外，应对小组的新闻发言人应在与联络员、法律顾问、政府相关部门和警方等协商后，通过电视广播、官方网站和书面报告等形式如实发布事态的发展和已采取的措施。

（三）安全危机修复阶段管理策略

1. 关注师生身心健康，适时进行心理疏导

在安全危机修复阶段，幼儿园管理者应高度关注和慎重评估直接涉及安全事故的师生所受到的心理创伤。一方面要主动组织慰问活动，另一方面可以安排本园心理辅导人员或其他机构的心理辅导人员对直接涉及安全事故的师生进行集体心理疏导，其中，对于反应过激的个体还应当提供个别心理疏导。

2. 借助适合的新闻媒体通报安全事故发生原因和处理方式

在安全事故发生后，安全应对小组应借助合适的新闻媒体在第一时间如实发布真实事态及应对信息，力争对已经明确的安全事故发生原因和已采取的措施进行必要通报说明，努力获得直接涉及安全事故的师幼亲属以及社会公众的理解和支持。

3. 深刻反思安全危机产生原因、处理过程和改进措施

在总体处置安全事故之后，幼儿园管理者应对安全事故发生的根本原因进行诊断分析，

并对安全事故造成的直接和间接损失以及内外社会影响进行严肃的评估。更为关键的是,务必对安全事故处理的效果进行深刻反思,尽快组织制订更为完善的安全危机管理计划。

【案例 15-1】　　　　　幼儿园常见传染病应急处理

事故概况:某年 8 月 3 日,某市某幼儿园幼儿张某出现发热、咳嗽、流涕症状,体温高达 39.2℃,6 日因疑似麻疹入院。与张某同在一个幼儿园,常一起玩耍的幼儿张某月、柳某也先后出现发烧症状,并于同月 17 日、19 日被确诊为麻疹。后经调查核实,发现三名幼儿都没有完成麻疹疫苗的全程接种。

事因分析:一是幼儿园健康管理制度执行不严格,未对所有入园幼儿进行免疫接种审核。二是幼儿园晨午检制度流于形式,其保健医生未能履行在 8 月 3~6 日及时发现和应对处置的岗位职责,导致疫情扩大。三是幼儿园和相关医院对疫情处理反应较慢,未及时与家长沟通,也未向上级部门报告情况,更没有及时对同班幼儿进行全面排查。

制订预案:幼儿园应严格执行相关卫生制度,专门配备专业保健医生,并向家长多宣传疾病防治及传染病预防等知识。保健医生应对幼儿的疫苗接种情况进行审查,对幼儿的身体健康状态进行定期定时的观察和检查,发现幼儿不适症状应与家长及时沟通。幼儿园若发现孩子出现常见传染病症状应及时向上级部门报告,并根据传染病应急预案迅速采取相应措施(见表 15-2)。

表 15-2　幼儿园传染病应急处理方案

	为了杜绝传染源入园、降低传染病患病率,保障师生健康,确保幼儿园工作正常开展,特制订此方案
适用疾病	麻疹、水痘、流行性腮腺炎、病毒性肝炎、流行性乙型脑炎、脊髓灰质炎、细菌性痢疾、百日咳、脑膜炎、猩红热、流行性感冒
应急小组	组长(园长)、副组长(保健医生)、组员(各班教师)
处理原则	预防为上、分级控制、依法强制、及时处置、分级管理、层层负责
预防措施	做好入园儿童的晨午检工作,一旦发现疑似病例,及时隔离,做好疫情报告;加强儿童自我防病意识,通过家长、学校,宣传常见传染病的诊断与防治;加强缺席儿童联系,了解缺席原因,采取预防措施;严格执行卫生保健制度,保障消毒物品的充足,按照消毒程序进行消毒

【案例 15-2】　　　　　幼儿园就餐安全事故应急处理

事故概况:某天午餐时间,某中班班主任老师在卫生间如厕,保育员把刚出锅的热汤摆放在餐桌旁后又返回了幼儿园厨房。该班幼儿强强洗完手后,与几个幼儿边走边嬉闹着走向餐桌时,突然被一个幼儿推倒在了滚烫的汤桶中。班主任老师听到强强的哭声,立即从卫生间出来,联系值班园长一起把强强送到附近医院就诊,并通知了强强父母。医院确诊强强为深度烫伤。

事因分析:该幼儿园进餐管理制度存在明显漏洞。带班教师应在半小时前做餐前准备,不得擅自离开班级现场。保育员应待热汤冷却至合适温度方可送至教室。

制订预案:幼儿园应制定严格的进餐管理制度,要求每个班级在进餐时确保 2 位教师进班开饭,保障幼儿用餐安全。如果出现就餐危机,应立即启动应急处理方案,第一时间救助幼儿（见表 15-3）。

表 15-3　幼儿园就餐应急处理方案

危机管理内容	应 对 策 略
及时救助	现场人员必须第一时间救助幼儿。根据情况，进行现场急救或送往医院治疗，向医生提供幼儿详细情况
及时报告	迅速通知保健医生、园长、应急领导小组、幼儿家长，必要时向上级部门汇报
采样、保管	将食品留样，交给卫生防疫部门检测
做好恢复、安抚工作	安抚幼儿及其家长，积极履行应有职责
媒体应对	专人及时、如实对外发布信息
危机评估	反思危机出现的原因、应对过程、处理策略的有效性，进一步改进应急处理计划

第二节　幼儿园活动危机管理

一、幼儿园活动危机管理概述

幼儿园教育的对象主要是 3~6 岁的学龄前儿童，他们身心发展都不够成熟，尚缺乏独立生活、学习和应对各种安全事故、社交冲突和意外事件的经验与能力。与此同时，学龄前儿童总体上具有好动、好模仿、好游戏、好野外、好群体活动、好功利和好荣誉等特征，在幼儿园和家庭监管保护或服务支持不到位的情况下很容易在幼儿园各种保教活动中出现各种类型的危机情形。值得注意的是，较之小学以后学段，幼儿园教育的主要形式是在园内组织实施各类师幼和幼幼之间密切交往的保教活动，这就客观增加了各类型危机情形的发生概率。从幼儿园危机管理实践来看，活动危机是幼儿园各类危机中最持久也最易发的综合性危机类型。

活动危机当然包含发生在各类活动中的安全危机，但是更为广泛的危机包括：① 保教活动内容安排出现严重思想政治错误或明显不适宜幼儿参与，或具体组织实施方式明显失当的活动。这方面的典型案例有 2018 年深圳某幼儿园在开学典礼上安排社会人员表演钢管舞事件。② 保教人员放任幼儿之间持续冲突，发生明显或隐性欺凌现象，造成幼儿心灵创伤。其中，隐性欺凌现象是很多幼儿家长非常关注的突出问题。③ 保教人员师德师风失范，不公平对待幼儿，损害幼儿合法权利，甚至出现体罚或变相体罚、虐童或性侵等违法犯罪现象。④ 破坏公共财产或生态环境。⑤ 违反公序良俗，破坏信仰禁忌，等等。

幼儿园活动危机管理是指管理者根据幼儿园科学保教活动管理制度和计划，通过组织、协调和控制对可能存在的损害幼儿身心健康、合法权益和幼儿园正常秩序以及社会声誉等综合性风险因素进行提前预测和准备，对发生的活动危机及其后果进行反应和恢复的过程。在预测阶段，幼儿园管理者应事先研判可能遭遇的活动危险情况，根据可能出现的各种情况制订相关的防范措施（如《幼儿园"小学化"专项治理方案》《幼儿园禁止体罚实施方案》《幼儿园校园欺凌专项治理实施方案》等），从而降低活动危机状况的发生率。在准备阶段，幼儿园管理者应启动已经成立或临时成立的活动危机处理工作机制，根据活动风险研判情况，做好人力、物资、财力、制度和专项准备工作。在反应阶段，活动危机处理工作机构应立即启动应对预案，并根据现场研判情况调整或采取新的应对措施。在修复阶段，幼儿园管理者应及时对活动危机后果以及次生影响进行综合评价，并采取针对性的处置措施。

幼儿园一日活动是指幼儿从入园到离园的一天时间内在幼儿园室内外各个空间里所发生的全部经历，主要包括生活活动、体育活动、游戏活动、集体教学、区域活动和工作体验六个基本类型，这是幼儿园活动危机常态管理的基本对象，需要具体分类管理。例如体育运动和游戏活动较之集体教学、生活活动、区域活动和工作体验等活动有更多的安全风险以及由人际冲突引发的其他危机事件的可能。与此同时，幼儿园还会定期或不定期组织举行规模较大的公共仪式、节庆活动、研学旅行、运动集会、民俗体验、阅读推广和户外活动等，这是幼儿园活动危机特别管理的重要场合，需要具体研判管理。

二、幼儿园活动危机管理策略

（一）活动危机预测阶段管理策略

1. 收集各种活动危机信息

首先，应收集一切有可能引起幼儿园各类活动危机的参考资料，特别是国内外同类幼儿园应对相关活动危机的典型案例，用于学习借鉴或警示教育。其次，应定期检索最新科学保教活动相关研究成果，学习掌握相关活动危机发生的根源、规律以及预防与应对策略。再次，应针对性开展调查研究或组织集体研判活动，具体分析和预测特定活动危机的发生概率和环节领域。最后，应完善活动危机信息管理制度，坚持常规化定向收集和随机化非定向收集相结合，特别是重视运用现代信息管理平台系统辅助采集整理和辅助预测。

2. 提高师幼的活动危机防范意识和能力

首先，应建立健全幼儿园活动管理制度和运行机制，使师幼对于活动危机防范有章可循。其次，应建立健全师幼活动危机防范教育培训制度并狠抓落实幼儿园活动管理制度，可以通过集体学习、观摩研讨、案例警示和综合演练等多种途径，提升幼儿园教师以及家长的活动危机防范责任意识和必要能力。再次，应严格执行幼儿园活动危机分类分级研判制度，有针对性地具体落实提前开展教育培训或现场开展教育培训措施。最后，应重视提高幼儿的活动危机防范意识和能力。除了统筹开设安全教育课程以促进幼儿形成自保意识和能力，还应适当组织幼儿开展活动避险演练，特别是在相关活动正式开展之前重视加强现场教育培训，有必要的情况下应带领幼儿熟悉活动场地以及知道应对安全事故、社交冲突和意外事件的具体办法。

（二）活动危机预防准备阶段管理策略

1. 组织制定特定活动危机应对指南

该应对指南中一般包括以下内容：一是预测设定活动危机情形并做出相应的行动步骤和工作安排。例如幼儿面临逃生的情况，要说明安全出口位置、怎样在最短的时间里做到有效疏散。二是应对的基本策略和执行流程。三是相关直接负责人员、幼儿园领导以及相关部门的紧急通讯方式。四是提出其他应对注意事项。

2. 配备必要的活动危机应急资源

幼儿园应长期配备应对一日活动危机的常规人力、物资、财力、制度和特定设施设备。对于定期或不定期组织举行的规模较大的专项公共活动，应根据实际需要专项配备应急资源。

3. 在活动正式开始之前严格检查相关设施设备安全

幼儿园管理者特别是基层管理者或直接责任人员，应提前到相应活动场所严格检查相关设施设备是否存在安全隐患，酌情及时更换或修理。对于暂时不能解决的问题，应向相关教师和幼儿进行解释说明，并设置较为醒目的警示标识。

（三）活动危机反应阶段管理策略

1. 及时准确收集与共享相关信息

幼儿园管理者或现场管理者尽可能快速地从邻近幼儿或老师等处收集真实可靠的危机事态信息，并采取适合方式与教职工、家长以及相关部门共享危机事态信息。

2. 充分发挥管理者的现场处置领导能力

幼儿园管理者或现场管理者应冷静对危机现场情况做出合理判断，并向相关责任人明确传达紧急应对的具体处理意见，并分配特定的应对任务。

（四）活动危机修复阶段管理策略

1. 及时消除负面舆论影响

幼儿园管理者或现场管理者应及时面向幼儿家长或监护人、上级主管部门、相关业务部门和新闻媒体等通报情况、沟通协商和征求意见，如有必要，应坦诚认错或公开道歉。严禁不报、瞒报或少报。

2. 及时消除活动危机的直接影响和次生影响

幼儿园管理者首先应高度关注和慎重评估活动危机的直接影响和次生影响，及时组织对直接涉及活动事故的师幼进行必要的专门慰问、心理调适甚至是心理康复干预。其次，及时组织设施设备安全排查，尽快修理和更新，杜绝再次发生意外事故。最后，及时组织必要工作体系和运行秩序重建工作，避免产生连锁不良影响。

3. 及时调查，依法照章赔付及问责

幼儿园管理者或现场管理者应自主或配合相关部门开展特定事故调查工作，按照过错责任原则开展赔偿或补偿工作，或依法依章问责并开展必要的警示教育活动。

第三节 幼儿园舆情危机管理

一、幼儿园舆情危机管理概述

（一）深刻认识当代舆情基本特征

舆情是"舆论情况"的简称，是指特定民众在一定的社会空间内围绕特定中介性社会事件的发生、发展和变化，对于特定国家机构、社会组织以及个体及其政治、经济和道德等方面的价值取向表达的信念、态度、意见和情绪的总和。

有关舆情研究的成果指出，特定舆情是那些对特定决策者产生影响的特定民意集合的反映。其中，民众意愿是面向特定执政者或决策者对自身利益需求的一种诉求和表达，是形成舆情的始源。因变事项是舆情产生的基础，研判舆情首先要深入研究分析舆情因变事项的发生、发展和变化的规律。舆情空间对舆情传播及其特定决策行为均有重要的影响。

传统社会舆情存在于民间大众的思想观念和日常街头巷尾的议论之中，主要通过社会明察暗访、民意调查等方式获取舆情信息。近现代社会舆情主要存在于广播、电视、报纸、杂志等传统大众媒介空间，曾经深远影响经济社会历史进程，但是随着信息技术的进步，其主导地位已经逐步被以互联网媒体为代表的新媒体空间所取代。由于网络媒体具有进入门槛低、发布成本低、信息超大规模、信息发布与传播迅速、参与群体庞大、实时交互性强等综合性特点，使得信息网络中"虚拟社会"与真实社会之间的互动日益显著。一般认为，互联网已成为当代思想文化信息的集散地和社会舆论的放大器，网络舆情已经成为当代舆情的主流形态。

网络舆情是指以网络为载体，以事件为核心，以广大网民情感、态度、意见、观点的表达、传播与互动以及后续影响力产生的集合，主要由网民通过论坛发帖、新闻跟帖评论等形成。网络舆情具有自由性、交互性、多元性、偏差性和突发性等显著特征，既有正面舆论的积极影响，也有负面舆论的消极影响（如散布谣言、披露隐私、进行偏激和非理性的谩骂与人身攻击等），已经成为影响社会持续有序发展、维护社会和谐与稳定的重要因素。因此，国家管理部门和相关社会组织迫切需要严肃加强新形势下的网络舆情实时监控，大力提高舆情信息分析能力，及时准确地掌握社会舆情动态，并积极引导社会舆论。

（二）掌握舆情危机管理常识

舆情危机是指特定突发事件，特别是负面事件引起的社会舆论。舆情危机将一定程度损害特定机构、组织或个体的公共形象和社会声誉，或影响其正常的工作或生活秩序。针对舆情转化为舆情危机的过程一般包括征兆期、初现期、发酵期和消退期四个阶段，特定管理主体通常从管理体制机制与思想观念等深层次剖析舆情危机产生的根源，建立健全舆情危机管理流程。在舆情征兆期，特定管理主体需要运用舆情监测系统及时收集和分析相关信息，及早发现与捕捉危机苗头与迹象，针对潜在的舆情风险提前准备好相关的舆情应对预案，并争取主动化解舆情危机。在舆情初现期，需要立即落实舆情应急引导办法，一方面要及时向公众公布信息，引导公众舆论，另一方面要深入了解相关舆情来源，发现事情真相，尽快预测危机的变化趋势，并组织制订预防危机进一步扩大的应对预案。在舆情发酵期，需要重点研判舆情危机的影响范围、涉及人群以及其诉求，直接采取有利于平息公众情绪的必要措施，同时还可以采取转移公众注意力的措施，合力降低舆情危机的影响程度。在舆情消退期，需要继续追踪研判舆情危机的传播走势和受影响的人群，重点考虑如何运用媒体手段重塑组织或个体形象，同时在安排反思检讨与工作整改的基础上，进一步完善舆情应对预案。网络舆情危机是当代舆情危机管理的重点领域。一般认为，网络舆情危机产生的主要原因有网络信息污染、社会情绪爆发以及缺少网络监督管理，其主要管理内容包括：做好互联网舆情分析预警，建立互联网舆情处置预案，明确互联网舆情处置流程，强化互联网媒体沟通协调，组织互联网舆论有效引导。

（三）加强幼儿园舆情危机管理

21世纪以来，随着我国学前教育事业的快速发展，特别是民办幼儿园数量剧增与办园规模扩大，部分幼儿园监督管理不到位、保教工作缺乏规范、教师队伍良莠不齐等问题比较突出，导致幼儿园舆情危机的不时出现，不仅对涉事幼儿园生存与发展本身产生了较大的负面影响，也对全国幼儿园行业产生了一定的声誉损害。各幼儿园管理者都应当深刻认识到，当前幼儿园教育事业已经成为关系千家万户切身利益的民生事业，因此也是全社会舆论关注的重点领域，必须高度重视并切实加强本园舆情危机管理。

简而言之，幼儿园舆情危机管理是指建立健全舆情管理组织机构、规章制度和工作流程，有目的、有计划地预防、应对和修复舆情危机的过程。幼儿园舆情危机管理具体措施是：首先，应建立健全幼儿园管理规章制度体系（特别是网络信息管理制度）并严格执行工作，从源头上杜绝舆情危机因变事项出现。其次，应成立由幼儿园园长牵头的幼儿园舆情危机管理小组并指定新闻发言人，研究制订幼儿园舆情危机防范与应对工作预案，并适当组织综合演练。再次，应结合本园安全稳定工作排查，大力支持舆情危机管理小组开展舆情危机隐患专项整改。最后，应高度重视并运用幼儿园安全信息管理平台系统辅助监测和应对网络舆情危机。

截至目前，不少幼儿园管理者的舆情危机意识尤其是网络舆情危机意识仍然不够强，甚至一些幼儿园相关管理人员认为"只要自己做好幼儿园的保育、教育、管理工作就可以了，不需要和媒体打交道"，因此对于媒体的基本态度是不重视、不参与、不配合，也不注重对教职员工的舆情危机教育，使得全体教职员工的舆情危机预防意识淡薄。与此同时，不少幼儿园尚未设立专门舆情管理机构，也没有明确相关人员岗位职责，或由于没有加强专门的教育培训，尚缺乏有效应对本园舆情危机的能力。

二、幼儿园舆情危机管理策略

（一）增强舆情危机管理意识与能力

幼儿园应定期或不定期地开展全员性或重点群体的专项诊断研讨及教育培训工作，强化全体教职员工的舆情危机意识。应组织开展好网络舆情危机应对演练工作，培养全体教职员工的舆情危机应对素质和基本能力。重点加强对新进或年轻教职工的网络信息安全与新媒体传播的专题教育培训，切实规范其网络信息传播行为。

【案例15-3】　　　　　幼儿园舆情危机"体检"项目

（1）如果有家长状告幼儿园，你觉得公众会支持哪一方？幼儿园一旦遭遇舆情危机，有可能会面临怎样的局面？

（2）如果幼儿园发生事故，谁会代表幼儿园与前来采访的媒体进行沟通，接受媒体采访的人与公众沟通的内容由谁决定，他们与媒体沟通的能力如何？如果幼儿园发言人不在，有谁代替，对他们的可信度和说服力，你有多大信心？

（3）在舆情危机发生时，如何和园内教职工沟通，他们会如何面对来园媒体？

（4）园内事故发生后，你用多长时间可以和上级主管部门、幼儿家长进行联系？

（5）你所在幼儿园有专人对内部网站、微信、QQ群进行定期管理和维护吗？

（6）你所在幼儿园有舆情危机管理的相关预案吗，上一次更新是何时？此预案在以前使用过吗，是否有效？

（7）你了解哪些幼儿园出现过舆情危机，园方是如何处理的？你所在幼儿园是否从中学习了一些有效策略？

（二）积极应对已出现的舆情危机

舆情危机发生后，幼儿园应立即启动应急预案，了解舆情因变事项细节，及时向上级主管部门报告，并与相关媒体取得联系，实事求是地陈述舆情事项和已经采取的具体措施，争取社会大众的理解和支持。

（三）及时做好舆情危机修复工作

舆情危机处理完毕，幼儿园舆情危机管理小组应对危机产生的原因、处理过程的各个环节进行反思；对舆情危机应对预案进行客观评价，及时整改舆情危机预防和处理过程中的薄弱环节，建立健全符合幼儿园实际的舆情危机处理工作流程。

【案例15-4】　　　　　面对舆情危机：A园长漠视放任[1]

因变事项：A幼儿园的一名幼儿在自主游戏时不小心跌倒致使大腿骨裂，被及时送骨科医院诊治。此事发生之后，幼儿园与家长互相推脱事故责任，幼儿家长在气愤之余诉诸当地报纸刊发。该幼儿园园长对此事采取了不予理睬的态度。在庆祝六一儿童节活动期间，

---

[1] 陈群. 幼儿园危机管理实务[M]. 北京：中国轻工业出版社，2009：1.

多家媒体记者到幼儿园采访，该园长继续对此事避而不谈。但是，平时对该园长有意见的个别教职工接受了针对此事的新闻采访。几天后，多家媒体继续前来跟踪采访，该园长情绪失控，指责媒体记者严重干扰了幼儿园正常工作秩序，其言论被当地报刊曝光。此后，上级部门就此事专门约谈该园长，提出严肃批评并责令限期改正。

案例分析：该幼儿园园长明显缺乏舆情危机管理意识与主动的应对。首先，没有牵头明确事故责任并依法照章办事，导致舆情危机发生。其次，不仅没有积极面对和回应新闻媒体采访，借机阐明事情真相，让媒体做出客观公正的报道，反而指责媒体添乱，导致舆情危机进一步扩大。最后，没有深刻反思和认识本人管理作风和领导风格对本园舆情小环境的影响，使得内外舆情危机相互交织。

改进建议：幼儿园应组织制订切实可行的舆情危机应对方案，主要内容包括：成立舆情危机管理小组，小组成员应有明确分工；优先重视本园内部舆情信息搜集与分析；确定新闻发言人，新闻发言人在与媒体交往时应真诚大度、不卑不亢；明确园长立场、原则以及全体教职员工应持有的态度；及时向上级主管部门汇报事件缘由，请示舆情危机处理意见；注重保持与幼儿家长、社区、相关单位的密切联系，争取更多公众的支持。

【案例 15-5】　　　　面对舆情危机：B园长积极化解[①]

因变事项：B幼儿园的一名幼儿被同班另一名幼儿推倒致使大腿骨裂。事故发生后，B幼儿园和家长积极配合，对该幼儿进行医疗救助，配备了专职看护老师，承担了所有医药费，其间B幼儿园园长和相关老师还多次去医院探望。但是，该幼儿家长在幼儿康复之后，多次组织亲戚到B幼儿园提出不合理赔偿要求，被园方拒绝，于是该幼儿家长歪曲事实，将此事件发到某网站，引起了不利于B幼儿园的社会舆论。获悉此事后，B幼儿园园长立即联系并配合当地执法部门展开调查，同时联系并接受多家媒体报道，并主动安排利用幼儿园内部网站、微信、QQ群还原事情始末，得到了当地群众的理解和支持。

案例分析：B幼儿园在意外安全事故发生之后，采取了一系列合理正当的应对措施，因此可以拒绝幼儿家长的不合理要求。在舆情危机发生之后，也采取了一系列合理正当的应对措施，因此成功化解了负面舆情影响。

改进建议：幼儿园管理者应加强与媒体的日常交往，主动邀请相关媒体参与幼儿园的重大活动，尊重媒体记者的言论自由，在媒体有合法、合理需要时，积极提供有价值的信息线索，与媒体保持良好关系；应注重幼儿园内部网站的建设，注重微信、QQ群的维护和监管，及时发布活动、事件相关动态，形成自身的媒体报道关系网络。当出现幼儿园负面报道时，园长应沉着冷静地了解事情的缘由，舆情危机管理小组新闻发言人应主动与媒体进行沟通，真实、客观、有理有节地回答媒体提问，并告知已采取的处置措施。

第四节　幼儿园发展危机管理

随着人类社会历史进步与发展演变，当代所有国家、组织和个体都艰辛生存并谋求发展于更加复杂多变且充满冲突挑战的世界体系之中。如果把各个幼儿园形象地比喻为世界

[①] 陈群. 幼儿园危机管理实务[M]. 北京：中国轻工业出版社，2009：1.

"大海"中的一条条"小船",那么各类危机就是漂浮在世界"大海"上的一座座"冰山"。对于每一座"冰山"来说,除了有安全危机、活动危机和舆情危机等显露于"海浪"之上的一小部分构成,更大的构成部分是隐藏在"海浪"之下的环境危机、经济危机、心理危机和质量危机等深层持久的发展危机。因此,幼儿园管理者,尤其是幼儿园园长应深刻认识到,深层持久隐藏的各类发展危机才是幼儿园始终面临的最根本的危机,必须居安思危和警钟长鸣,应坚持从可持续发展战略管理层面着眼,善于从日常化发展战术管理层面着手,切实加强幼儿园发展危机管理。

一、幼儿园环境危机管理

广义的幼儿园环境是指影响幼儿园生存和发展的一切自然、社会、经济、政治和文化等因素的总和。其中,直接导致幼儿园外部宏观环境危机的因素是自然气象灾害、公共卫生事件、学龄前儿童人口负增长、经济形势滑坡或恶化、地方行政区划调整、国家学前教育政策改革、基础教育布局规划调整和地方文化风俗传承阻断等。直接导致幼儿园内部微观环境危机的因素是园舍建设、维修或老化等过程存在的质量安全隐患、保教设施设备施工、保教活动环境创设过程中存在的质量安全隐患、幼儿园组织更替和人际冲突引起的心理环境恶化等。

总体来说,幼儿园管理者特别是园长应对外部宏观环境危机的基本流程是:① 密切关注因变事项的发展态势,及时跟踪并充分搜集事态信息;② 组织召开园长办公会、园务会议、家长委员会等多轮次会议,集体研讨应对措施或工作方案;③ 坚持结构性减灾(有国家强制质量标准)与非结构性减灾(多元社会力量合作方式)相结合的原则[①],联系上级主管部门和相关协作单位,报告应对建议并寻求工作指导和资源支持;④ 完善应对措施或工作方案,尽快组织实施,并根据事态发展灵活调整具体策略。幼儿园管理者应对内部微观环境危机的基本流程是:① 定期或随机深入建设、维修或活动一线实地观察,更多召开现场办公会议,及时反馈改进建议或意见;② 委托专业质量检测机构或行业专家团队开展专项质检诊断工作,并根据书面反馈意见,及时组织预防性整改;③ 结合形式多样的调查研究,进一步完善日常管理规章制度并狠抓落实。④ 结合日常工作评价和年度考核,强化日常整改的物质和精神激励。

二、幼儿园经济危机管理

经济实力是幼儿园生存与发展的最重要的物质基础。近年来,随着国家学前教育事业规模快速扩大、公办民办并举格局形成和学前教育普惠化法规政策调整完善,特别是显著加快了学前教育收费规范化进程,多数幼儿园(包括教育部门办幼儿园、集体办幼儿园、其他部门办幼儿园和民办幼儿园)普遍面临着新时期社会综合要素,即价格上涨带来的"办园成本升高"与收费受限导致的"办园收入减少"的实际困难,个别民办幼儿园因长期亏

---

① 徐小静,杨安华. 幼儿园非结构性减灾能力的合法性危机与治理研究:基于江苏省100所幼儿园的调查[J]. 当代教育与文化,2018,10(2):31-37.

损被迫关停。因此，幼儿园管理者特别是园长应在我国学前教育事业发展的新形势下做好应对本园经济危机的充分思想准备，特别是务必尽快采取得力的应对措施，在力保生存的基础上谋求继续发展。首先，应加强理论和政策学习[1]，明确学前教育产品属于具有有限竞争性和有限排他性的准公共产品，应由个人、政府和社会通过保教费、财政补助和捐赠及其他形式来分担教育成本，需要在政府部门、幼儿家庭和社会力量的理解支持下，进一步优化办园收入结构和支出结构。其次，应聚焦动态平衡总体收入和支出关系，立足现有公办园指导价与民办园市场调节价政策，坚持从本园性质和办园实际出发，严格管控人员支出（包括工资费用和社会保障费用）、公用支出、固定资产折旧与摊销费用、利息支出和其他支出等，特别是加大支出结构改革工作。再次，应在精密核算生均培养成本的基础上，一方面自主适度调节办园规模和教职工配置规模，另一方面，警惕家园共育方面"家长资源论"的负面影响（其实质在于强化幼儿家庭的经济、文化资本对教育过程的影响，扩大和加剧教育中的不平等[2]），重点呼吁地方政府部门采取因地制宜的收费标准，并加大学前教育投入力度（主要是增加生均经费补贴额度和提高幼儿园保教人员的待遇），合力推进办园规模经济性。最后，牢固树立举办公平而有质量的幼儿园教育的指导思想，积极推动建立办园"统一战线"，团结全体教职工、幼儿家庭和更多社会力量，坚持错位竞争，努力打造特色，坚定不移地走提高保教品质以求生存和谋发展的正确道路。

三、幼儿园心理危机管理

毋庸讳言，当代人类社会总体上看依然发展不够充分、不够平衡也不够公平合理，对于中国这个世界上最大的发展中国家来说，改革开放和转型发展的任务和挑战同样非常严峻。由于复杂的历史与现实原因，除了全体幼儿是绝对的社会弱势群体之外，在幼儿园作为基础教育体系中相对弱势工作机构的大背景下，以女性为主体的幼儿教师和管理者作为相对弱势的社会群体，其政治、经济和社会地位等方面还不够高，并长期面临着较为繁重的机构和家庭工作任务及较高的社会期待等多重压力，这必然会引发不同程度的心理健康问题。从坚持以人为本原则的现代管理实践来看，对特定组织人员的管理，归根结底是对其心理特别是精神状态的管理。因此，幼儿园管理者特别是园长必须特别重视，并采取得力措施，积极干预优化相关人员的心理健康状况，特别是其心理危机状态。首先，应坚定关怀儿童立场，坚持维护儿童合法权益，重点加强特殊儿童、流动儿童、留守儿童、贫困家庭儿童和性别发育水平相对滞后儿童等处境不利群体或个体的心理观察、心理测评、心理诊断和心理康复等方面的适宜干预[3]，特别是积极改善和提高因各种突发或意外事故受到不同程度心理创伤儿童的情绪调控、行为管理和社会交往能力[4]。其次，坚持宏观和微观管控相结合的原则，积极采取规范教师准入，做好岗位培训（含转岗培训），关怀教师生命价值（包括环境关怀、待遇关怀和感情关怀）等前瞻性预防和干预策略[5]，大力加强幼儿教师

---

[1] 胡姝, 蒋承. 幼儿园成本运行危机与分担策略研究：以 X 市的调研为例[J]. 中国教育学刊, 2015（6）：58-62, 87.
[2] 刘煜. 家长资源论：遮蔽的不平等与幼儿园教育的公共性危机[J]. 教育研究与实验, 2017（3）：52-57.
[3] 解云萍. "男孩危机"背后的"男孩培育标准"辨析：对幼儿园中男孩培育的思考[J]. 学理论, 2013（8）：67-68.
[4] 谭歆. 以园/校为基础的儿童心理危机干预的效果研究[D]. 上海：上海交通大学, 2015.
[5] 蔡军. 幼儿园转岗教师的使命、危机与救赎[J]. 现代中小学教育, 2015, 31（6）：79-81.

特别是转岗教师群体的师德师风建设，重点推进专业伦理教育培训工作，切实减少幼儿教师意识（如职业倦怠）、情绪（如心理偏激）和行为（如举止失范）等方面的不适宜表现[1][2]。再次，应重视加强幼儿园党政管理与后勤保障队伍的思想政治、业务培训、联谊交流和技能竞赛等工作，帮助其制订职业生涯发展规划，充分发挥其管理育人和服务育人的作用。最后，坚持开放合作办园方向，加强园所家庭社区合作制度与协同机制建设，创新教育培训方式，稳步提高幼儿家庭和社区人员科学育儿意识和能力，切实提升家庭和社区等社会力量对幼儿园特别是幼儿教师的综合信任水平[3][4]。

四、幼儿园质量危机管理

近年来，由于大力加强普惠幼儿园建设，我国绝大部分地区已经基本上解决了"入园难"和"入园贵"的问题。随着我国经济社会生活水平的继续提高，特别是新生代家长科学幼儿观念的普遍树立，普及、普惠、优质、安全已经成为我国学前教育事业发展的总体要求。对于我国绝大多数幼儿园来说，当前和今后面临的根本任务和最大挑战就是稳步提高保教质量，以更好地满足人民群众对"入优质园"的迫切需求。但是，真正提高保教质量是一个长期复杂的系统工程。这就需要幼儿管理者特别是园长能够牢固树立"质量是幼儿园教育生命线"的思想观念，始终坚持虚怀若谷和居安思危的进取精神，系统反思和明确目前制约本园保教质量提高的关键因素及其影响，特别是关键的负面因素及其影响，即质量危机，努力通过科学规划和精准施策，予以有效应对和合理转化。首先，应积极引导全体教职工和相关合作伙伴树立科学的儿童观、保教观和教师观，深入贯彻党和国家的教育路线、方针和政策，务实确立办园指导思想，统筹规划和循序完成开放合作、集成协同和特色品牌等质量建设阶段任务。其次，应坚持以完整课程体系建设为总体纲领，以创设适宜环境为基础条件，以优化一日活动为核心载体，以促进幼儿教师专业发展为关键动力，以园长保教战略管理、后勤辅助管理和教师战术管理为基本保障，逐步形成相对完善的科学保教治理体系。再次，应优先研究建立科学保教质量标准体系以实现有章可循，探索建立科学保教质量评价体系以实现反馈促改，进而建立科学保教质量文化体系以实现自觉推进。最后，应坚持依托党政集中统一领导，切实增强工作组织、人力资源、经济实力和社会支持等方面的综合保障能力。

热点讨论

1．结合本人管理实践，讨论如何认识幼儿园运行过程中面临的各类危机，以及明确化危为机的充分必要条件是什么。

2．结合有关典型案例，讨论如何有效预防、辨识和应对本园安全危机。

3．分析为什么活动危机是幼儿园各类危机中最持久也最易发的综合性危机类型。

---

[1] 苏娜，单玉平. 幼儿园教师心理危机干预的实践研究[J]. 教师教育研究，2018，30（5）：79-84.
[2] 秦旭芳，左晓玲. 危机管理下幼儿教师不适宜行为的预防策略[J]. 天津师范大学学报（基础教育版），2017，18（1）：69-74.
[3] 王亮. 幼儿园"谍战"背后是信任危机[N]. 中国教育报，2012-12-20.
[4] 王雪梅. 虐童事件背后的民办幼儿园教师信任危机及其化解策略[J]. 现代教育科学，2015（6）：175-176，107.

4．分组讨论如何进一步加强本园舆情危机管理能力。

5．结合本园实际，讨论如何有效预防、辨识和应对本园面临的环境、经济、心理和质量等专类危机或综合性发展危机。

拓展阅读

1．希斯．危机管理[M]．王成，译．北京：中信出版社，2004．

2．陈群，马和民．幼儿园危机管理实务[M]．北京：中国轻工业出版社，2009．

3．周丛笑．幼儿园危机管理策略与实例[M]．北京：中国轻工业出版社，2018．

4．李瑛．幼儿园园长如何规划园所发展[M]．天津：天津教育出版社，2019．

5．苏婧，于渊莘，邹平．沟通的力量：园长公共关系协调能力的提升[M]．北京：北京师范大学出版社，2017．

研修建议

1．订阅拓展阅读推荐的图书，了解并掌握危机管理基本理论和基本方法。

2．考察几所不同类型的示范幼儿园在综合性或专项危机管理方面的先进经验。

3．紧密联系本园实际，对照本讲所学内容，分类诊断本园面临的安全危机、活动危机和舆情危机，尝试草拟急需出台的若干具体危机预防工作方案。

4．重视文献检索和参考借鉴，组织本园管理骨干，尽快制订或完善本园各类危机预防工作方案。

5．紧密联系本园实际，在分类诊断环境、经济、心理和质量等专类危机的基础上，尝试修订完善本园中长期发展战略规划，或者草拟急需出台的若干专项发展战略规划或整改工作方案。

6．对照本讲所学内容，深入反思目前本园管理规章制度体系建设存在的突出问题并尽快组织实施新建或修订完善工作。

参 考 文 献

[1] SCIARRA D J，DORSEY A G．幼儿园的开办与管理[M]．张咏，译．北京：中国轻工业出版社，2003．

[2] DUKE D L．创建安全的学校：学校安全工作指南[M]．唐颖，译．北京：中国轻工业出版社，2006．

[3] 布劳维特．学校安全工作指南理[M]．周海涛，李咏贤，译．重庆：重庆大学出版社，2006．

[4] 陈永明．教育危机管理[M]．天津：天津教育出版社，2007．

[5] 何海燕．危机管理概论[M]．北京：首都经济贸易大学出版社，2006．

[6] 凌晓俊，时松. 幼儿园危机的类型、特点及管理策略研究[J]. 天津师范大学学报（基础教育版），2015，16（3）：64-67.

[7] 张晓芳. 新媒体环境下幼儿园危机管理[D]. 上海：华东政法大学，2017.

[8] 张春旺，严娅，刘顺. 中小学和幼儿园校园安全管理的长效机制构建：基于公共危机管理的视角[J]. 科技信息，2011（23）：38.

[9] 孙彦霞，郑艳芹. 基于危机管理视角探析幼儿园安全管理工作[J]. 教育教学论坛，2015（18）：13-14.

[10] 王蕾. 基于危机管理理论的幼儿园安全管理研究[J]. 科技风，2020（16）：225，227.

[11] 黄颖. 一日生活中的安全隐患及预防措施[J]. 早期教育，2005（11）：25.

[12] 唐娥. 幼儿园常见传染病危机管理策略研究[J]. 科学咨询（教育科研），2019（10）：15-16.

[13] 李仁虎. 如何与媒体打交道[M]. 北京：新华出版社，2005.

[14] 冯玉梅，孙璐璐. 新媒体时代幼儿园教育舆情的特点、价值及利用[J]. 江苏第二师范学院学报，2017（7）：88-92.

[15] 孙丹. 新媒体环境下幼儿园网络舆情危机的应对策略研究[J]. 教育观察，2020，9（4）：105-107.

[16] 王倩，王思羽. 自媒体在公共危机事件民间舆论场生成中的角色探析：以"红黄蓝事件"为例[J]. 北京联合大学学报（人文社会科学版），2018，16（4）：59-66，109.

[17] 陈群. 幼儿园危机管理实务[M]. 北京：中国轻工业出版社，2009.